KB260753

한국의 언론정치와 지식권력

한국의 언론정치와 지식권력

김만흠 외 지음

당대

한국의 언론정치와 지식권력

ⓒ 김만흠

지은이/김만흠 외
펴낸이/박미옥
펴낸곳/도서출판 당대

제1판 제1쇄 인쇄   2003년 8월 25일
제1판 제1쇄 발행   2003년 8월 31일

등록/1995년 4월 21일(제10-1149호)
주소/서울시 마포구 연남동 509-2, 3층   ㉾ 121-240
전화/323-1316 팩스/323-1317
e·mail/dangbi@chollian.net
ISBN 89-8163-101-8   04300

한국의 여론주도층, 이데올로기 권력, 주류세력

2003년 5월 노무현 대통령의 한미정상회담 과정과 결과를 두고 논란이 분분했다. 대선 후보 시절 사진 한 장 찍으려고 미국에 가지는 않겠다며 민족자주를 강조했던 대통령이 오히려 미국대통령의 '코드' 맞추기에 열을 올리면서 민족의 자존심마저 버렸다고 비판하기도 한다. 반대로 미국의 협조를 위한 실리외교였으며, 화끈한 접근이었다고 오히려 칭찬하는 사람들도 있다. 이처럼 같은 현상을 두고도 의견이 다르게 나타나는 경우가 허다하다.

현실은 있는 대로 존재하지만, 어떻게 해석하고 진단하느냐에 따라 그 현실에 대한 인식은 달라진다. 오늘날의 대중사회에서 이른바 여론주도층은 이런 현실인식과 미래에 대한 전망에 중요한 역할을 한다. 이 책은 민주화 이후 그 역할이 두드러져 온 한국사회 여론주도 세력의 위상과 특성에 관한 사례연구이다. 지난 2001년 언론개혁 논란과 맞물려 쟁점으로 부각되었던 한국의 지식인, 시민운동 그리고 이들과 언론의 관계를 다루고 있다. 이 책은 어떤 새로운 사실을 밝히거나 새로운 주장을 하지 않는다. 우리 사회에서 이미 일반적으로 인식되고 있는 것들을 실증자료를 토대로 구체화시킨 것이라 할 수 있다.

　오늘날의 대중사회에서 언론의 영향력은 새삼 말할 필요가 없다. 알다시피 지난 독재정권시절 우리 사회의 정치여론은 정권에 의해 통제되고 동원되어 왔다. 언론은 정권에 종속되어 있었다. 이런 점에서 언론과 시민운동단체의 영향력 확대는 우리 사회의 정치민주화가 진전되었음을 반영하는 것이기도 하다.

　민주화 이후 언론의 영향력이 증대하면서 언론권력이라는 말도 등장했다. 물론 우리 사회에서 언론권력의 개념은 공정한 보도와 권력비판이라는 언론의 공익적 기능보다는 여론의 영향력을 무기로 스스로 권력을 행사하는 측면을 부정적으로 지칭하는 것이었다. 영향력이라는 것이 곧 권력이 될 수 있음은 두말할 나위도 없다. 다만 문제는 그 권력이 어떤 방향과 목적으로 행사되느냐 하는 데 있다. 이는 정치권력집단을 포함해, 영향력 있는 모든 사회집단에서도 마찬가지이다. 시민의 영향력 증대에 따른 권력현상이 시민권력이며, 시민권력에 의한 정치원리가 민주주의이다.

　민주화의 결과로서 언론의 주도적 영향력이 증대되었지만, 동시에 정치권에 대한 냉소와 불만이 언론의 주도적 영향력을 더욱 강화시켰다고 할 수 있다. 정치여론의 형성과정에서 이들의 영향력은 정치여론의 수렴과 형성을 본령으로 하는 정당의 기능을 압도하고 있다고 해도 과언이 아니다. 민주화로 정치권력의 권위주의적 지배력은 약화되었다. 그러나 민주화 이후 정치권에 대한 국민적 지지나 정당성은 독재정권의 권위주의적 지배력을 대체할 만큼 크게 증가하지는 않았다. 이 공백을 대체한 것이 언론이었다. 물론 언론의 역할증대는 여론에 의한 정치, 즉 민주정치가 발전하고 있는 현상으로서 바람직하다고 볼 수 있다. 그러나 이 여론이 특정 세력에 의해 독점된다면, 여론의 민주적 기능은 상실된다. 그 여론은 이데올로기 권력에 의해 지배되고 있는 여론일 따름이다.

민주화과정을 거치면서 언론의 자율적 영향력이 증대되는 가운데, 김영삼정부 들어서 전통적인 주류언론과 정권의 긴장관계가 조금씩 나타나기 시작했다. 그러나 협력적 긴장관계가 유지되었다고 볼 수 있다. 그러다가 김대중정부 들어 언론과 정치권력의 역학관계에 새로운 변화가 생겨났다.

김대중정권의 탄생은 한국사회의 전통적 권력구조에서 한마디로 파격적인 현상이었다. 그동안 한국사회는 정치·경제·사회문화 권력이 한덩어리가 되어 이른바 권력카르텔을 형성하고 있는 상황이었다. 그러다가 정치적 주변부에 있던 세력이 집권하자 권력카르텔에 균열이 생긴 것이다. 권력카르텔의 균열이라기보다 정치권력의 일부만 새로운 세력으로 바뀐 채, 전통적인 권력집단들이 이 정권을 포위하고 있는 형국이었다. 김대중정부 시기 정치·사회적 갈등의 핵심은 전통적 권력카르텔을 복원하려는 세력과 이를 변화시키려는 세력 간의 갈등의 성격도 있었다. 지식인, 시민운동단체가 포함된 2001년 언론개혁을 둘러싼 갈등은 기존의 이데올로기 권력에 대한 비판이자 권력투쟁이었다.

이데올로기 집단 하면 지식인이다. 지식인의 기능이나 분류는 다양하며, 지식인의 이데올로기적 영향력과 그 방식 또한 다양하다. 지식인의 비판적 기능이 강조되기도 하지만, 일반적으로 지식인은 그

사회의 지배구조를 유지하고 해명하는 지배집단의 일원으로 일컬어
지기도 한다. 우리 사회에서 언론인과 시민운동세력은 대체로 그 자
신이 지식인이기도 하다. 그러나 언론이나 시민운동단체에서도 학자
등의 전문가를 참여시켜 자신들의 주장과 입지를 정당화시켜 왔다.
여러 지식분야 중에서도 인문·사회과학 분야 지식인들이 이데올로
기적 성격이 강하다고 할 수 있다. 그중에서도 언론 등을 통해 여론
정치에 참여하는 지식인들은 좀더 직접적으로 이데올로그로서 기능
을 한다.

  언론참여 지식인과 한국 지식사회의 특성은 다를 수 있다는 주장
도 가능하다. 언론참여 지식인은 한국 지식사회의 일부이거나 표피
적인 것일 수도 있다는 것이다.[1] 이에 대한 본격적인 연구는 이 책에
서 다루지 못했지만, 한국 지식사회 역시 한국사회 권력구조의 특성
을 그대로 반영하고 있다. 이 책의 본론에서도 인용하고 있지만, 박
노자는 한국 지식사회의 중심인 대학과 교수집단이 연고주의, 부조
리, 비합리성, 부당한 권력행사 등 한국사회의 문제를 더 극단적으로
안고 있다고 비판하기도 했다.[2]

  지식의 내용과 지식사회는 다를 수 있다. 예컨대 지식의 내용은
진보적이지만, 그 지식인의 활동방식은 보수적이거나 봉건적인 경우
도 있다. 지식은 주체적이고 주관적일 수 있지만, 지식사회는 말 그

---

1) 언론의 보도이기 때문에 그럴 수도 있지만 김형찬, 「한국문화 주류(主流)가 바뀐다
   (2)—사회과학」(『동아일보』 2003. 1. 14)에서 이른바 한국 사회과학계의 주류로 거
   명된 사람들은 대부분 언론활동을 활발하게 하는 학자들이다. 과연 이들이 한국 사회
   과학계의 중심 지식인인가에 대해서도 논란이 있을 수 있다. 그러나 이런 언론의 보
   도가 지식사회의 권력구조에 영향을 미칠 수 있다는 점에서 언론과 지식권력은 상호
   관련을 맺고 있다고 할 수 있다.
2) 박노자, 『당신들의 대한민국』, 한겨레신문사 2001, 162~83쪽.

대로 사회적인 것이며, 객관적일 수밖에 없다. 지식사회는 인간관계와 소속영역, 위계구조를 반영하면서 형성된다. 따라서 지식과 지식사회가 괴리를 이루는 경우가 허다하다. 그러나 지식사회의 특성은 지식의 내용에도 영향을 미칠 것이다. 지식의 내용도 지식사회 활동의 중요한 매개체이며 상품으로서 지식사회에 의해 규정받기 때문이다. 더구나 언론 등 대중사회의 여론에 영향을 미치는 지식인은 활동뿐 아니라 내용 또한 사회적일 수밖에 없다.

민주화 이후 언론과 더불어 영향력이 증대한 대표적인 집단이 시민운동단체이다. 1987년 6월항쟁으로 대표되는 한국의 민주화는 시민사회의 성장과 함께했으며, 민주화는 시민운동단체의 활성화를 가져왔다. 시민사회의 활력이 시민운동의 기반이 되었지만, 언론의 영향력 증대 배경과 마찬가지로, 민주화 이후에도 지속된 정치권에 대한 국민적 불신이 상대적으로 시민운동세력에 대한 지지와 신뢰를 강화시키는 또 하나의 배경이 되었다고 할 수 있다. 유럽에서 1970년대 후반부터 기성 정당들에 대한 비판과 불신이 '새로운 시민운동'을 촉발시켰던 배경과 비슷하다. 근대적 시민운동 자체가 아직 성장기에 있었던 우리나라의 경우, 근대적 시민운동이 2차 시민운동인 신사회운동과 중첩되면서 나타나고 있다고 하겠다.

정권에 대한 비판이라는 공통분모 속에서 시민운동은 초기에 언론과 부분적으로 공존관계를 맺고 있었다. 민주화 이전의 사회운동은 급진화되면서 주류언론에 의해 배척당했던 반면, 민주화 이후 시민운동을 내걸고 재편되면서 탄생한 세력은 언론과 공존관계를 유지할 수 있었던 것이다. 정권에 대한 비판적 입지가 주류를 이루었던 시민운동은 최초의 문민정부인 김영삼정부 들어와서 정권과도 부분적인 협력관계를 이루었고, 일부는 정권에 직접 참여하기도 했다. 김대중정부 들어서도 이런 부분적인 협력관계는 이어졌다. 더구나 여야관계가 최초로 역전된 김대중정부에서는 전통적인 기득권세력이 정권보다도 야당과 그 주변세력에 있었기 때문에, 기득권 구조의 개혁을 요구하는 시민운동세력이 야당에 대한 비판세력으로 간주되기도 했다.

김대중정부 들어와서 전통적 권력카르텔에 균열이 생기는 가운데, 전통적 주류언론이 시민운동세력 등에 의해 언론권력으로 지적되고 언론개혁이 쟁점으로 떠올랐다. 정권과 주류언론이 대립하고 있는 상황에서 시민운동세력이 언론개혁을 요구하자 주류언론은 시민운동세력의 일부를 정권의 홍위병으로 공격하기도 했다. 시민운동세력과 언론의 긴장관계가 대립적 양상으로 전개되었던 것이다. 여기에 지식인들의 논쟁이 가담하면서 정권·언론·시민단체·지식인 문제가 논란이 되었다. 그리고 이 과정에서 정부의 개혁정책과 남북화해정책에 동조하는 시민운동세력과 지식인들을 비판하면서, 시민단체를 표방하는 '바른사회를 위한 시민회의' 같은 조직이 등장하기도 했다. 주로 교수·언론인·전직관료 등 전통 엘리트집단이 중심이 되어 만들어진 이 조직은 최근까지도 이른바 '개혁세력'에 대한 비판과 견제를 수행하는 대표적인 보수세력으로 활동하고 있다.

일부에서는 시민운동단체가 정치적인가 비정치적인가를 논하기도 하지만, 그 구분은 무의미하다. 시민운동단체가 직접 정치에 참여할 것인가, 하지 않을 것인가는 자신들이 추구하는 목적에 비추어 스스로 선택할 문제이다. 대표적인 정치조직인 정당 역시 시민사회세력이 정치조직화한 것이다. 다만 정치조직은 구체적인 당파적 성격을 보이게 마련이고, 시민운동조직은 보편적 국민이익을 말한다는 점에서 차이가 있다. 물론 정당이나 시민운동조직 모두 국민의 공익 실현을 표방한다. 그러나 정당은 정치권력에 참여하는 권력조직이며, 시민운동단체는 비(非)권력적 조직이라는 점에서 차이가 있다고 할 수 있다.

그런데 보편적 공익을 추구하는 비권력적 조직으로 간주되던 시민운동단체의 위상은 점차 바뀔 수밖에 없을 것으로 보인다. 한편으로는 2002년 16대 대선과정에서 나타났듯이 시민운동단체와 정당의 구분이 약화되는 경향을 나타낼 것이며, 또 한편으로는 시민운동이 보편적 공익만이 아니라 특정한 쟁점이나 가치를 지향하는 시민단체로 구체화되어 분화될 가능성이 크다. 또한 시민사회 자체가 권력투쟁의 영역으로서 점차 드러날 것이다. 근대 초기나 독재정치 시기에 시민사회는 국가권력에 대응하는 존재였지만, 점차 시민사회 자체가 국가권력의 한 부분을 구성하게 되기 때문이다.

이 책의 1장 「지식사회와 지식권력」에서는 제목에 나타나듯이 한국의 지식사회와 지식권력에 대한 포괄적 논의를 하고 있다. 필자인 김동춘은 한국 지식사회의 권력구조를 비판하면서, 이제 "우리는 지식권력의 기초, 즉 대학·출판·언론의 의사결정과정을 누가 지배하는가를 물어야 한다"고 주장한다. 더불어 지식인운동은 지식인을 위한 운동을 넘어 "권력의 사회경제적 재생산기제를 문제삼는" 사회적 운동이 되어야 한다는 것을 강조한다.

2장에서는 한국의 언론에 참여하는 지식인, 즉 외부기고자들의 구성상 특성을 언론사별, 인구학적 배경변수 등을 중심으로 실증적으로 정리하였다. 또 이들 '지식인'들의 한국사회에 대한 문제의식과 쟁점을 분석하고 있다. 예측할 수 있는 결과이지만, 한국사회를 진단하는 주체라는 이들 역시 한국사회 지배구조의 특성을 그대로 반영하고 있다. 따라서 한국사회의 지배구조가 바뀌기 위해서는, 한국사회를 진단하고 여론을 주도하는 이들 언론과 지식사회의 구조가 바뀌어야 한다는 것이다.

3장 「신문에 그려진 한국 시민운동의 일그러진 초상」에서는 언론에 투영된 한국 시민운동에 대한 비판담론의 배경과 경로를 분석하면서, 2001년 이전의 시기와도 비교하고 있다. 2000년 총선시민연대의 낙천·낙선운동에서부터 구체화되기 시작한 한국 시민운동의 위상변화를 정치권력·시장권력·사회권력과의 긴장관계라는 틀 속에서 정리하고 있다. 그리고 시민운동이 맺고 있는 사회 각 영역과의 사회적 관계의 변화에 주목하면서, 이런 변화에 호응하는 시민운동의 재정립이 요구된다는 것을 주장한다.

4장에서는 2001년 지식인 논쟁의 가장 구체적인 계기가 되었던 언론개혁을 둘러싼 칼럼들을 자세하게 분석하고 있다. 여기서 필자 손혁재는 사례연구의 대상인 7개 신문의 필진과 외부 전문기고자의 언론관과 언론개혁에 대한 시각을 비교분석하고 있다. 그 결과 권언유착이 진행되는 과정에서 비판적인 지식인으로서의 언론인들이 설 자리를 잃어버렸음을 비판하고 있다. 이른바 민주화 이후 한국언론의 문제는 '언론의 권력기관화'에 있다고 지적하면서, 언론개혁이란 민주적 저널리즘의 제자리를 찾기 위한 노력인바 언론개혁의 과제를 소유와 경영의 투명화와 합리화, 공정한 시장행위와 경쟁체제의 확립, 다원주의적 신문시장구조, 독자주권의 확립 등으로 요약하고 있다.

5장에서는 김대중정부가 '치적'으로 내세운 햇볕정책에 대한 2001년 7개 중앙일간지 253개 칼럼을 가지고 햇볕정책에 대한 지식인들의 태도 및 정향을 분석하고 있다. 필자 김갑식은 이들 지식인의 연령, 출신지역, 출신대학, 유학 여부 등 개인적 배경이 햇볕정책의 찬반과 밀접한 관계에 있다고 지적한다. 특히 햇볕정책 반대론자들은 이념적으로 통합된 견고한 집단인 데 비해, 햇볕정책 지지자들은 이념적 지향이 다양한 느슨한 연대 수준의 집단이라고 말한다. 나아가 이들 언론활동 지식인들의 햇볕정책에 대한 태도 및 정향을 일반대중과 비교할 때, 이들 지식인들이 햇볕정책에 반대하는 경향이 일반대중보다도 더 강하게 나타났음을 보여준다.

한국사회는 여전히 정치의 영향력이 매우 큰 사회 같다. 어느 사회나 정치적일 수밖에 없지만, 특히 정치적 선택과 정치권력의 움직임이 우리 사회를 소용돌이치게 하고 있다. 어느 학자는 한국사회를 중앙권력의 단극 자장을 향해 소용돌이치는 사회로 매우 적절하게 진단한 바 있다. 민주화 이후 이런 정치적 소용돌이는 정치여론과 맞물려 진행되고 있다.

정치여론의 활성화는 우리 사회의 발전을 위한 활력이라 할 수 있다. 그런데 아직은 여론에 의한 정치보다 여론몰이에 의한 정치가 더 강하다. 여론주도층 자체가 직접적으로 정치권력투쟁에 참여하고 있는 것이다. 이에 따라 대립적 정치여론은 활성화되고 있지만, 토론과 합의를 이끄는 공론의 장은 취약한 상황이다. 획일적 통제와 독점언론의 시대로부터 이행하는 과도기의 불가피한 한계일 수도 있다.

새로운 정치를 표방한 노무현정부의 등장은 한국의 정치여론구조 변화에 새로운 계기로 볼 수도 있다. 또한 인터넷 언론과 젊은 층을 중심으로 한 네티즌의 참여열기는 한국의 언론정치와 정치동원구조에 새로운 환경을 만들어주고 있다. 16대 대선에서 노무현의 당선으로 전통적 권력카르텔의 직접적인 복원은 일단 좌절된 셈이다. 이에 따라 대부분의 언론들에서 우리 사회의 '주류'에 대해 점검하고, 일부 언론에서는 기대 또는 경계의 차원에서 노무현의 집권과 함께 한국 사회의 주류가 바뀌고 있다고 진단하기도 했다. 물론 혁명체제가 아닌 한 주류세력은 대체되는 것이 아니고 조금씩 변화할 것이다. 노무현정부의 등장과정과 집권 초 조각은 세대교체의 사회적 흐름을 가속화하는 데 기여했다. 그러나 앞으로 노무현정부가 한국사회 주류세력의 구조와 이데올로기 지형에 미칠 변화의 방향은 불투명해 보인다. 변화의 매개체인 정권 자체가 불안정한 양상을 보이면서 신뢰를 확보하지 못하고 있기 때문이다.

혹자는 주류세력을 "우리 사회의 여론을 만들어내고 확대재생산할 수 있는 능력과 수단을 지닌 계층"으로 규정한다. 그러면서 그동안 우리 사회의 주류세력은 구체적으로 소수의 권력층과 거대언론의 논객들, 보수언론을 통해 사회적 명망을 쌓아가는 국외유학파 학자 등이 중심을 이루었다고 보고 있다.[3] 물론 폭넓게 볼 때, 주류세력은 정치적·경제적·사회문화적 지배세력을 가리킨다. 그러나 지배세력이라고 하지 않고 주도세력이라고 하는 것은 아마 사회적·이념

---

3) 이태희·신윤동욱, 「한국사회 '주류'가 바뀐다」, 『한겨레』 2002. 12. 23.

적 지배세력을 강조하는 경향이 있는 것 같다. 이렇게 본다면 이 책의 주제는 한국의 이념적 주류세력 구조에 대한 실증적인 기초연구라고도 할 수 있다. 앞으로 한국사회의 변화와 함께 이들 이데올로기 세력 또는 주류세력의 구조에 어떤 변화가 나타날 것인가는 비교·추적해 볼 만하다.

이 책은 한국학술진흥재단의 지원을 받아 "탈냉전시대 한국의 시민사회와 지식인"이라는 주제로 2002년 6월 개최한 학술회의의 발표 논문들을 수정·보완한 것이다. 학술회의 당시 토론내용도 책의 말미에 실었다. 논문을 발표하지는 않았지만 안진걸, 전은경, 김하나 세 사람이 자료분석 등 연구과정에 참여했음도 밝혀둔다.

2003년 6월
책임연구자 김만흠

차례

지식사회와 지식권력

김동춘[*]

1. 머리말: 지식의 생산과 유통

특정 지식사회의 성격을 파악할 때 일차적으로 필요한 것은 한 사회에서 지식이 어떻게 생산되어 어떻게 유포되는가 하는 점이다. 근대사회 들어와서 지식은 주로 대학에서 생산되고 있으며, 학교교육, 출판 그리고 미디어(media) 등을 통해서 유포된다. 물론 대학 밖의 각종 사회조직이나 개인과 연구집단 등도 지식생산 주체이지만 역시 대학이 지식생산의 가장 중요한 기지라고 봐야 할 것이다.

'지식'(knowledge)의 개념을 확장하여 정보(information)도 지식의 한 부분으로 본다면, 미디어 또한 지식생산의 중요한 기지라고 볼 수 있을 것이다.[1] 미디어는 주로 지식과 정보를 가공하여 대중들에

---

* 성공회대 사회과학부 교수, 참여사회연구소 소장

1) 김대중정부 들어와서부터 '지식'이 '정보'와 같은 개념으로 사용되는 경향이 있다. 신지식인 육성정책도 그러하고 지식기반사회 구축의 구호도 그러하다. 김대중정부는

게 전달하는 역할을 하고 있다. 지식은 중·고등학교나 대학에서의 교육과정을 통해 주로 전파되지만, 현대사회에서는 미디어의 역할이 점점 커지고 있다. 교육을 통해서 유통되는 지식은 상대적으로 학문적인 내용과 관련되는 경우가 많지만, 미디어는 일반인들이 쉽게 이해할 수 있는 것들을 주로 가공하여 전파하기 때문에 대중들에게 미치는 영향력은 훨씬 크다고 볼 수 있다.

그런데 세계화가 진척된 오늘날, 지식의 생산과 유통은 한 나라 안에서 진행되는 것이 아니라 세계적인 차원에서 이루어진다는 점을 주목해 볼 필요가 있다. 그리고 세계적인 지식생산의 흐름은 세계자본주의와 국가간 지배체제의 틀 내에서 진행된다.

과거 제국주의 시대에는 제국주의 모국의 언어와 지식이 자국은 물론 식민지 지역의 학생들에게 전달됨으로써, 그것이 식민지 주민들의 정신세계를 지배하였다. 그러나 오늘날과 같이 전세계적인 연결망을 가진 다국적기업과 초국적 금융자본이 세계를 지배하는 시대에는, 이들 다국적기업이나 대자본의 요구에 부응하는 지식이 세계 중심국가인 미국과 유럽의 대학이나 기업, 미디어 등에서 생산되어, 그곳에서 수학한 전세계의 젊은이들이 자국의 대학과 미디어를 통해서 교육·전파하는 모양새를 취하고 있다. 그리고 인터넷 매체는 이

신지식인을 "지식을 활용하여 부가가치를 창출하고, 새로운 발상으로 자신의 일하는 방식을 혁신한 사람"이라고 규정한 바 있는데, 이와 같은 개념은 기본적으로 토플러 (Toffler) 등이 제시하는 지식·정보 사회론에서 나온 것이다. 즉 현대의 자본주의 아래에서는 지식·정보가 부가가치를 낳게 되므로 자본과 노동력 등 전통적인 요소 대신에 지식과 정보가 중요한 역할을 하게 된다는 이론을 최근 한국의 정부나 기업에서 받아들여, 지식과 정보를 사실상 같은 개념으로 사용하게 된 것이다. 그러나 엄밀히 말해 지식과 정보는 동일한 것이 아니다. 지식은 보다 추상적이고 체계화된 것이며 또 일반화된 내용을 담고 있는 것이지만, 정보는 지식을 응용한 것으로서 주로 하나의 체계를 이루고 있는 것이 아니라 단편적인 사실들을 지칭한다.

제 국제어가 된 영어를 통해 전세계의 지식인·학생·일반인 들에게 영향을 미치고 있다.

물론 언어와 역사, 문화 등과 같은 인문학적 지식은 이러한 세계적 규정력을 덜 받지만, 국제적 자본의 힘이 커지는 정도에 비례하여 인문 특히 역사문화 관련 지식의 생산과 유통은 그 비중이 축소되는 경향이 있다.

지식, 특히 사회과학 지식의 경우 그 생산과 유통 과정에서 자본주의 세계체제의 정치·경제적 규정이나 한 국가 내의 정치적 지배질서로부터 자유롭지 못하다. 사회과학적 지식을 체제옹호와 체제비판의 지식으로 이분화하는 것은 다소 무리가 있지만, 경향적으로 보자면 중심부 자본주의가 생산과 유통의 기지가 되어 전세계의 구석구석을 자신의 영향권 아래로 편입해 가고 있다고 할 수 있다. 그리고 중심부 국가의 공용어가 주요한 지식전달 매체로 자리잡음으로 해서 모든 주변부의 학생과 지식인은 사실상 온 정열을 바쳐 언어의 학습, 즉 오늘날에는 영어 배우기에 모든 정력과 시간을 바치게 된다. 그리고 이 중심부의 언어를 통해 자신이 놓여 있는 사회현실을 설명하는 이론들이 '주류'로 자리잡아서 대학·출판·미디어를 통해 유포되는 경향이 있다.

이렇게 될 경우 주변부는 독자적인 지식생산 능력을 갖추는 데 노력을 기울이기보다는 중심부에서 생산된 지식을 빨리 흡수하는 데 치중하게 되며, 여기서 대학은 연구와 교육의 불일치 현상이 발생하고, 주변부에는 만성적인 지식수입체제가 구축된다. 그리고 주변부 국가의 미디어는 자국에 관한 정보는 자체 생산하지만, 세계정세에 관한 정보와 지식은 미국과 유럽에 기지를 두고 있는 거대 미디어로부터 직접 받아서 전파하는 창구 역할을 하게 된다.

2. 지식사회와 지식권력

어떤 점에서 지식과 권력(power)은 형용모순이다. 지식 그 자체는 자유로운 논쟁과 소통을 전제로 해서 존립 가능하기 때문에 권력을 지향하지 않으며, 지식이 곧 권력을 창출하지는 않는다. 특히 근대적 지식은 기본적으로 인간의 해방을 지향하고 있으며 비판의 정신을 간직하고 있다. 그리고 근대적 지식인, 특히 사르트르(Sartre)가 말한 기술적 지식인이 아닌 비판적 지식인은 이러한 해방의 정신으로 무장된 존재이다.

그런데 지식권력이라는 개념이 등장한 것은 무슨 까닭인가? 그것은 지식 그 자체가 지배질서를 유지하는 데 있어서 하나의 중요한 기둥이 되었다는 의미이며, 지식인이 일종의 권력자가 되었다는 의미일 것이다. 즉 지식이 "다른 사람을 자신의 뜻대로 움직일 수 있는" 무기이자 자원이 되었다는 의미일 것이다. 특정한 사상이나 가치 혹은 지식에 매료되고 그러한 사상이나 가치·지식을 주창하는 사람들을 따르려는 모습은 과거는 물론이고 현재에도 존재하고 있으나, 이것을 우리는 권력현상이라 말하지 않는다. 만약 특정한 사상이 특정한 사람을 사로잡는 것만을 가지고 권력으로 본다면 인류의 스승인 예수, 석가, 그리고 공자는 최대의 권력자일 것이다. 따라서 지식권력이라 말할 때는, 지식의 힘을 빌려 특정한 경제적 이해를 추구하고 권력의 창출과 유지를 도모한다는 것을 분명히 해야 할 것이다.

　그렇다면 지식의 힘은 어디에서 오는가? 지식의 힘은 삶의 이론적 형상화 능력 및 복잡하게 얽혀 있는 현실에 대한 설명력과 설득력에서 온다. 지식의 힘은 언어의 힘에서 오는 것이며, 이때 언어는 분명한 개념, 논리적 인과관계, 사실과의 부합성, 공유된 언어사용 합의구조 등을 전제로 해서 지식체계를 구성한다. 지식이 이러한 힘을 가질 때, 우리는 그와 같은 지식 혹은 지식인을 일컬어 영향력을 획득했다고 말할 수 있다.

　따라서 영향력은 권력과 다르다. 영향력은 사후적으로 획득된 것이지, 사전적으로 기획된 것이 아니다. 그리고 영향력은 변화를 추구하는 동력이 되기는 하나, 그 변화가 곧 영향력을 행사하는 주체에게 가시적이고도 구체적인 이득을 가져다주는 것은 아니다. 이에 비해 권력은 '폭력'을 사용해서라도 상대방을 자신의 통제 아래 둠으로써 그의 행동이 자신의 이해추구에 기여하도록 만들 수 있는 힘이다. 권력은 자신의 기획 아래 특정한 지식 및 지식체계를 자신의 파트너로 삼게 되고, 권력의 이같은 속성을 이해한 지식인은 적극적으로 권력화를 시도하기도 한다. 요컨대 지식은 논리적으로는 권력 밖에 존재하지만, 실제 정치·경제 현실에서 권력과 지식은 뗄 수 없는 관계를 맺고 있으며, 지식의 내용과 방향은 권력과 함수관계를 갖는다.

　사실을 탐구하고, 현상 속에 숨어 있는 흐름과 추세 법칙을 추구하고, 그것들간의 관계를 추구하는 지식은 그 속성상 어떤 권력과도 거리를 두려는 경향을 가지고 있어서, 지식이 자신의 정신에 투철할수록 기성의 권력과는 불화관계에 놓일 가능성이 많다. 특히 권력이 특정 세력이나 계급의 이익을 일방적으로 편들거나 그러한 이해집단의 요구를 대변할 때 그리고 그것을 관철시키기 위해 '폭력'을 사용할 때, 어떤 지식은 한편에서는 권력에 저항하는 양상을 지니지만 다른 한편으로는 권력의 시녀가 되는 극단적인 태도를 취하지 않을 수 없다. 하나의 정보 혹은 선동적인 주장이나 언어의 유희가 지식을 대신할 때, 그것은 때로는 비판적인 담론을 구사하지만 실제로는 정작 공격해야 할 대상에 대해서는 침묵하면서 만만한 상대만을 물고늘어짐으로써 대중들을 더 혼란스럽게 만드는 역할을 할 수도 있다. 이와 같은 경향은 언론보도, 특히 신문의 논설이나 칼럼, 보도기사 등에서 많이 나타난다.[2]

　나라별로 편차는 있겠지만, 자본주의 사회에서 권력의 가장 중요한 원천은 자본의 힘에 있다고 볼 수 있다. 물론 자본의 이해·관심·요구와 일치하지 않는 권력, 일시적으로 자본과 충돌하는 권력도 있을 수 있다. 그러나 궁극적으로 자본주의 사회에서는 자본의 확대재생산에 기여하고 시장논리를 찬양하는 지식이 주류지식으로 자리잡을 수밖에 없다.

　자본의 힘은 봉건사회 혹은 군사정권하에서의 권력행사와는 달리 차별과 폭력에 기초한 것이 아니라 구성원의 자발적인 동의에 기초한다. 즉 자본은 노동자를 포함한 자본의 비소유자들에게 더 많은 물질적 부를 누리고자 하는 열망을 불러일으켜 자본의 축적과 재생산, 시장에서의 경쟁의 승리, 학력자격 취득 등을 통한 노동력 상품의 질

---

2) 개인적 경험으로도 "정치가 엉망이다" "정치가들이 형편없다"는 비판들은 필자가 기억하는 한 70년대부터 언론들이 습관처럼 혹은 정권의 장악력이 떨어지면 언제나 쏟아놓던 말들이었다. 그러나 구체적으로 어떤 정치집단 혹은 어떤 정치가가 어떤 원칙에 비추어 무엇을 잘못했는지에 대해 근원적으로 시시비비하는 경우는 거의 없었다. 그리고 원인을 분석한 다음 그 대안을 제시한 적도 없었다. 또 정권 배후에서 실질적으로 권력을 갖고 있는 대기업, 군대, 공안기구, 검찰과 경찰에 대해 칼을 들이댄 적도 없었다.

향상에 기여할 수 있는 지식 재생산기제에 대한 구매력을 높여주고, 그러한 요구에 부응하는 학문과 출판·미디어 생산물이 영향력을 확대할 가능성을 넓혀준다. 이 경우 자본에 대해 비판적인 존립을 할 수는 있으나 그것은 자본의 포용력을 과시하는 구색 맞추기로 존재할 가능성이 높고, 그 정도가 아니라면 현실 정치·경제적 역학관계에 개입하지 않거나 그에 무관심한 순수학문이나 순수이론적 담론으로 존재한다는 서약하에서 존립을 보장받을 가능성이 높다.

물론 지식사회는 상징적인 권력투쟁이 발생하는 장이다. 따라서 실제 정치·경제의 장에 비해서 지식사회에서는 비교적 자유롭게 지식과 담론이 제기되고 다툼을 벌일 수 있다. 그러나 지식사회 자체에도 부르디외(Bourdieu)가 말한 바와 같이, 사회적 자본과 문화적 자본을 어느 정도 소유한 사람들만이 진입이 가능하므로 지식사회에서의 경쟁과 투쟁도 엄격하게 말하면 사회의 모든 의견을 대표하지는 않으며, 게임의 룰 역시 공정하지는 않다. 지식사회의 담론영역에 등장할 수 있는 주장과 등장할 수 없는 주장, 혹은 등장은 하더라도 주변적인 위치에 머물 수밖에 없는 이론들이 오늘날처럼 개방된 사회에서도 엄연히 존재한다. 아니 어떻게 보면 오늘날처럼 정보의 홍수 시대에는 더욱 세련된 방식으로 특정의 지식들이 영향력을 행사하도록 구조화되고 있다고도 볼 수 있다.

3. 한국의 대학과 미디어

일제 식민지 경험을 했고, 그 이후에는 미국의 정치·경제적 영향권에 편입되었으며, 자본주의 세계체제하에서 주변부에 놓이게 된 한국은 독자적인 지식생산 능력을 갖출 기회를 갖지 못했으며 지금까지 지식의 일방적 수입국가로 존재해 왔다. 지식수입의 주요 창구는 대학이었는데, 대학의 학제·교수·학문체계·교과서 등은 대체로 미국대학의 것을 수입하였다. 일제 식민지하에서 정착된 학문체계나 교재, 교수진은 60년대 초반 이후부터 미국의 이론과 교재, 미국에서 수학한 교수진으로 대체되기 시작하였던 것이다.

그후 지난 40여년 동안 한국의 대학은 독자적인 이론생산 능력을 갖추지 못한 채 주로 교육활동에 전념해 왔다고 해도 과언이 아니다. 한국대학에서의 연구와 교육의 분리는 곧 노동과정 이론에서 말하는 '구상'과 '실행'의 분리에 비견되는 것으로서, 한국의 대학에서 왜 구상의 기능, 즉 연구기능이 대단히 취약하거나 거의 부재한가 하는 것은 바로 한국의 정치·경제적 종속관계에서 기인한다고 볼 수 있다. 이러한 종속이 과거에는 세계체제 내의 후발주자로서의 자기 존립과 발전을 위해 불가피한 측면이 있었다. 그러나 일정한 시점이 지난 이후에는 그것이 제도와 관행, 그리고 인적인 토대로 구축되어 이후부터는 그것이 거의 자동적으로 재생산되었다.

지난 군사정권 아래서는 군부 지배집단이 폭력적으로 지식의 생산 혹은 유통 기제인 학교와 미디어를 장악하였다. 물론 이 폭력은 물리적인 것과 상징적인 것을 모두 포함하지만, 한국에서 1987년 혹은 90년대 초반까지 대학과 중·고등학교, 미디어는 국가권력의 노골적인 검열로부터 자유롭지 못했다. 중·고등학교의 검정교과서 체계와 교과서에 실릴 내용에 대한 검열과 통제, 교사들간의 자율적인 교과모임에 대한 엄격한 제한, 대안적인 교과서 사용 엄금, 1989

년 전교조의 불법화와 '참교육' 담론에 대한 위험시, 체제비판 혹은 정부비판 발언을 한 교사에 대한 강제 해직조치 등이 중·고등학교와 교사들에게 해당하는 것이었다면, 대학의 경우에는 사실상의 학생사찰기구로서 대학 행정제도와 학생조직, 비판적 성향을 가진 교수의 대학 진입 차단과 추방, 대학 강의내용에 대한 검열, 비판적 지향의 학자지망생의 대학원 진학 금지,[3] 도서관에서 마르크스주의 관련 서적의 대출·복사 금지, 비판적 내용을 가진 강좌개설 통제 등과 같이 무엇보다도 우선 교육 내에서의 폭력적 지배가 두드러졌다.

지식의 주요 유통창구인 출판에서는 국가의 이념인 반공주의와 거리를 둔다거나 반공주의 및 자본주의 체제에 대해 비판적인 출판물을 모두 검열 혹은 판매금지하는 조치를 취함으로써 사상과 지식의 자유로운 유통을 통제하였다. '이적표현물'이라는 국가보안법의 개념규정에 따라 비판적인 사상이나 이론이 '출판'을 통해 유통될 경우 잠재적으로는 이적성을 지닐 가능성을 안게 되었으며, 70년대 말 이후 계속되었던 출판탄압이라든가 출판인 구속사태, 각종 필화사건 등이 모두 이것과 관련되어 있었다.

물론 출판보다 더욱 영향력이 막강한 방송·신문 등 미디어에 대해서는 가장 노골적으로 검열이 실시되었다. 언론사의 소유지분, 사장을 비롯한 간부의 선임, 언론사 내의 인사과정, 기자들의 역할, 정책결정과정에 대해 공안기구나 핵심 권력기관이 직접 관여하였다.

---

3) 대부분의 사람들에게 알려져 있지 않은 사실이지만, 5공 직후 1981년 서울대대학원 입학시험에서 운동경력 있는 지망자를 모두 탈락시킨 사례가 그것이다. 이들은 이듬해 다른 대학원으로 진학하거나 유학의 길을 택했다. 한편 국립대 교수가 되기 위해서는 신원조회를 거쳐야 했고, 따라서 운동의 경력자가 국립대학의 교수가 되는 것은 거의 불가능했다. 70년대 말에는 실제로 중앙정보부가 교수임용시 신원조회를 담당한 경우도 있었다.

그리하여 정권에 협조적인 인물이 언론사의 중요 간부직에 올라갈 수 있었다. 한편 국정원(과거의 중앙정보부·국가안전기획부)은 신문과 방송에 실리는 모든 내용을 사전검열하여 내용 및 방향을 좌우하였다. 이에 따라 모든 방송과 언론은 거의 앵무새처럼 권력집단이 지시한 내용을 뉴스나 각종 특집기사에 반영하였다.

사실상 언론사의 편집권을 언론사 외부의 공안기구가 장악했던 가장 노골적인 사례로는, 1980년 광주민주화운동을 전후해서 신문의 제목에서부터 내용 자체를 지우게 한 행위를 들 수 있다. 당시에는 신문에 텅 비어 있는 부분이 있었는가 하면, 심지어는 이미 넣은 활자를 긁어놓은 신문들을 어렵지 않게 발견할 수 있었다. 결국 공안기구는 미디어를 통해 전달될 수 있는 내용과 전달될 수 없는 내용의 경계를 명확하게 구분하였던 것이다.

오늘의 한국인들 중 40대 이상의 사람들은 이와 같은 권력의 폭력적 지식통제 아래서 학교에 다니고 신문과 방송을 보고 듣고 출판물을 접했기 때문에, 이들이 한국사회에 대해 갖는 생각이나 군사독재 시절에 대한 기억들 그리고 이들의 철학과 가치체계, 현실판단과 역사적 지식은 모두 검열을 거쳐 임용된 교사와 지식인 그리고 검열을 통해 공식적으로 유포된 지식에 기초하고 있다고 해도 과언이 아니다. 이 경우 목격한 현실과 얻어진 지식 사이의 날카로운 괴리를 느끼면서 정치·사회 현실에 대하여 성찰과 학습을 병행한 극소수를 제외하고는, 대다수가 자신도 모르게 그렇게 유포된 지식의 세례를 일방적으로 받았을 뿐 아니라 그것이 오늘 그들의 모든 판단의 기초가 되고 있다.

이렇게 본다면 70년대 중반 이후 87년 이전까지 실제 한국에서 일어났던 일, 그에 대한 판단의 기초자료들 그리고 그러한 현상들을 성찰할 수 있는 역사지식과 철학적 지식 등이 차단된 상태에서 얻어진 지식을 비롯하여 정보, 정치적 판단, 사회의식은 오늘날 보수적 지식인과 언론에 의해 종종 '여론' 혹은 '침묵하는 다수'의 의견으로 이용되고 있을 뿐 아니라 국민 일반의 대다수의 정치적 의견으로 포장되어 선거를 통해 권력을 창출하고 나아가 지식시장을 형성하고 있으며 또 이런 지식시장이 거꾸로 출판과 미디어의 지형을 좌우하고 있다고 할 수 있다.

결국 80년대 말까지 한국에서는 학교나 미디어를 통해서 국가가 허용한 범위 내의 지식만 일방적으로 수입·유통되었다고 할 수 있는바, 이 과정에서 지식의 생산자 혹은 전달자인 교사와 교수·언론인 들은 심각한 좌절감을 겪다가 그 대부분이 결국에는 현실에 안주하였으며, 학생이나 시청자들 역시 공식화된 지식이나 정보와는 다른 의견과 목소리가 있다는 것을 알 수 있는 기회를 박탈당하였다. 이처럼 폭력의 정신세계 혹은 지식 지배는 지식사회에 종사하는 사람뿐만 아니라 그러한 지식의 세례를 받은 모든 사람들을 일종의 정신적인 장애자로 만들었으며, 그들에게서 비판의 용기와 지식추구의 열정을 빼앗아갔다. 국가의 이와 같은 지식검열은 한국인들로 하여금 '달리 사고할 수 있는 용기'를 상실케 하였으며, 현실에 대한 분명한 판단력이나 권리의식과 책임의식으로 무장한 시민의 등장을 어렵게 만들었다. 그리고 대학에 국한시켜 보자면, 이러한 지적인 질식상태는 한국의 인문사회과학 분야에서 창의적인 지적 생산물이 나올 수 있는 가능성을 제한하였다.

그러나 지식사회에 대한 폭력은 동시에 지배적 가치관과 엘리트주의, 사회적 차별과 편견의 일방적인 주입과정이라는 점을 주목해야 한다. 즉 신문과 방송, 학교교육에서는 다양한 이념이 전파될 수 없었음은 물론이거니와 노동자보다는 자본가나 엘리트, 여성보다는 남성적 가치, 사회적 소수자나 장애자보다는 정상인의 시각과 가치를 일방적으로 전달하는 문화적 독재가 수반되었다는 점을 주목해야 한다. 즉 군사독재는 물러가도 그들이 만들어놓은 문화적 지형은 그대로 존속할 가능성이 높다.

4. 오늘의 지식사회와 지식권력

그러나 90년대 초반 이후 한국사회, 특히 지식의 생산과 유통 과정에는 이제 과거와 같은 물리적 폭력 대신에 점차 '상징적인 폭력'이 지배하게 되었다. 자본은 국가를 대신하기 시작하였으며, 오늘날 미디어는 지식·정보의 유통과정에 점점 더 큰 영향력을 가지게 되었다. 무엇보다도 이제는 거대자본이 군부의 총과 칼을 대신하여 지식의 생산과정과 유통과정에 개입하여 통제하고 지식인들을 길들이는 작업을 하게 된 것이다.[4] 미국뿐만 아니라 한국에서도 대학의 이사회와 이사장, 거대 언론사의 사주와 편집자 그리고 대형 출판사의 사장은 지식사회의 실제 권력자로 등장하고 있다.[5] 지식생산기지로서의 대학은 이제 '소비자'인 학생과 학부모의 적극적인 요구와 지적

---

4) 허버트 실러, 『정보불평등』, 김동춘 옮김, 민음사 2001, 17~61쪽.
5) 발자크는 "모든 대중지는 지난날의 왕조처럼 심을 넣은 불룩한 치마 밑에서 조종된다"라고 사주의 지배를 지적한 바 있다(오노레 드 발자크, 『기자의 본성에 관한 보고』, 지수희 옮김, 서해문집 1999, 26쪽).

생산물의 가장 중요한 고객인 기업의 요구에 의해 점차 자본의 논리, 시장의 요구에 종속되어 가고 있으며, 출판과 미디어는 소유주 혹은 광고주로서의 자본이 직접 영향력을 행사하게 되었다.

한편 신자유주의 자본주의와 사회의 다원화에 따라 미디어의 영향력이 커지면서 공급자보다는 소비자가, 생산보다는 유통이 지식의 내용과 성격을 더 크게 지배하기에 이르렀으며, 이것은 급기야 '지식인의 종말'[6]을 논하는 상황을 만들어냈다. 즉 자본이 출판과 미디어를 지배하게 되면서, 지식인은 독자적인 목소리를 낼 수 있는 기회를 점차 박탈당하고 자신의 출세 혹은 물질적인 이득, 혹은 지위 유지를 위해 이들 출판사와 언론사에 기생하여, 그들의 요구에 부합하는 지적 생산물을 만들어내는 쪽으로 길들여지는 경향을 갖게 된 것이다. 한국에서도 이러한 미디어의 힘에 편승하여 새로운 권력집단이 만들어졌다는 문제를 둘러싸고 '문화권력' 논쟁이 일기도 했다.[7]

거대자본이 지식의 생산과 유통을 지배하면서, 오늘날 대학에서

---

6) 레지 드브레, 『지식인의 종말』, 예문 2001; 장 프랑수와 리오타르, 『지식인의 종언』, 문예출판사 1993.

7) 문화권력은 처음에는 이문열과 유홍준 등 영향력 있는 지식인들을 지칭하는 말로 사용되었다. 처음에 문학권력이라는 말로 시작되어 이 용어가 사용되기도 했고, 언론권력이라는 말도 나왔다. 문학계에서 문화권력에 관한 논의는 소설가 황석영의 동인문학상 비판, 평론가 이명원의 김윤식 서울대 교수 비판, 시인 남진우의 평론가 김정란 비판 등과 같은 일련의 사건들과 관련되면서 계속 논란을 불러일으켰다. 그러나 도정일 경희대 교수는 문화권력은 "지극히 한국적인 조어일 뿐"이라고 지적한다. 즉 외국에서는 지식인을 도마 위에 올릴 때 '급진이냐 자유냐 보수냐' '좌파냐 우파냐' '진보냐 보수냐' 하는 식으로 따진다고 한다. 도정일 교수는 "외국에서 문화권력(culture power)이란 단지 '문화의 힘'을 의미한다"며 "우리나라의 문화권력이란 의미는 외국에서는 정확하게 '문화권위'(culture authority) 혹은 '문화자본'(culture capital)으로 쓰고 있다"면서, "진보든 보수든, 좌파든 우파든, 합리적 지성이든, 문화적으로 일정 정도의 성과를 거두면 무조건 문화권력이라는 부정적 용어로 몰아붙이는 것은 한국사회가 지적 미숙아라는 것을 시인하는 꼴"이라고 말한 바 있다.

는 자본의 요구에 부응하지 않는 학과나 강좌는 폐쇄·축소될 운명에 맞닥뜨리게 되었으며, 교육과 출판보다 미디어의 영향력이 훨씬 커지면서 지식인들은 학문사회보다는 미디어에 기대어 자신의 영향력을 확대하려 하고 있다. 보편적 지식, 교양적 지식, 인문학적 지식이 설자리는 점차 사라지고 있다. 대체로 자본의 대학 길들이기 작업은 기존의 질서를 비판하는 연구작업에 대한 지원을 중단하거나, 그러한 이론적 지향을 가진 연구자는 점차 배제해 나가고 기존 질서를 옹호하는 연구자들은 지원·격려하는 방식으로 이루어진다. 물론 이것은 학생들의 관심과 대학진학시 자발적 '선택'이라는 과정을 거치는 경우가 많다. 즉 학생들은 자본주의 사회가 필요로 하는 전공과 지식을 학습해야 직업을 갖는 데 유리하기 때문에, 그들 스스로가 자신의 '상품가치'를 높일 수 있는 전공분야에 몰리게 된다. 학생들은 교육을 점차 투자로 인식하게 되고, 돈을 들여서라도 상품가치가 있는 분야의 학위를 획득하려 하게 되는 것이다. 그리고 대학교수의 충원에서도 재단이사회 등의 권력이 개입하여 겉으로는 '합법적이고 공개적인 심사'의 형태를 갖추면서도 비판적인 학자들이 진입하는 것을 차단한다.

자본의 언론을 통한 지식사회 길들이기 역시 이와 유사하게 진행된다. 즉 최대의 광고주인 기업들은 사주나 편집자들의 개인적 '가치관 혹은 지향'이라는 명분하에 기업에 대해 비판적인 지식인이나 학자들에게 지면을 주지 않고 옹호하는 지식인이나 학자들에게 지면을 할애하는 방식을 구사함으로써, 미디어를 통해서 영향력을 획득하고자 하는 지식인들을 길들인다. 그리하여 이들 지식인들은 영향력 있는 언론의 한식구가 되기 위해 스스로 자기검열을 하거나 그렇지 않으면 그들의 주목을 받을 만한 발언이나 주장을 생산해 낸다. 이 경우 거대언론의 지면을 계속 타게 되는 지식인은 하나의 지식권력·문화권력으로 등장하는 듯한 모양새를 취하지만, 사실 그것은 자신의 권력이라기보다 언론권력 혹은 보수언론으로 대변되는 기득권의 이해를 옹호하는 앵무새에 불과할 따름이다.[8] 요컨대 지식인은 권력권에 접근하기 위해 언론을 과도하게 의식하고, 언론은 자신의 지배력을 계속 유지하기 위해 자신을 정당화해 주는 지식인을 필요로 하는 것이다.

한국의 경우 학자가 매스컴을 탈 경우 정치권에 진출할 수 있는 유리한 고지를 점하게 되고, 설사 정치권 진출의 의사가 없는 경우라 하더라도 학교에서 충족되지 않는 영향력 확대의 욕구를 매스컴은 실현시켜 줄 수 있다. 따라서 언론은 이러한 의사를 가진 지식인들을 주목하고 있다가, 자신들이 필요할 때 자신들의 목소리를 대신할 사람으로 이들을 활용하게 된다. 정치권도 그러하지만, 언론 역시 이들 지식인이 자신들에게 더 이상 필요 없어지면, 하루아침에 용도폐기하고 만다. 이리하여 그 지식인의 권력의 원천은 바로 자신의 지적인 영향력에서 나오는 것이 아니라는 점이 판명된다.

오늘의 자본주의 사회에서 유통은 생산을 지배하고, 이미지와 정

---

8) 전 서강대 총장 박홍의 경우가 대표적이다. 그가 90년대 초반에 뱉어낸 근거도 희박한 일련의 극우적인 발언들은 『조선일보』를 비롯한 보수언론의 지면을 크게 장식하면서 당시 위기에 처한 보수세력의 기반을 강화시키고, 반대로 비판적인 사회운동진영을 위축시키는 데 일조했지만, 그것들은 제대로 사실규명도 되지 않았으며 그러한 보도를 한 언론도 그것에 대해 책임을 진 적이 없다. 총장직을 그만둔 이후 그가 거의 잊혀진 존재가 되었다는 점을 생각해 보면, 그의 영향력은 자신의 지적인 능력과 식견에서 나온 것이 아니라 『조선일보』를 비롯한 언론이 만들어준 것에 불과하다는 것을 알 수 있다. 『조선일보』와 한국의 기득권세력은 지식인이 아닌 서강대 '총장' 박홍을 철저하게 이용한 것이고, 박홍 자신도 언론과 보수세력의 희생양이라 볼 수 있다.

보가 지식을 압도한다. 그리하여 원리를 탐구하는 지적인 활동은 점점 주변화되지 않을 수 없다. 언론을 통해서 유포되는 언어는 인과관계와 사실판단을 흐리게 할 뿐 아니라, 대중들의 정서를 자극하는 주장이나 과장과 단편적인 판단 들로 가득 차 있다. 이 점 때문에 오늘의 지식사회는 사실상 미디어가 지배하고 있다고 해도 과언이 아니며, 심지어는 미디어가 권력을 창출한다. 그런데 미디어는 시장과 고객, 즉 자본의 요구에 점점 더 의존하기 때문에 미디어를 통해서 얻어진 지식권력이라는 것도 사실은 자본의 힘을 반영하는 것에 불과하다. 지식인의 입장에서 볼 때 출판을 통해서 자신의 의사를 전달하려는 노력이 무의미한 것은 아니지만, 주류 미디어를 무시하려면 자신의 지적 성과물이나 이름이 세상에 알려지지 않을 각오를 해야 한다.

오늘의 학교와 미디어는 이제 부드러운 방식으로 우리 사회의 지배구조와 차별구조를 정당화하는 역할을 하고 있다. 그중에서도 TV 등 방송매체의 역할이 가장 크다. 신문이 그러하듯이 방송도 과거처럼 강압에 의해서가 아니라 내부의 의사결정에 의해 자발적으로 자신이 다루는 소재를 제한하고 있다. 아직도 노동자나 여성, 사회적 약자는 방송에서 소외되고 있고, 방송의 거의 모든 내용은 엘리트의 목소리로 채워지는 경향이 있다.[9]

그러나 다른 한편으로 보면 인터넷과 사이버공간이 등장하면서 기성 신문과 방송, 학교교육의 비중이 점점 축소되고 있다. 지난번 한국의 대통령선거에서 인터넷의 영향력이 가장 전형적으로 드러난

---

9) 특히 토론프로에 출연하는 토론자들은 모두 학벌·지식·지위를 확보하고 있는 사람들로 채워지고 있는데, 이들은 국민의 대표자 혹은 시청자 대표로 나온 것이다. 하지만 그 소수의 의견이 대다수 대중의 생각을 과연 얼마나 대변할 수 있는지는 의문스럽다(『오마이뉴스』 2002. 9. 2).

바 있는데, 이것은 언론과 대학 등 제도를 기반으로 한 기성의 지식권력이 쌍방 의사소통 매체인 인터넷에 의해 허물어지고 있음을 보여준다. 전반적으로 인터넷 매체가 민주적 의사소통의 공간을 만들어내는 긍정적인 역할을 해나가는 희망적인 전망을 보여주고 있다. 그럼에도 이것이 기성의 문화권력이나 지식권력을 대신할 수 있을지에 대해서는 다소의 논란이 있다.

5. 맺음말

지난 몇 년 동안 한국에서 유행한 지식권력 혹은 문화권력 담론은 '부드러운 지배', 즉 미디어에 의한 지식과 문화 영역의 지배와 관련된 현상이라 볼 수 있다. 문화가 엘리트주의적이고 의례적인 역할을 할 때가 있었고, 그때 문화는 더러운 현실을 뛰어넘는 초월적 성격을 가진다고 여겨졌다. 그러나 대중문화가 확장되어 나가면서, 이와 같은 미학적 전제는 거의 무너졌다. 지적 생산물이나 문화작품이 그저 상품으로 환원될 필요는 없지만, 그렇다고 해서 시장과 권력의 자장에서 결코 자유롭지도 않을 것은 자명하다. 아니 오히려 오늘날 문화는 어떤 영역보다 더 사회적 차별과 차이를 재생산하고, 심지어 정치적·경제적 차별을 미학적으로 정당화시켜 주는 역할까지 하고 있다.[10] 그렇기 때문에 단순히 지식인이 영향력을 확대하는 것을 권력이라고 비판해서는 안 될 것이다. 오히려 지식과 정보가 가장 부드러

---

10) 김진석, 「문화권력 논의의 맥락」, 『교수신문』 2001. 12. 10.

운 방식으로 기존의 질서를 옹호하고, 사람들을 그러한 방향으로 세뇌시키고 있는 점을 지적해야 할 것이다.

안티조선운동 혹은 이문열 비판 등은 모두 과거 물리적 폭력의 대행자였던 『조선일보』가 오늘날에는 '언어'를 통해서 사실상 구조화된 억압과 차별, 그리고 폭력의 재생산에 기여하고 있으며 노골적으로 기존의 지배질서를 옹호하는 점을 비판하고 고발하는 새로운 운동들이다. 그러나 우리는 지식권력의 기초, 다시 말해 대학·출판·언론의 의사결정과정을 누가 지배하는가를 물어야 한다. 지식인에게 이들 문화권력의 기제에 굴복하지 말 것을 요구하는 것은, 지식인은 전통적인 도덕적 역할을 수행해야 한다는 당위론에 입각해 있는 것이다. 하지만 이러한 당위론은 도덕적으로는 힘을 가질지 모르지만, 권력의 정치·경제적 재생산기제를 문제삼지 않는다면 말 그대로 지식인들만의 운동에 그칠 것이다. 그리고 지식인의 운동 역시 단순한 도덕적 순결성을 유지하는 것을 촉구하는 것을 넘어서 그들이 어떻게 지식의 생산자로 역할할 수 있는가를 문제삼아야 할 것이다.

90년대 후반 한국 지식사회에서는 이제 생산적인 정책논쟁, 이념논쟁은 거의 사라지고 오직 특정 지식인들의 논리만을 가지고 말꼬리를 잡고 비판하는 경향이 지배하고 있다. 이러한 담론 차원의 논쟁들과 갈등들은 사태의 원인 탐구와 사실 자체의 탐구에 익숙하지 않은 90년대 젊은이들의 취향과 부합되는 측면도 있는 것 같다. 그러나 우리 사회는 지배질서와 권력에 대항하여 지식이 독자적인 자리를 차지한 경험을 거의 갖지 못하고 있으며, 그러한 독자성을 주장할 정도로 지식의 인프라 자체가 갖추어지지 않았다는 점을 더욱더 인식해야 한다. 지금까지 한국사회에서는 친미반공, 극우독재, 신자유주의 지배체제에 대항하는 목소리가 충분한 시민권을 확보한 적이 없었다. 일각에서는 운동적 지식의 과도한 영향력을 우려하고 있지만, 우리 사회에서 전문적이고 깊은 정책적 식견을 가진 지식인이 만들어지기 위해서는 이러한 점이 먼저 검토되어야 한다.[11]

---

11) 최우석은 "지식인을 편의적으로 나눠 지성적 지식인, 전문적 지식인, 운동가적 지식인으로 구분한다면 전자는 희귀하고, 중간은 너무 적고, 후자는 너무 많다"고 지적한 바 있다(『한국경제』 1999. 2. 11). 그동안의 한국 정치사를 보면 이러한 지적도 부분적으로 타당하다. 그러나 이러한 지적은 전문적 지식인이 왜 등장하지 않았는가에 대한 분석이 결여되어 있다.

한국의 언론정치와 지식인
'지식인'의 2001년 7개 중앙일간지 기고활동에 대한 기초자료

김만흠[*]

1. 전환기의 한국 언론과 지식인

이른바 민주화 이후 한국정치에 나타난 두드러진 현상 가운데 하나는 정치적 의제 설정과 진단에서 신문·방송 등 언론의 주도적 역할이 커졌다는 점이다. 그만큼 언론의 문제의식과 방향성은 한국정치를 결정하는 데 중요한 역할을 하게 되었다. 물론 인터넷이라든가 대안저널 등이 확산되면서 전통적 언론정치 구조에 새로운 변화의 가능성도 보이고 있다. 그러나 아직까지는 전통 언론이 언론정치 시장을 주도하고 있는 게 현실이다. 언론이 주도하는 정치적 의제 설정이나 진단은 시민사회의 여론, 전문가들의 견해, 언론사 및 언론인의 입장 등 여러 요인에 의해 결정될 것이다. 이 글은 언론의 의제 설정 및 문제제기에 권위와 정당성을 부여하는 '지식인'의 위상에 주목하

____

[*] 가톨릭대 교수, 정치학

는 연구이다.

2001년 중앙일간지 7개 신문을 대상으로 해서, 언론활동을 하는 지식인의 구성상 특성과 문제의식을 정리하고 나아가 한국의 여론정치 과정에서의 지식인의 위상을 논의해 보고자 한다. 분석 대상과 방법에 대한 상세한 내용은 뒤에서 설명하겠지만, 2001년 1년 동안 중앙일간지 7개 신문에 실린 한국의 주요 정치·사회적 쟁점 관련 칼럼 1661편과 해당 기고자 750명을 추출하여 분석하였다.

정치적 의제 설정은 언론을 통해서 구체화되지만, 의제화 과정에서의 주도력은 정치환경에 따라 달라진다. 알다시피 독재정권 체제에서 정치적 의제 설정과 쟁점화는 대체로 정권에 의해 주도되었다. 언론이 정권에 의해 동원되었던 것이다. 이런 가운데서도 언론은 틈새를 노리거나 저항세력의 힘이 커진 경우 정권에 대한 비판적 역할도 수행하였다. 전자에 주목하는 사람들은 당시의 한국언론을 독재정권의 홍보도구로 보고, 간헐적으로 나타난 비판기능도 언론의 기회주의적 생존전략이었다고 폄하한다. 또 후자에 주목하는 사람들은 신문 등의 언론이 어두운 시대에 그나마 비판여론의 매개체였다고 본다. 물론 언론사에 따라, 언론인에 따라 차이가 있을 것이다.

민주화는 당연히 언론환경의 변화를 수반했다. 우선 민주화는 독재정권에 의한 일방적인 언론동원 기제를 해체 또는 약화시키면서, 정치적 의제 설정의 환경에 변화를 가져다주었다. 과거에는 정권에 의한 동원이 정치의제화를 주도했다면, 이제는 언론이 그것을 주도하게 되었다는 것이다. 언론의 선택이 정치의 향배에 결정적 영향을 미치는 변수가 되었고, 그만큼 언론권력의 위상은 강화되었다.

또 민주화 이후, 특히 정권교체를 거치면서 신문의 성향에 차별성이 나타났다. 앞서 지적했듯이, 그동안 독재정권 아래서 신문의 성향은 크게 차이가 없었다. 다만 틈새를 노리거나 권력관계의 변화과정에서 얼마나 비판적 성향을 보였느냐 정도의 차이가 있었을 뿐이다. 그런데 민주화와 함께 상대적으로 '진보적'인 성향의 『한겨레신문』이 태동하면서, 기존 신문과 차별성 있는 주요 매체의 하나로 자리하게 되었다. 또 다른 몇 개 신문들도 기존 신문들과의 차별성을 표방하면서 새로이 탄생되거나 재탄생하기도 하였다. 물론 언론시장에서 이들이 차지하는 비중은 아직까지도 기존의 거대 신문에 비해 미약한 편이다.

반면에 전통적인 주요 거대 신문들의 보수적 성향은 더욱 강화되어 나타났다. 이는 진보적 신문의 등장에 따른 상대적인 결과이기도 하지만, 정권교체에 의한 김대중정부의 등장이 결정적인 영향을 미쳤다고 할 수 있을 것이다. 무엇보다 김대중정부의 등장으로 기존의 권력카르텔이 일시적이나마 부분적으로 해체되는 상황을 맞았기 때문이다.

그동안 주요 언론은 때로 정치권력과 긴장관계를 보이기도 했지만, 기본적으로는 서로 카르텔을 형성하고 공존관계를 유지해 왔다. 일부 신문은 이런 카르텔 구조를 적극적으로 활용하여 고속성장을 하기도 했다. 그런데 정치권력의 부분적인 교체가 이루어지면서 전통적 권력카르텔이 깨진 상태가 된 것이다. 이런 상황에서 언론은 카르텔 구조를 떠나 독립적인 언론으로 자리매김할 수도 있고, 카르텔의 복원을 기대할 수도 있을 것이다. 그리고 이 가운데 일부 거대 신문은 기존의 카르텔 구조가 복원될 수 있는 정치권력 구조를 만들기 위해 노력하고 있는 것처럼 보였다.

　민주화와 정권교체를 거치면서 나타난 언론환경의 변화는 지식인의 정치적 실천에서도 마찬가지로 나타났다. 독재정권 아래에서 지식인의 정치적 실천은 정권에 대한 비판이었다. 물론 정권에 동원되거나 적극적으로 참여한 사람들도 많았다. 그러나 정권에 참여한 교수들을 비난하면서 일컬었던 '어용교수'라는 개념이 말해 주듯이, 독재정권에 대한 비판과 반대가 지식인의 이론과 실천을 정당화시키는 거의 보편적인 명분이었다. 그래서 대부분의 지식인들이 적어도 겉으로는 비판적인 성향인 것처럼 보이기도 했다. 또 이는 1980년대 중·후반에 마르크스주의 및 급진이론이 확산될 수 있었던 하나의 배경이 되었다고 볼 수도 있다. 정권에 대한 급진적 비판이 마르크스주의 이론 등과 같은 급진이론과 접맥될 수 있었다는 것이다.

　지식인의 언론을 통한 활동은 당시 언론의 속성을 그대로 대변했다. 앞서 지적했듯이 당시 언론은 기본적으로 정권과의 카르텔 관계에 있으면서도 때로는 긴장관계를 보이기도 했다. 따라서 급진적인 비판은 금기시된 가운데, 주류 신문은 정권 홍보에서부터 비판적인 주장까지를 흡수하는 것처럼 보였다. 따라서 굳이 '커밍아웃'이 불필요했던 것이다. 이들 가운데 상당 세력은 언론권력과 마찬가지로 정치권력과의 긴장관계 속에서 권력카르텔을 유지하고 있었다고 할 수 있다.

　그러다가 일부 진보적 신문과 『인물과 사상』『아웃사이더』 등의 대안저널을 통해 기존의 언론권력과 카르텔을 형성하고 있는 지식사회에 대해 문제제기가 이루어지기 시작했고, 인터넷을 통한 사이버언론들이 새로운 언론으로서 일정한 영향력을 발휘하게 되었다. 여기에다 권력카르텔의 구심점이었던 정권의 교체가 이루어지면서 권력카르텔에 틈이 생기고, 이 과정에서 이른바 주류 지식사회에 대한 논란이 제기되었던 것이다. 전통적 독점 언론과 결합한 지식권력의 독점적 지위가 흔들리는 상황이 된 것이다. 이런 점에서 볼 때, '지식인 논쟁'이 언론개혁 논란과 맞물려 나타났던 것은 우연이 아니다.

한편 일부에서는 이를 두고 한국 지식사회의 위기라고 말하기도 한다. 가령 유석춘은 정권교체를 통해 기존의 정통이 이단이 되고, 이단이 정통이 되었다고 말한다.

> 사회적 소수집단의 생각과 표현방식이 '국민의 정부'의 등장과 함께 '이단'(heterodoxy)에서 '정통'(orthodoxy)으로 위치를 바꾸면서 (편가르기가) 시작되었다. 수평적 정권교체라는 한국역사 초유의 실험이 성공하자 과거의 이단은 정통이 되었고 거꾸로 과거의 정통은 이단이 되었다.[1]

물론 유석춘은 과거의 정통을 대다수의 '정상적인 지식인'의 입장으로 보면서,[2] 김대중정부 들어와서 소수에 불과했던 이단이 정부권력과 시민단체의 공조 속에서 새로운 정통인 양 몰아치고 있다고 비아냥거리고 있다. 어쨌든 민주화와 정권교체 등을 거치면서 권력비판의 주체였던 지식사회 자체가 권력구조와의 상호관계 속에서 논란거리가 되었다.

이렇게 정치권력·언론권력·지식사회가 복합적인 관계를 맺음으로 해서, 한국사회의 권력과 권력비판 기제는 전환기적 상황에 놓

---

1) 유석춘, 「40대 학자들의 릴레이 기고(2): 정부와 손잡은 '안티'—기존 정통 고사작전」, 『조선일보』 2001. 9. 11.
2) 같은 글.

여 있다. 그러면 이와 같은 전환기적 상황에서 언론을 통해 활동하는 이른바 지식인들의 구성상 특성은 무엇인가, 이들에 의해 제기되는 한국사회의 주요 쟁점과 문제는 무엇인가, 그리고 이들의 언론기고가 언론정치에 어떤 기능을 하고 있으며 앞으로의 전망은 어떠한가?

2. 2001년 언론활동 '지식인'의 인구학적 특성과 문제제기

2001년 1월 1일부터 12월 31일까지 1년 동안 조선, 동아, 중앙, 한겨레, 한국, 경향, 대한매일 등 7개 신문에 실린 정치적 · 사회적 · 경제적 쟁점에 대한 외부기고자의 칼럼(시론, 논단, 비평, 시평, 칼럼) 내용과 필진을 추출 분석하였다. KINDS DB의 칼럼항목에서 정치, 정권, 정치권력, 정당, 지역주의, 지역갈등, 지역감정, 언론개혁, 개혁, 구조조정, 복지, 대북문제, 북한, 통일 등을 키워드로 하여 추출한 1661개의 칼럼을 대상으로 하였다. 그리고 조사대상 기고자는 750명이었으며, 인구학적 배경변수로는 직업 및 소속, 연령, 출신대학, 출신지, 유학유무 및 유학지역 등을 살펴보았다. 그중에는 한 사람이 40개의 칼럼을 집필한 경우도 있었고, 6회 이상 기고한 사람이 67명으로 이들의 기고문은 전체의 절반이 넘는 881편이나 되었다. 그래서 내용분석은 이 67명과 그들의 기고문 881편만 대상으로 하였다.

먼저 인구학적 배경에 대해서는, 의미부여와 해석은 가급적 하지 않고 1차자료로서 기술하고자 한다. 이 자료만 가지고도 의미를 살펴볼 수 있겠지만, 앞으로 다른 시점과의 통시적 비교가 이루어질 때 객관적인 해석이 가능할 것이다.

1) 기고자의 대부분이 교수, 서울대·미국유학 지배적

기고자의 60% 이상이 교수로서, 언론을 통해 활동하는 이른바 '지식인'은 사실상 교수집단이라 할 수 있다. 오늘날 한국언론의 문제를 이해하기 위해서는 대학교수를 중심으로 한 지식사회 문제에 대한 논란이 불가피하게 요구된다고 하겠다. 이는 한국 지식사회학의 논제이기도 하다. 또한 대학교수와 언론의 연줄고리에 대한 분석도 주목할 부분이다.

출신대학별로는 전체(1465편) 필진의 53.8%가 서울대 출신이다. 유학배경을 보면, 51%가 미국유학자이지만 박사학위자만을 대상으로 하게 되면 미국유학자의 비중이 60%로서, 학력배경에서 가장 지배적인 특징적 변수는 미국유학이라 할 수 있다. 특히『중앙일보』는 미국유학자가 83.8%나 되는 데 비해, 『대한매일』은 미국유학자 (29.6%)의 집중도가 낮고 국내 및 유럽유학 학위의 비중이 높다. 따

〈표 1〉 외부기고자의 출신대학별 분포

(단위: %, 편)

	전체	경향	대한매일	동아	조선	중앙	한겨레	한국
서울대	53.8	49.8	49.3	54.6	57.0	54.3	59.6	47.4
연세대	11.5	8.6	4.1	15.8	14.0	19.3	5.8	10.4
고려대	7.8	7.4	5.4	15.3	5.4	4.9	7.9	9.6
성균관대	7.2	12.7	14.2	1.5	3.9	1.7	12.1	5.9
이화여대	2.6	0.8	4.7	2.0	3.1	5.4	0.4	2.2
경희대	2.3	6.9	3.4	1.5	1.2	1.2	0.8	0.0
한국외대	2.1	3.3	0.7	1.0	0.4	3.7	2.1	3.0
서강대	1.6	2.0	0.0	1.0	0.4	1.7	1.3	6.7
여타 대학	11.0							
사례수	1465	245	148	196	258	243	240	135

<표 2> 박사학위 취득지역별 분포

(단위: %, 편)

	평균	경향	대한매일	동아	조선	중앙	한겨레	한국
한국	23.90	25.73	48.80	10.93	21.92	8.09	40.40	22.81
미국	59.98	56.14	29.60	70.49	66.21	83.83	38.00	59.65
유럽	13.55	9.99	19.20	17.98	9.59	5.11	21.50	16.69
일본	1.92	7.02	0.80	0.00	0.91	2.98	0.50	0.08
기타	0.64	1.12	1.60	0.60	1.37	0.00	0.00	0.77
사례수	1247	171	125	183	219	235	200	114

라서『조선일보』『동아일보』『중앙일보』의 신문시장 점유율이 70% 이상 된다는 점을 감안한다면, 전체적으로 언론활동 지식인의 70% 이상이 미국유학 출신이라고 할 수 있을 것이다.

서울대에 이어 연세대(11.5%), 고려대(7.8%), 성균관대(7.2%) 순이며, 서울대·연세대·고려대 3개 대학 출신자가 73.1%로 집중되어 있다. 그중에서『동아일보』의 경우 85.7%로 집중도가 가장 높으며, 『대한매일』은 58.8%로 낮은 편이다. 구체적으로『한겨레』의 기고자들 중 서울대 출신 비율이 다른 언론사보다 약간 많으며(59.6%),『중앙일보』『동아일보』『조선일보』에서는 연세대 출신 기고자들이 각각 19.3%, 15.8%, 14.0%로 상대적으로 높다. 그리고『경향신문』『대한매일』『한겨레』에서는 성균관대 출신의 비중이 상대적으로 높은 것으로 나타나는데, 이는 40회를 기고한 강준만 교수의 몫이 크다.

2) 연령은 평균 만52세, 전쟁·전후 세대의 과도기

기고자의 출생연도는 1922년부터 1968년에 이르기까지 분포되어 있으며, 전체 평균은 1950~51년으로 나타났다. 신문시장 점유율을

고려해 가중치를 부여한다면, 평균 1949년생 정도로 볼 수 있을 것이
다. 기고자의 연령은 40대가 가장 많았으나(44.60%), 전반적인 연령대
비중은 신문사별로 달랐다. 1941년 이전 출생자가 기고자의 29.57%
로 연령대가 가장 높은『조선일보』(2001년 기준 평균 만54세)를 비롯하
여『동아일보』『중앙일보』등 이른바 조·중·동의 경우 기고자의
나이가 다른 신문에 비해 상대적으로 높았다. 평균 47.5세로 연령대
가 가장 낮은『경향신문』과,『조선일보』기고자의 평균연령은 6년
이상 차이가 났다.

〈표 3〉 연령분포

(단위: 명, %)

	전체	경향	대한매일	동아	조선	중앙	한겨레	한국
1941 이전	271	18	20	53	79	54	35	15
	18.63	7.35	13.16	27.32	29.57	22.50	15.02	11.19
1942~51	435	66	35	48	74	98	77	37
	29.90	26.94	23.03	24.74	28.79	40.83	33.05	27.61
1952~61	649	138	89	89	83	78	98	74
	44.60	56.33	58.55	45.88	32.30	32.50	42.06	55.22
1962 이후	100	23	8	4	24	10	23	8
	6.87	9.39	5.26	2.06	9.34	4.17	9.87	5.97

〈표 4〉 평균연령

(단위: 편, 년)

	사례수	평균	표준편차	최고연령	최소연령
경향	245	1953.48	7.59	1933년생	1968년생
대한매일	152	1952.07	7.98	1924년생	1966년생
동아	194	1948.38	8.81	1922년생	1964년생
조선	257	1948.06	9.61	1925년생	1968년생
중앙	240	1948.83	8.25	1923년생	1963년생
한겨레	233	1951.28	8.28	1929년생	1968년생
한국	134	1951.47	7.36	1927년생	1966년생
전체	1455	1950.39	8.60	1922년생	1968년생

전체적으로 언론활동을 주도하는 지식인의 연령대가 점차 한국전쟁 이후의 세대로 넘어가는 상황이라고 할 수 있다.『중앙일보』『조선일보』『동아일보』의 경우는 아직 전쟁 전 세대의 비중이 높은 편이며,『한겨레』를 비롯한 나머지 신문들은 전후세대 비중이 높은 것으로 나타났다. 어느 사회에서든 현실인식과 사고에서 세대라는 변수는 가장 큰 변수라는 점을 감안할 때 이 점도 주목해 볼 만한 부분이다.

3) 영남출신 주도, 언론사별 차이도 있어

여론주도 지식인층이라 할 수 있는 이들 분류대상 기고자들을 출신지역별로 살펴보면 경상도 출신이 38.8%로 가장 많았고, 다음으로 서울(21.5%), 전라도(16.8%) 출신 순서이다. 7개 신문 모두가 경상도 출신의 기고자 비율이 가장 높은 것으로 나타나면서도, 신문사별 차이도 두드러졌다.

가령『동아일보』『경향신문』『조선일보』에서는 경상도 출신 기고자가 각각 49.4%, 41.6%, 41.2%로 압도적인 비중을 차지하는 한편으로,『동아일보』와『조선일보』의 경우에는 전라도 출신이 각각 7.6%, 8.4%로 상대적으로 약세를 보이고,『경향신문』의 경우 충청도 출신이 4.5%로 가장 낮은 것으로 확인되었다. 그리고『대한매일』의 경우에는 전라도 출신 기고자가 29.9%로 다른 신문에 비해 높은데, 이는 김대중정부의 집권효과가 반영된 것으로 추측할 수 있겠다. 흔히 조·중·동과 대비시키고 있는『한겨레』역시 경상도 출신이 35.3%로 가장 높았으며, 전라도 출신이 26.8%로 그 다음이었다.

　기고자의 출신지역 역시 조·중·동의 신문시장 점유율을 감안한다면 전체적으로 영남 출신이 40% 이상을 차지하고 있는 셈이다.

　이른바 '전라도정권'으로 불리기도 하는 김대중정부 들어와서 정치권 주변에 전라도 인사가 편중된 문제가 일부에서 논란이 되어왔으나, 알다시피 경제권력은 여전히 전통적 지역구도가 지배하고 있으며,[3] 〈표 5〉에서 볼 수 있듯이 권력비판의 중심기제인 언론활동 지식인의 구도 역시 영남 중심의 지역편중이 압도적인 것으로 나타난다.

　상식적인 이야기이지만, 결국 한국사회 권력구조는 정권교체를 통

〈표 5〉 출신지별

(단위: %, 편)

	전체	경향	대한매일	동아	조선	중앙	한겨레	한국
서울	21.5	24.0	14.6	18.0	19.9	29.7	17.7	26.7
경기	4.2	7.7	4.8	2.9	5.3	3.8	1.3	2.0
강원	4.2	5.9	4.9	5.8	7.1	1.0	0.5	4.0
충청	7.8	**4.5**	10.4	9.9	8.4	6.2	5.3	16.8
전라	16.8	14.5	29.9	**7.6**	**8.4**	13.9	26.8	22.8
경상	38.8	**41.2**	34.0	**49.4**	**41.6**	36.8	35.3	26.7
제주	1.9	0.9	0.0	0.6	0.9	5.3	3.8	0.0
이북	3.1	0.9	1.3	4.1	7.5	3.4	2.4	1.3
해외	0.7	0.5	0.7	1.2	0.9	0.0	1.9	1.0
사례수	1282	221	144	172	226	209	209	101

3) 『동아일보』 경제부와 한국신용평가사가 2002년 2월 현재 5대 그룹 207개 계열사 임원 3496명을 대상으로 조사·분석한 결과에 따르면, 본적지를 기준으로 했을 때 영남 41%, 수도권 36%, 충청 10%, 호남권 8%, 강원권 3%, 제주 등 기타 2%이다. 김대중정부 이전인 97년 2월 당시에는(2002년 현재의 현대자동차 대신 대우가 5대 그룹에 포함) 영남 34%, 수도권 42%, 호남 8%였다(『동아일보』 2002. 2. 18). 물론 경제권력의 지표는 여러 측면에서 살펴보아야 하기 때문에, 앞에서 제시한 대기업집단 임원의 구성분포가 곧 경제권력의 분포는 아니다. 그렇지만 경제권력의 인적 구조를 보여주는 자료임은 분명하다.

해 정치권력만 '이단'이 주도하고 있을 뿐 권력의 기반과 재생산기제
는 여전히 전통적인 구조를 그대로 유지하고 있다.

4) 『한겨레』『대한매일』, 특정인에 대한 집중도 높아

전체적으로는 총 1661편의 사례를 분석대상으로 하고 있지만, 기
고자수로 본다면 신문사별로 구분하지 않고 모두 합할 경우에는 750
명이고 신문사별로 따로 나눌 경우에는 930명이다. 전체적으로 1인
당 평균 2.21회 정도 기고한 것으로 나타났다.

이 가운데 『한겨레』와 『대한매일』은 1인당 평균 각각 2.30, 2.28회
로 특정인에 대한 집중도가 상대적으로 높은 데 반해, 『조선일보』와
『동아일보』는 특정인에 대한 집중도가 1.36, 1.59회로 낮은 편이다.
이와 같은 신문사별 집중도의 차이는 각 신문이 동원할 수 있는 지식
인풀의 특성을 비롯하여 한국 지식인의 성향별 분포, 신문사의 외부
기고 활용방침 등이 복합적으로 작용한 것으로 보아야 할 것이다.

〈표 6〉 언론사별 1인당 기고빈도

(단위: 편, 명, 회)

신문사	총기고수	기고자수	1인당 횟수
경향	266	134	1.98
대한매일	185	81	2.28
동아	213	134	1.59
조선	287	210	1.36
중앙	255	123	2.07
한겨레	291	126	2.30
한국	164	122	1.33
전체	1661	750	2.21

5) 지식사회 문제, 언론권력과 함께 주목할 과제

전체적으로 정리해 보면, 언론에 등장하는 외부기고자의 대다수가 교수(60.1%)라고 할 수 있으며, 그중에서도 서울대·미국유학·영남 출신이 가장 비중 있는 집단인 가운데 신문사별 차이 또한 큰 것으로 나타났다.

『조선일보』는 고연령, 영남 중심 및 호남 출신 약세로 특징지을 수 있으며, 『한겨레』는 출신지역 면에서는 한국사회 전반의 인구학적 배경을 대체로 반영하고 있으면서 이른바 조·중·동에 비해 국내학위자의 비율이 상대적으로 높았다. 또 『경향신문』은 외부기고자의 연령층이 상대적으로 낮았고, 『대한매일』은 학력배경이 다양하게 구성되어 있고 전라도 출신의 기고자가 많은 점이 특징이라고 할 수 있겠다. 그리고 신문시장의 점유율을 감안할 때, 영남 출신과 미국유학 지식인들이 차지하는 비중은 더 높아질 것이다.

이와 같은 결과는 별로 새로운 발견이라고 할 수 없다. 이 논문이 세미나에서 발표된 이후 인터넷에서 익명의 비판자가 지적한 것처럼, "한국 주류 엘리트의 구성상 특성이 그러한데 이를 다시 수량화시킨 것에 불과하다"고 볼 수 있다. 그러나 한국의 권력을 비판하는 주체들이 권력집단의 특성을 그대로 보여주고 있다는 사실은 상식적이면서도 다시 주목해야 할 부분이다.

지난 독재정권 아래에서 한국사회의 문제 소재가 주로 정치권력에 집중된 가운데, 부분적으로 경제권력에 초점이 두어지기도 했다. 민주화 이후 잠깐 시민사회에 주목하기도 했으나, 시민사회'론'에 집중된 논의에 한정되어 시간을 보냈다.[4] 물론 이런 문제에 대한 비판

의 주체는 언론과 지식인이었다. 그런데 사실은 이들 비판의 주체를
자임하는 세력의 주류가 기득권 구조의 하나를 이루고 있다.

흔히 은폐된 권력의 문제를 비판하는 것이 언론과 지식인의 기능
이라고 한다. 그러나 언론과 지식인의 업이 권력비판이기도 하지만,
그들 자신도 권력구조의 하나를 이루고 있음은 자명하다. 특히 언론
은 정부권력의 3부에 이은 제4부라는 지칭이, 스스로 하나의 권력체
임을 말해 주고 있다. 지식 역시 권력자원의 하나이며 권력과 밀접한
관계를 맺고 있음은 푸코의 '지식-권력론', 마르크스주의자들의 '이데
올로기론', 그람시의 '헤게모니론', 기타 지식사회학 등에서도 일반화
되어 있는 내용이다. 언론권력에 대해서는 이미 논란이 제기되어 왔
지만, 한국 지식권력의 위상에 대해서도 논의가 필요한 시점이다.

3. 주요 기고내용과 정치적 쟁점

1) 외부 기고내용, 신문(사)의 논조와 목적에 좌우될 수밖에

내용검토와 관련해서는, 1년 동안 6회 이상 기고한 67명과 그들이

---

4) 어떤 문제에 대한 논의와 연구를 위해서는, 관련된 그동안의 이론들을 검토하는 것이
당연히 필요하다. 나아가 그동안의 이론과 우리의 현실에 대한 검토를 토대로 새로운
이론을 제시하는 것이 학문의 핵심적 과제이기도 하다. 그런데 그동안 우리의 현실문
제를 계기로 어떤 논의가 이루어지면, 이론 즉 서구를 중심으로 한 다른 나라의 경험
과 주장을 둘러싼 비역사적·추상적 논의만 과도하게 이루어지는 것이 우리 사회과
학계의 경향이었다. 그리고 현실과 유리된 '논(論)'만 무성하다가 그만 새로운 현실
로 넘어가 버리는 양상이 반복되었다. 사회구성체'론'이 그랬고, 시민사회'론'이 그랬
다. 한국사회 지식인 문제에 천착하지 않고 지식인론만 무성하지 않기를 바란다.

쓴 881편의 칼럼을 대상으로 하였다. 정치·사회적 쟁점에 관한 칼럼에서 이 67명이 차지한 비율이 전체의 절반 가량이나 되었으며, 이들은 주요 신문의 고정기고자 또는 단골기고자로서 지속적인 역할을 하고 있는 '지식인'들이라 할 수 있다. 물론 기고횟수가 많을지라도 앞에서 제시한 키워드와 관련이 없는 경우에는 분석대상에서 제외되었겠지만, 그 수가 그렇게 많지는 않을 것이라고 본다.

기고문의 방향과 내용은 당시 정치·사회적인 분위기에 따라 어느 정도 달라지게 마련이다. 하지만 언론보도의 환경으로서 무엇이 당시 중요한 쟁점이었는가를 밝히기는 쉽지 않다. 당시의 정치·사회적 상황을 반영하여 언론의 보도가 이루어지기도 하겠지만, 역으로 언론의 보도가 정치·사회적 환경을 만들기도 하기 때문이다. 이와 같은 상황에서 "언론사 세무조사와 언론개혁 논란" "게이트로 불렸던 권력 주변세력의 벤처기업 비리 연루문제" "대북 지원과 교류정책을 둘러싼 논란" 등이 2001년 언론을 통해 쟁점화되었다.

흔히 신문 보도기사나 사설 등을 세밀하게 분석하여 객관화할 때 주요 개념의 활용과 빈도를 따지는 '담론분석'과 주장의 서사구조를 분석하는 '서사분석' 같은 방법을 제시한다. 이 글은 서사분석 방법에 가깝다고 할 수 있겠으나, 그렇다고 세밀화된 서사구조를 분석한 것은 아니고 글 전체를 읽으면서 주제와 주제별 내용방향, 주장의 강도 정도를 분석했다. 대부분의 외부기고문은 신문사의 선택에 의해 결정되는 것이기 때문에, 기고문의 내용과 방향이 거의 게재 신문사의 경향과 일치하게 마련이다. 마찬가지로 인구학적 배경에 따른 차이도 신문별 인구학적 배경의 특성을 그대로 반영하고 있다.

우선 추출된 67명 중 여성은 5명으로 전체의 약 7.5%에 불과했으며, 정치학자와 언론학자 및 언론인이 각각 16명으로 가장 많은 것으로 나타났다. 이와 관련해서는 정치·사회적 쟁점에 관한 주제어를 가지고 추출한 것이기 때문에 당연히 정치학자가 많을 수밖에 없었다고 생각된다. 또 근년 들어『한겨레』『경향신문』『대한매일』등에서 언론비평, 미디어비평, 매체비평 등의 고정란을 만들면서 언론학자와 언론인의 참여비율이 높아졌다. 기고횟수 면에서는 언론학자이면서 포괄적인 시사평론을 쓰고 있는 강준만 교수가 40회로 가장 많았고, 정치학자 정대화 교수가 24회로 그 다음을 이었다. 그리고 정치학자·언론학자 다음으로 경제학자(12명), 사회학자(5명), 전직관료 및 정치인(5명) 순을 기록했다.

분석대상 67명 중 61명이 2개 이상의 신문에 기고했는데, 이 기고자들의 활동영역은 크게『조선일보』-『중앙일보』-『동아일보』와『한겨레』-『경향신문』-『대한매일』로 나누어졌으며, 그 중간지대에『한국일보』가 있는 것으로 나타났다. 그러나 2001년에 언론개혁을 둘러싼 논란이 제기되면서 이같은 양분화 현상이 더욱 극단화된 것으로 보인다.

2) 대립적 쟁점: 대북관계, 언론개혁 등에 한정돼

주제별로 보자면, '동네북'이라 할 수 있는 정치부분을 제외하고는 2001년의 상황을 반영한 듯 언론개혁 관련 주제가 가장 많았다. 관련 전문가 16명 외에 진중권, 유시춘 등 시사 및 문화 평론가들이 필진으로 가세하였다. 그리고『경향신문』에 게재된 손광식(언론인)의 칼럼[5] 등 극히 일부를 제외하고는, 게재 신문사에 따라 의견이 양극화되어 있는 것으로 나타났다. 그런 만큼 외부기고자 칼럼의 비판강도 역시 언론사 사설의 비판강도와 별 차이가 없을 정도로 강하게 표현되는 경우가 많았다.

외부기고자 칼럼의 대부분이 쟁점에 대한 전문적 해석 아니면 지식인의 권위를 빌려 언론사의 주장을 정당화하는 보조적인 역할을 하는 경우가 많은데, 언론개혁을 둘러싼 지식인 참여는 매우 공격적이고 치열하게 전개되었다. 언론에 나타난 언론개혁 관련 부분은 이 책의 손혁재 글에서 집중적으로 다루고 있다.

알다시피 언론개혁을 둘러싼 논란은 정권비판 그리고 '지식인 논쟁'으로 이어졌으며, 몇몇 신문에서는 '위기의 지식사회' 등의 주제로 연재하기도 했다. 한국사회 지식인 문제는 수년 전부터 지식인과 언론에 대한 비평을 끈질기고도 집중적으로 해오고 있는 강준만을 필두로 해서 진중권, 김동춘 등에 의해서도 이미 다루어져 왔다.[6] 또 2000년 무렵부터 계간지나 단행본을 통해서 지식인론이 집중적으로 논의되고 출간되기도 했다.[7]

---

5) 손광식, 「언론난전(亂戰)과 정실비판주의」, 2001. 4. 25; 「5,066억의 언론사태」, 2001. 6. 29; 「독자는 알고 싶다」, 2001. 7. 25; 「예불(豫不)시대 언론의 위기」, 2001. 8. 21 (모두 『경향신문』).

6) 강준만, 『인물과 사상』 시리즈(개마고원), 특히 『인물과 사상』의 「학언유착과 지식인의 홀로서기」; 「우리 시대의 보수는 무엇으로 사는가?」(이상 9권, 1999); 『인물과 사상』 21권(논쟁의 사회학); 『인물과 사상』 22권(지식인과 대학); 『언론플레이』, 풀빛 1997; 『이미지와의 전쟁』, 개마고원 2000; 진중권, 『폭력과 상스러움』, 푸른숲 2002; 김동춘, 『독립된 지성은 존재하는가』, 삼인 2001; 조혜정, 『탈식민지 시대 지식인의 글읽기와 삶읽기』 1, 또하나의 문화 1992; 강정구, 「민족·민중학문과 비판학문을 제창한다」, 『현대 한국사회의 이해와 전망』 한울아카데미 2000, 15~46쪽.

7) 윤건차, 『현대 한국의 사상흐름』, 장화경 옮김, 당대 2000; 조정환·김동춘·김진호·김성기·조형준, 「특집기획: 지식인 됨의 의미를 다시 묻는다」, 『당대비평』 2000년 겨울호, 삼인; 김동춘, 『독립된 지성은 존재하는가』, 삼인 2001; 강수택, 『다시 지식인을 묻는다』, 삼인 2001; 노엄 촘스키 외, 『냉전과 대학』, 당대 2001 등이 있다.

언론개혁 논란과 안티조선운동 등을 계기로 일부에서는 지식사회의 위기, 지식인의 '커밍아웃' 등을 말할 정도로 지식인 논쟁은 치열한 모습을 보였다. 『한겨레』의 경우에는 모처럼 타 신문매체의 기고자가 참여한 논쟁이 게재되기도 했다.[8] 또 언론개혁과 맞물린 지식인 논쟁은, 언론사 세무조사를 비판하는 지식인들이 언론개혁을 지지하는 지식인 및 시민단체를 두고 정권의 '홍위병'이니 하는 표현을 하면서 김대중정권에 대해 가장 강도 높은 비판과 비난을 제기하는 계기도 되었다. 그러나 언론개혁 지지세력들이 정권의 문제와 언론개혁을 별개의 것으로 보았기 때문에, 정권을 둘러싼 논쟁으로 이어지지는 않았다.

경제학자들이 기고한 경제개혁 및 경제정책에 관한 글들은 극히 일부를 제외하고 별 차이를 보이지 않는 것으로 나타났다. 주로 『한겨레』에 기고한 강수돌(고려대), 장상환(경상대) 교수 등이 정부의 구조조정 및 정리해고와 외자유치정책을 두고 신자유주의라는 개념하에 근본적인 비판을 가했지만, 그러나 이를 둘러싸고 찬반토론이나 논쟁이 이루어진 경우는 거의 없었다.[9] 한마디로 신자유주의를 둘러싼 논쟁은 주요 신문의 쟁점은 아니었던 것이다.

거대 신문을 비롯하여 대부분 신문의 경제관련 외부칼럼은 정부의 구조조정 전략이나 추진방법상의 문제가 주로 비판의 대상이 되었다. 그리고 이는 구조조정의 결과에 대한 논란으로 이어지기도 했는데, 구조조정의 결과에 대한 논란은 비판적 견해가 지배적이었다.

가장 많은 비중을 차지하는 정치부분에 대한 시론은 몇 가지로 나

---

8) 이진우, 「'지식인 논쟁' 한겨레 기사를 읽고」, 『한겨레』 2001. 8. 4.
9) 인터넷상에서는 신자유주의 논쟁이 주요한 토론주제의 하나가 되었다.

눌 수 있다. 우선 국제정치 및 국제정세에 관한 것이 있다. 67명 중에는 국제정치학자 8명과 국제경제학자 1명이 포함되어 있었다. 그리고 전체의 절반 정도가 국제정세와 미국의 전략(MD) 등에 관해 전문가의 입장에서 해설하고 계몽하는 조언성 글이었으나, 나머지는 대미관계·대북관계에 대한 입장이 맞물리면서 필자에 따라 첨예하게 대립되는 입장을 드러내기도 했다. 이에 관해서는 이 책의 김갑식 글에서 자세히 다루고 있다.

대미·대북 관계에 대한 입장이 표명된 글에는 관련 전문가들뿐 아니라, 사회학자 등 다른 분야의 전문가들의 글도 있었다. 이 역시 익히 알다시피 언론사에 따라 크게 차이를 보이고 있다.『조선일보』『동아일보』의 지면에 대미관계에 대한 자신의 입장을 밝힌 사람들은 철저하게 미국과의 동맹관계를 우선시해야 한다는 주장을 편 데 반해,『한겨레』와『경향신문』에 기고한 필자들은 김민웅 목사를 필두로 '반미'까지를 포함한 민족자주론 입장과 현실적으로 미국을 이용하자는 '용미론' 입장을 취하고 있다.

외부기고자의 연령 또한 신문사에 따라 차이가 났는데, 이에 따른 결과인지 모르겠으나 연령대가 낮을수록 민족자주와 미국이용론의 입장이 뚜렷했다. 반대로 연령대가 높은 사람일수록 한미동맹을 우선시하는 경향이 강했는데, 이들은 주로 과거 권위주의 정권 시대에도 언론활동을 하거나 정권에 직접 참여했던 사람인 경우가 많았다. 이른바 전통 주류세력이라고 할 수 있다.

무엇보다 대미관계에 대한 입장대립은 북한문제와 맞물려 진행되었으며, 북한문제는 좀더 직접적으로 국내정치와 연관되어서 쟁점으로 부각되었다. 대북관련 시각에 관해서는 이 책의 김갑식의 글에서

상세히 다루고 있으므로, 여기서는 국내정치를 중심으로 살펴보고자
한다.

3) 정치에 대한 몰매와 정권비판, 그 효과는?

국내정치에 대한 논란은 정치학자들뿐 아니라 대부분의 필자들이
다루고 있다. 그렇기 때문에 국내정치 분야에 관한 칼럼은 전문가로
서의 글도 있고, 상식적인 주장을 교수 등의 권위를 빌려서 쓴 글도
없지 않은바 때로는 정치 또는 정치학에 대한 비전문가가 근거 없는
주장을 하여 논란이 일기도 하였다. 앞에서 '동네북'이라는 표현을
썼지만, 신문사별 차이를 떠나 한국정치에 대한 비판은 공통적으로
나타나고 있다.

한국사회 문제의 책임소재와 관련된 칼럼 177편 가운데 80편
(45.2%)이 우리 사회 문제의 주요 책임소재로 정치권을 지목하고 있
으며, 그 다음으로 지적하고 있는 것이 기득권세력의 문제이다. 물론
기득권세력이 무엇을 의미하는지 실체도 없다고 말하는 사람도 있지
만,[10] 기득권세력이란 한국사회 각 분야의 전통적 주류 지배집단을
의미하고 정치세력의 경우 2001년 당시에는 흔히 집권당보다 야당세
력을 염두에 두는 것 같았다.

김대중정부 이전만 해도 정권은 기득권세력에 바탕을 두고 있거
나 기득권세력의 구심점을 이루고 있었다. 따라서 정권에 대한 비판
과 기득권세력에 대한 비판은 동질적인 것이라 할 수 있었다. 그러나

---

10) 송복, 「기득권층은 누구인가」, 『중앙일보』 2001. 8. 6.

김대중정부 시기에는, 앞서 지적했듯이 이런 권력카르텔 구조가 일시적으로 깨진 상태가 됨으로 해서 정권이 기득권세력에 포위되어 있거나 기득권세력에 맞서 있는 형국이었다. 따라서 정권에 대한 비판과 기득권세력에 대한 비판은 동질적인 것이라기보다 오히려 대비되는 상황이라 할 수 있었다.

〈표 7〉에 나타나 있듯이, 비판대상이 신문에 따라 차이를 보이고 있다. 『한겨레』의 경우 기득권세력의 책임을 묻는 글의 비중이 가장 높았고, 『대한매일』의 경우도 정치권에 대한 책임을 묻는 글이 비중이 더 높기는 하지만 그 못지않게 기득권세력 책임론에 관한 글의 비중도 높다. 반면에 『조선일보』에 기고한 글 가운데 60% 이상이 정치권의 책임을 주장하는 논지를 펴고 있다. 또한 예상할 수 있듯이 연령대가 높은 지식인일수록 정치권에 대한 책임론이 강했으며, 젊은 층일수록 기득권세력의 책임론이 많았다. 〈표 8〉과 같이, 30대의 경우 18편의 글 중 10편(55.6%)이 기득권세력의 문제를 제기하고 있는 데 반해 50대 이상에서는 정치권 책임을 지적하는 글이 절반을

〈표 7〉 현안에 대한 주요 책임소재(게재 신문별)

(단위: %, 건)

	전체	경향	대한매일	동아	조선	중앙	한겨레	한국
사회 전체	6.8 (12)	11.1 (4)	9.1 (4)	5.6 (1)	12.5 (1)	3.4 (1)	2.8 (1)	0.0 (0)
기득권세력	35.6 (63)	33.3 (12)	43.2 (19)	22.2 (4)	12.5 (1)	27.6 (8)	47.2 (17)	33.3 (2)
정치권	45.2 (80)	47.2 (17)	45.5 (20)	44.4 (8)	62.5 (5)	51.7 (15)	36.1 (13)	33.3 (2)
급진세력	0.6 (1)	0.0 (0)	0.0 (0)	0.0 (0)	0.0 (0)	3.5 (1)	0.0 (0)	0.0 (0)
제도의 문제	11.9 (21)	8.3 (3)	2.3 (1)	27.8 (5)	12.5 (1)	13.8 (4)	13.9 (5)	33.3 (2)

<표 8> 현안에 대한 주요 책임소재(기고자 연령별)

(단위: %, 건)

	전체	30대	40대	50대	60대 이상
사회 전체	6.9 (12)	5.6 (1)	7.5 (6)	10.8 (4)	2.6 (1)
기득권세력	35.8 (62)	55.6 (10)	37.5 (30)	21.6 (8)	36.8 (14)
정치권	45.1 (78)	5.6 (1)	43.8 (35)	56.8 (21)	55.3 (21)
급진세력	0.6 (1)	0.0 (0)	0.0 (0)	0.0 (0)	2.6 (1)
제도의 문제	11.7 (20)	33.3 (6)	11.3 (9)	10.8 (4)	2.6 (1)

넘는다.

한편 신문사별 경향과 무관하게, 정치학자들의 글은 대체로 제도의 문제를 거론하면서 정국의 운용방식 등에 초점을 두고 있는 데 비해, 여타 필자들이 쓴 글의 경우에는 정치인들의 행태에 초점을 맞추어 비난하는 글이 주류를 이룬다. 즉 정치인의 자질이나 행태에 대한 강도 높은 비판은 정치학분야의 비전문가들에 의해 주로 이루어졌다 하겠다.

그런데 주로 정치학자들이 기고한 제도나 구조에 대한 논란은 정치여론 시장에서 주목받는 대상이 되기가 어려웠을 것이다. 이는 무엇보다 한국정치의 현실과 정치여론을 주도하는 언론의 주요 의제가 정치권의 세력싸움에 초점이 두어졌기 때문이다. 이 점에서 관련 전문가들의 정치칼럼은 여론에서 별 영향을 미치지 못했을 뿐 아니라 신문사의 지면에 구색을 맞추는 보조역할을 하는 데 불과했다고 볼 수 있다.

반면에 교수 등의 권위를 빌려 정치인의 행태를 극단적으로 비판하는 '비전문가'들의 칼럼이 더 주목을 받았을 것이다. 정치권의 행태에 대한 반복된 비판은 국민들의 정치에 대한 불만을 해소시키는 카타르시스적인 역할은 할 수 있었겠으나, 그것이 한국정치의 개선을 이끌어내는 데 기여하기보다 오히려 정치에 대한 불신과 냉소를 확대·조장하는 역할을 하지 않았나 싶다.

정치학자들의 현실정치에 대한 비판은 대체로 양비론적 태도를 보이고 있었다. 공정을 기하기 위해 양비론이 제기된 측면도 있겠으나, 무조건적 양비론과 공정성은 다른 문제이다. 더구나 이런 양비론도 결국 해당 신문사의 사설이나 다른 글의 논조에 의해 특정 세력에 대한 비판여론으로 동원되었다고 볼 수 있다.

정치권 비판과 관련해서는, 전체적으로는 집권 민주당을 비판하는 글이 가장 많을 수밖에 없다. 정부정책에 책임이 있는 집권세력이었기 때문에 당연한 결과로 볼 수 있다. 그러나 언론사에 따라 차이를 보이는데, 출신지역·학력배경·연령 등에 의한 편차보다 신문

〈표 9〉 정치권 비판의 초점(게재 신문별)

(단위: %, 건)

	전체	경향	대한매일	동아	조선	중앙	한겨레	한국
정치권 전반	29.9 (49)	33.3 (6)	58.3 (14)	16.7 (5)	17.4 (4)	14.3 (5)	41.7 (10)	50.0 (5)
여당 비판	42.7 (70)	33.3 (6)	20.8 (5)	63.3 (19)	69.6 (16)	48.6 (17)	20.8 (5)	20.0 (2)
야당 비판	9.1 (15)	16.7 (3)	16.7 (4)	0.0 (0)	0.0 (0)	0.0 (0)	25.0 (6)	20.0 (2)
진보세력 비판	1.2 (2)	0.0 (0)	0.0 (0)	0.0 (0)	0.0 (0)	2.9 (1)	4.2 (1)	0.0 (0)
대통령 개인 비판	17.1 (28)	16.7 (3)	4.2 (1)	20.0 (6)	13.0 (3)	34.3 (12)	8.4 (2)	10.0 (1)

사별 편차가 가장 큰 것으로 나타났다. 〈표 9〉에서 볼 수 있듯이,『중앙일보』의 경우 추출된 35개의 칼럼 가운데 29편(83%)이 집권 민주당과 대통령 개인에 대한 비판이고, 나머지는 진보세력에 대한 비판 1편을 제외하고 모두 양비론이다. 마찬가지로『조선일보』『동아일보』도 약 83%가 집권 민주당과 대통령에 대한 비판에 초점을 맞추고 있다.

이와 달리『한겨레』에 게재된 글의 경우에는, 정치권 전반에 대한 비판이 가장 많으면서도 야당에 대한 비판이 여당에 대한 비판보다 조금 많다. 또『한국일보』는 정치인의 행태보다는 정책을 둘러싼 건설적 논의가 많았으며, 따라서 분류대상 사례가 적었다. 그리고『조선일보』『동아일보』『중앙일보』의 경우 야당에 대한 비판에 초점을 맞춘 내용은 하나도 없는 것으로 나타났는데, 그렇다고 이들 신문에 기고한 모든 칼럼이 야당에 대해 전혀 비판하지 않은 것은 아니다. 분석결과는 6회 이상 기고한 67명의 칼럼내용을 대상으로 한 것이다.

정치권 전반에 비판이 집중된 가운데, 김대중 대통령의 리더십과 국정운용 방식에 관한 글들이 눈에 띄어 따로 분류해 본바 17.1%나 되었으며, 특히『중앙일보』의 경우에는 34.3%에 달했다.[11] 여당 비판은 물론 정치권 전반에 대한 비판 칼럼에서도 대통령에 대한 논의가 상당 부분 포함되어 있다는 점을 감안할 때, 한국언론에 나타난 김대통령의 리더십에 대한 비판여론은 매우 강했다고 볼 수 있다. 이는 한국 대통령제의 특성에서 비롯된 현상이기도 하지만, 김대중 대

---

11) 『중앙일보』의 비중이 높은 것으로 나타난 데는 2001년『중앙일보』고정기고자로서 「제왕의 난파선」(3. 26), 「형안과 총이」(5. 28) 등 대통령 리더십과 집권세력의 비판에 초점을 둔 칼럼을 여러 편 기고한 송복 교수(연세대 사회학)가 차지하는 몫이 크다.

통령 개인의 국정운용 방식을 둘러싼 비판적 여론이 반영된 점도 크다 하겠다.

정권과 관련하여 자주 거론되는 지역주의에 대한 진단 역시 살펴보았지만, 언론 칼럼에 나타난 지역주의에 대한 태도는 그저 지역감정을 비판하는 것이 대부분이어서 분석결과가 무의미하다고 볼 수 있다. 결국 지역감정·지역주의에 대한 전문가의 진단이라고 해도 지역주의의 발전적 해소에 기여하는 글은 매우 드물 뿐더러, 신문사별로도 크게 차이가 나지 않는다.

한편 개혁이 화두처럼 되었던 상황인지라, 비록 개혁의 의미는 서로 다르게 인식하고 있을지라도 대부분의 기고자들이 개혁을 원하는 것으로 나타났다. 다만 신문사별, 인구학적 배경별로 의미 있는 차이를 보이는데, 젊은 층일수록 근본적인 개혁을 촉구하고 있으며 연령이 높을수록 기존 질서의 회복을 주장하는 경향을 보였다. 또 박사학위를 가진 필자 가운데서는 국내학위 소유자일수록 개혁을 강조하는 편이었다.

〈표 10〉 개혁의 방법 및 속도에 대한 견해

(단위: %, 건)

	연령별					학위지역별				
	30대	40대	50대	60대+	전체	한국	미국	유럽	기타	전체
근본적 개혁	66.7 (4)	52.6 (30)	44.4 (12)	33.3 (3)	49.5 (49)	31.6 (6)	46.3 (19)	35.7 (5)	0.0 (0)	40.0 (30)
점진적 개혁	33.3 (2)	40.4 (23)	37.0 (10)	11.1 (1)	36.4 (36)	68.4 (13)	31.7 (13)	35.7 (5)	100.0 (1)	42.7 (32)
안정 우선	0.0 (0)	7.0 (4)	18.5 (5)	55.6 (5)	14.1 (14)	0.0 (0)	22.0 (9)	28.6 (4)	0.0 (0)	17.3 (13)

4) 이념적 차이인가, 획일적 대결인가?

우리의 정치사회에서 이념을 둘러싼 논란은 매우 이중적이라 할 수 있다. 색깔론 등이 말해 주듯이 때로는 정치세간에 이념차이가 너무 두드러진 것처럼 보이기도 한다. 그런데 일부에서는 우리의 정치세력에는 이념적 차별성이 너무 없다고 한다. 전자의 경우는 남북 분단체제와 맞물려 이념지평이 협소한 한국 정치체제의 현실에서 비롯된 것이며, 후자는 서구 등의 이념론을 관념적으로 우리 사회에 적용한 결과라 할 수 있다.

이념은 현실에 대한 인식과 미래전망에 대한 태도이다. 그 사회의 현실적 쟁점에 따라 이념의 기준은 다양해질 수 있다. 물론 역사적 조건과 상황에 따라서도 달라질 수 있다. 예컨대 근대 초기에는 사유제의 강화가 진보적이었지만, 점차 사적 재산제의 한계를 극복하려는 사회주의적 경향이 진보적인 것이 되기도 했다. 미국의 경우, 애초에 자유주의 세력은 정부권력의 통제로부터 개인의 자유를 옹호하고, 보수주의 세력은 정부권력의 권위를 강조하는 쪽이었다. 그러나 오늘날에 와서는 자유주의자들이 여전히 개인의 자유와 소수의 권리 등을 강조하지만 정부의 적극적 개입을 통한 정치·사회적 개혁을 지지하는 반면에, 보수주의자들은 정부개입의 문제를 지적하는 경향이 있다. 물론 최근에는 이 차이도 모호해진 측면이 있다.[12]

어느 사회든 현실에 대한 인식과 태도의 차이는 존재하게 마련이다. 다만 이와 같은 차이가 얼마나 크고 또 쟁점화되느냐 하는 것은

---

12) White, John Kenneth and John C. Green eds., *The Politics of Ideas*, New York: St University of New York Press 2001 참조.

정치체제마다 다를 수 있을 것이다. 물론 이념의 차이가 반드시 있어야 좋은 것은 아니다. 오히려 모두가 합의하는 이념이 있다면 가장 이상적일 것이다. 알다시피 우리나라에서는 북한에 대한 인식과 태도가 이념논쟁의 중요한 척도라 할 수 있다. 그러나 냉전적·반북적 태도가 정치체제를 지배해 오던 상황에서는 북한에 대한 인식과 태도의 차이가 정치세력간의 보편적인 쟁점은 아니었다. 더구나 이런 분단대립체제와 더불어 지속된 국가주의적 동원체제에서는 국가공동체 내부의 질서를 둘러싼 이념논쟁이 제기될 기회가 별로 없었다.[13] 이런 상황을 두고 한국 정치세력은 전반적으로 보수적이며, 이념정당이 없다고 지적되어 왔던 것이다.

그러나 김대중정부의 이른바 햇볕정책과 남북정상회담 등을 거치면서 대북문제는 보편적인 논쟁의 대상이 되었다. 또 정치민주화는 우리 사회 현실문제의 쟁점을 복지정책, 사회적 약자의 권리 등으로까지 확대시켜 놓았을 뿐 아니라 이미 국제적으로 쟁점이 되고 있는 환경문제 등도 점차 이념의 주요 지표가 되어갔다.

2002년 들어서 정치인들의 색깔론이 제기되면서 『중앙일보』와 『조선일보』에서는 최근의 국제적인 흐름과 한국사회의 현실을 감안한 지표를 마련하여 한국사회의 이념을 조사하였다.[14] 10~20개 정도의 분야별 지표를 모아 좌-우 또는 보수-진보의 단일 지표로 점수화하였는데, 여러 분야별 태도를 보수-진보 등과 같은 하나의 기준으로 수렴하는 것이 부적절하다는 의견도 있었지만 이들 연구에

---

13) 김만흠, 『전환시대의 국가체제와 정치개혁』, 한울아카데미 2001, 13~72쪽 참조.
14) 정치부기획취재팀, 「대선 예비주자 노선 대해부: 어떻게 평가했나」, 『중앙일보』 2002. 4. 13; 홍영림, 「국민의식조사」, 『조선일보』 2002. 4. 25 참조.

따르면 한국의 정치세력들 사이에는 이념적 차별성이 매우 뚜렷하게 존재한다는 것이다. 흔히 '진보세력'들에 의해 차별성이 없는 보수집단으로 규정되고 있는 민주당과 한나라당도 서로 이념적 차이가 매우 크다는 것이다. 물론 한국 정치세력들간의 이념적 차이는 김대중 정부 들어와서 정치세력들이 상호 극단적으로 대립하면서 증폭된 측면이 있다.

그렇다면 언론에 기고하는 지식인들의 현실에 대한 입장들은 어떤 이념적 기준으로 정리할 수 있을까? 요컨대 정치인들의 이념, 국민들의 이념을 진단하고 평가하는 지식인 자신들의 이념적 편재는 어떠하며 그 기준은 무엇인가 하는 것이다.

현실정치에서 활동하는 정치인들에 비해 지식인들의 이념은 쉽게 드러나지 않는다. 어떤 가치가 현실에서 구체적인 문제로 쟁점화되지 않을 때, 사람들은 자유·평등·인권·인간애·진보·환경보호 등과 같은 하나같이 좋은 개념과 수사들을 쓰게 마련이다. 그에 따라 지식인들은 모두 이런 보편적 가치를 지향하는 사람처럼 보이기도 하며, 이와 같은 경향은 명분론이 강한 한국 지식사회에서 더욱 두드러지게 나타난다. 그러나 최근에는 지식인들이 이념이나 가치에 대해 좀더 실용적이고 솔직한 입장을 표명하는 경향을 보이고 있다. 이는 그동안 민주화라는 가치를 공유하고 있는 것처럼 보였던 지식인들이 민주화가 진전되면서 자신들의 입지와 입장을 구체적으로 드러내고 있기 때문이라고 할 수 있다.

더구나 김대중정부의 등장은 한국의 전통적 권력구조에서 볼 때 파격적인 현상이었다. 권력구조에서의 이같은 변화는 한국의 지식사회에도 새로운 국면을 만들어주었다. 지식인은 권력을 비판하는 것을 주업으로 삼지만, 스스로가 또 하나의 권력주체이기 때문이다. 이런 한편으로 언론(사)끼리도 서로 다른 입장으로 충돌하였으며, 일부 지식인들도 여기에 참여했다. 혹자는 지식사회 내부의 대립현상을 두고 공론장에서 담론의 규율이 부정되고 있다고 비판했는가 하면,[15] 집중적인 비판의 대상이 되었던 전통 주류세력 진영의 일부에서는 이런 공격이 지식사회를 편가르기하는 바람직하지 못한 현상이라고 지적하기도 했다. 지식사회의 상호비판이 1차원적 수준에서 격화되었던 측면도 없지 않았지만,[16] 그럼에도 이런 대립양상을 기존의 공론장이 파괴되고 있는 것으로 보기보다는 오히려 은폐되거나 담합상태에 있었던 지식사회가 새로운 환경을 맞으면서 검증되고 있는 것으로 보아야 할 것이다.

언론의 칼럼에 나타나는 지식인들의 입장은 매우 제한적일 수밖에 없다. 그것은 언론에서는 현재의 사안을 둘러싼 진단을 중심으로 쟁점화시키는데다, 대체로 언론기고문은 그것을 표피적으로 다룰 수밖에 없기 때문이다. 또 언론(사)의 논조와 성향에 따라 외부기고문의 내용과 방향이 거의 결정되기 때문에, 언론활동을 하는 지식인의 이념적 특성은 해당 언론의 이념적 특성과 크게 다르지 않다고 할 수 있다.

지금까지 살펴본 것처럼 지식인들의 칼럼에 나타난 내용의 방향은 신문별로 일정한 특성을 보이고 있다. 한국의 신문들이 신문사별

---

15) 김호기, 「위기의 지식사회에 묻는다 7: 새로운 모델은 있는가」, 『중앙일보』 2001. 11. 2.

16) 김호기는 "당대 사회의 변화에 대한 과학적이면서도 겸허한 대면"을 토대로 "그 변화의 본질을 비판적으로 탐색하고 새로운 방향을 모색하는" 성찰적 지식인이 빈곤한 것으로 지적하고 있다(같은 글).

로 일정한 경향을 보이고, 신문(사)의 논조와 입장에 따라 참여지식인들이 선택되는 상황에서는 당연한 결과라고 할 수 있을 것이다. 그 밖에도 인구학적 배경변수별로도 일정한 경향성을 나타내고 있다.

가장 대비되는 의제는 대북정책, 대미관계, 신자유주의 및 시장경제와 복지, 언론개혁 등이다. 이것을 다시 분류해 볼 때『한겨레』등은 평화와 인권, 약자에 대한 배려, 개혁을 강조하는 경향이 강하다면, 이른바 조·중·동은 현실주의적 힘의 논리, 엘리트주의, 안보와 질서 등을 강조했다. 서구의 역사에서 나타났던 자유주의 대 보수주의 또는 진보주의 대 보수주의 대립구도와 유사한 측면을 보여주고 있다고 하겠다. 연령별·학위지역별로도 같은 경향성을 나타내는바, 젊은 층의 글일수록 또 국내학위자의 글일수록 평화와 인권, 약자에 대한 배려, 개혁 등을 강조하는 경향이 상대적으로 높았다.

4. 언론활동 지식인의 위상과 전망

지식인은 언론의 내용에 전문성과 정당성을 제공하는 역할을 한다. 또 언론은 지식인이 자신의 지식자원을 바탕으로 활동할 수 있는 중요한 무대가 된다. 그러나 자신의 지식을 토대로 사회를 진단하고 미래에 대한 전망을 제시하는 것이 지식인의 역할이고 자원이다. 이런 점에서 언론을 통한 지식인의 활동이 어떠한 역할을 해오고 있는가는 자문해 볼 일이다.

지식인의 언론참여에 있어 언론에 대한 종속이 너무 강한 것이 아닌가 하는 판단이 든다. 언론권력의 세력싸움에 지식인이 일방적으로 동원되거나, 전문적인 지식자원이 언론(사)의 목적을 위한 구색 맞추기에 불과한 경우도 많아 보이기 때문이다. 물론 여기에는 언론의 책임뿐 아니라 언론의 독점적 지위와 카르텔을 형성해 지식권력을 누리려는 지식인 자신들에게도 책임이 있다.

박노자는 지식사회, 특히 교수집단을 한국의 대표적인 특권집단으로 보면서 지식사회가 언론에 종속되어 있는 것이 아니라, 언론과 교수집단이 카르텔을 이루고 공존하면서 특권을 누리고 있다고 비판한다.[17] 특히 이른바 명문대학들의 경우, 사제관계라든가 동창회, 학과사무실 등을 통해 형성되는 관계는 언론과 교수집단 간의 구체적인 카르텔의 통로가 되기도 한다. 물론 이것은 이념적인 성향의 차이와는 무관하다. 가령 국가권력과 재벌에 대해 아주 비판적인 패러다임을 주장하는 교수도 동창 등의 인맥을 통해 고위관료와 재벌인사에게 부탁해 편의를 도모하는 것을 자랑하는 경우도 있다. 앞에서 분석하였듯이 언론활동 지식인의 3/4을 차지하고 있는 이들 일류대학 출신들의 언론과의 관계 역시 상당 부분 이런 방식으로 이루어져 왔다고 할 수 있다.

또 박노자는 한국만큼 언론매체에 교수가 많이 등장하는 경우를 서구에서는 발견하기 힘들다고 지적하기도 한다.[18] 한국사회에 전문 저널리스트가 부족하기 때문일 수도 있겠지만, 그보다는 교수들이 언론의 주장을 정당화하는 데 훨씬 더 권위를 부여할 수 있기 때문일 것으로 보인다. 물론 언론정치에 가담하는 사람들이 한국사회 지식인의 중심이 아니며, 또 지식인의 기능과 역할이 반드시 현실참여에

---

17) 박노자, 『당신들의 대한민국』, 한겨레신문사 2001, 162~83쪽.
18) 같은 책, 177쪽.

있는 것이 아니라고 할 수 있다. 그럼에도 한국사회의 여론을 주도하는 언론에 지식인들의 참여가 활발한 만큼, 한국사회의 현실에 대한 직접적인 책임의 상당 부분이 지식인 자신들에게 있다고 할 수 있다. 즉 언론지식인의 구조는 한국사회 권력구조의 반영이자 재생산기제라는 것이다.

한국 지식사회의 중심인 대학과 교수집단이 한국사회의 축소판이라는 박노자의 주장은 다시 인용할 만하다.[19] 연고주의, 부조리, 비합리성, 부당한 권력행사 등 한국사회의 문제를 더 극단적으로 보여주고 있다는 것이다. 그동안 한국사회의 문제에 대한 책임소재는 주로 정치권력에 두어졌으며, 비판의 주체는 언론과 지식인이었다. 그러나 민주화 이후 비판대상은 비판주체의 하나인 언론권력으로 확산되었으나, 이제 지식권력으로도 확산될 필요가 있다고 하겠다.

언론활동 지식인에 한정시켰을 때, 우선 언론활동 지식인의 구조는 독재정권 시대의 주류 지식인으로부터 세대교체가 이루어지는 과도기에 있다고 할 수 있다. 기존의 주류 지식인이 지식권력과 언론권력의 카르텔 속에서 성장했다면, 신진세력은 주로 시민사회단체와 언론의 연계 속에서 성장한 경우가 많다. 물론 젊은 신진세력 역시 전통 주류세력과의 상호관계 속에서 재생산되는 양상을 보이기도 한다. 전통 주류세력 중 일부는 스스로 시민사회단체를 조직하여 취약한 시민사회적 기반을 보완하는 한편으로, 주류세력의 입지를 강화하려고 하고 있다.

그러나 언론활동 지식인 구조가 변화할 가능성은 언론구조의 변

---

19) 같은 책, 149~98쪽.

화 가능성에도 달려 있다. 현재의 주류 언론구조가 변화될 가능성도 있지만, 대안저널 및 인터넷 언론의 역할확장 가능성이 주요 변수가 될 것이다. 이를 무대로 활동하는 지식인들은 주로 기성 지식인에 대해 비판적인 지식인이라는 점에서 주목할 만하다. 알다시피 인터넷 언론의 역할과 비중이 점점 더 커지는 추세인바, 2002년 들어서는 인터넷 언론과 네티즌의 참여에너지가 노사모 활동이라든가 월드컵 응원, 촛불시위 등과 맞물려 더욱 주목을 받았고, 16대 대통령선거의 승패에도 영향을 미친 새로운 언론정치 환경이 되었다. 대중언론을 통한 활동이 지식사회 영역의 일부분에 불과하지만, 언론구조의 변화가 지식사회 자체의 변화에도 영향을 줄 수 있을 것이다.

이런 구조적인 환경 못지않게 정치권력은 언론환경과 더욱 직접적인 상호관계에 있다. 김대중정권을 이어 집권한 노무현정부 아래서의 언론정치 구조와 참여지식인 구성이 어떻게 바뀔 것인지는 주목해 볼 일이다. 젊은 층의 역할 강화는 쉽게 예상되는 측면이고, 또 박빙의 승리였지만 노무현의 집권은 전통적 권력카르텔을 복원하고자 했던 세력들이 그 목적을 달성하지 못한 셈이 되었다. 그러나 노무현정부의 성향이 어떻게 구체화될지는 불확실하다.

사실 노무현정부는 제3의 세력이라 할 수 있다. 집권과정에서의 지지배경이나 개혁 등의 화두를 보면 한편으로 김대중정부 시기의 성격을 계승하고 나아가 보다 근본적인 변화를 추구하려는 세력으로 보이기도 한다. 그러나 또 한편으로 지역주의 등 정치적 인식이나 주변세력의 편재 면에서 볼 때는 오히려 구시대 주류세력과 가까운 측면도 있다. 그러나 최근 집권 초기에는 구시대 주류세력들과 같은 정치인식과 그에 따른 정치행태가 두드러지는 경향을 보인다. 대북관계, 국민통합 방식 등 구체적인 전략에서도 집권과정에서의 구호와는 달리 전통 주류세력과 별 차이가 없어 보이기도 한다.[20] 노무현정부가 구시대의 질서를 뛰어넘는 제3의 패러다임을 만드는 개혁을 이끌 것인지, 아니면 세대교체와 낡은 정치 청산의 구호만 지나갈 것인가 두고 볼 일이다.

참고문헌

강수택(2001), 『다시 지식인을 묻는다』, 삼인.
강정구(2000), 「민족·민중학문과 비판학문을 제창한다」, 『현대 한국사회의 이해와 전망』, 한울아카데미.
강준만(1997), 『언론플레이』, 풀빛.
＿＿＿(1999), 「학언유착과 지식인의 홀로서기」, 『인물과 사상』 9권, 개마고원.
＿＿＿(1999), 「우리 시대의 보수는 무엇으로 사는가?」, 『인물과 사상』 9권.
＿＿＿(2000), 『이미지와의 전쟁』, 개마고원.
＿＿＿(2002), 『인물과 사상: 논쟁의 사회학』 21권.
＿＿＿(2002), 『인물과 사상: 지식인과 대학』 22권.
김갑식(2002), 「햇볕정책 논란과 지식인」, '탈냉전시대 한국의 시민사회와 지식인' 심포지엄 발표논문.
김동춘(2001), 『독립된 지성은 존재하는가』, 삼인.

---

20) 이 글은 원래 2002년 16대 대선 전에 씌어진 글이지만, 2003년 6월에 원고가 수정·보완되었다. 이때는 이미 노무현정부가 집권하여 노정부의 성격이 부분적으로 구체화되기 시작했고, 더구나 5월 한미정상회담은 노정부의 대선과정에서의 공약과 선언을 완전히 뒤엎는 양상을 보여주었다.

김만흠(2001), 『전환시대의 국가체제와 정치개혁』, 한울아카데미.

김호기(2001), 「위기의 지식사회에 묻는다 7: 새로운 모델은 있는가」,
      『중앙일보』 11. 2.

______(2002), 『말, 권력, 지식인』, 아르케.

노엄 촘스키 외(2001), 『냉전과 대학』, 당대.

박노자(2001), 『당신들의 대한민국』, 한겨레신문사.

손광식(2001), 「5,066억의 언론사태」, 『경향신문』 6. 29.

______(2001), 「독자는 알고 싶다」, 『경향신문』 7. 25.

______(2001), 「언론난전(亂戰)과 정실비판주의」, 『경향신문』 4. 25.

______(2001), 「예불(豫不)시대 언론의 위기」, 『경향신문』 8. 21.

손혁재(2002), 「언론개혁과 지식인」, '탈냉전시대 한국의 시민사회와 지
      식인' 심포지엄 발표논문.

송복(2001), 「기득권층은 누구인가」, 『중앙일보』 8. 6.

______(2001), 「제왕의 난파선」, 『중앙일보』 3. 26.

______(2001), 「형안과 총이」, 『중앙일보』 5. 28.

유석춘(2001), 「40대 학자들의 릴레이 기고(2): 정부와 손잡은 '안티'—
      기존 정통 고사작전」, 『조선일보』 9. 11.

윤건차(2000), 『현대 한국의 사상흐름』, 장화경 옮김, 당대.

이진우(2001), 「'지식인 논쟁' 한겨레 기사를 읽고」, 『한겨레』 8. 4.

이효성(2002), 『언론과 민주정치』, 커뮤니케이션북스.

장회익·임현진 외(2001), 『한국의 지성 100년』, 민음사.

정치부기획취재팀(2002), 「대선 예비주자 노선 대해부: 어떻게 평가했
      나」, 『중앙일보』 4. 13.

조정환·김동춘·김진호·김성기·조형준(2000), 「특집기획: 지식인
      됨의 의미를 다시 묻는다」, 『당대비평』 겨울호, 삼인.

조혜정(1992), 『탈식민지 시대 지식인의 글읽기와 삶읽기』 1, 또하나의
      문화.

진중권(1999), 「『조선일보』와『네 무덤에 침을 뱉으마』그 이후」, 『인물과 사상』 9권.
_____(2002), 『폭력과 상스러움』, 푸른숲.
홍영림(2002), 「국민의식조사」, 『조선일보』 4. 25.
Baron, Stephen, John Field, and Tom Schuller eds.(2000), *Social Capita Critical Perspectives*, Oxford and New York: Oxford University Pre
Ricci, David M.(1984), *The Tragedy of Political Science: Politics, Scholars Democracy*, New Haven and London: Yale University Press.
White, John Kenneth and John C. Green eds.(2001), *The Politics of Ide* New York: State University of New York Press.

신문에 그려진 한국 시민운동의 일그러진 초상
시민운동 비판담론을 통해 읽어본 시민운동의 새로운 경계짓기

홍일표[*]

1. 들어가며

한국의 시민운동은 "지나치게 언론플레이에 치중한다"는 비판을 받을 정도로 언론에 대한 의존도가 높다. 시민운동은 노동운동이나 농민운동과 같이 자신의 '조직대중'을 기반으로 한 운동이라기보다는 무차별 대중(또는 일반시민)들을 상대로 한 '여론전'의 성격을 띠고 있기 때문에, 언론을 통해 자신의 활동을 가능한 많이 그리고 정확하게 알리는 것이 매우 중요하다. 물론 최근 들어와서 인터넷신문이나 각 단체의 독자적 홈페이지 활용도가 높아지고 있지만, 그럼에도 불구하고 신문이나 라디오, TV 등을 통해 시민운동의 활동내용을 알려나가는 것은 여전히 시민운동에서 중요한 과제의 하나임에 틀림없다. 또한 시민들의 입장에서 볼 때도 개별 시민단체나 시민운동에

* 경희사이버대학교 NGO학과 겸임교수, 참여연대 연구팀장

대한 정보는 언론을 통해 알게 되는 경우가 많은 것이 현실이다.

따라서 언론이 시민운동에 대해 얼마나 그리고 어떻게 보도하는가는 시민운동에 중요한 영향을 미친다고 할 수 있다. 시민운동의 주장이나 활동이 적극적이고도 활발하게 보도되면 될수록 그만큼 시민운동에 대한 정보와 관심이 높아지게 되고, 또 이는 시민운동의 '여론형성 기능'을 높여 시민운동의 사회적·정치적 영향력을 향상시킬 수 있다. 뿐만 아니라 시민단체의 회원가입을 늘려주는 하나의 요인이 되기도 하는데, 시민단체의 회원증가는 재정적 안정성과 독립성을 높일 수 있게 해줌으로써 시민운동의 기반을 튼튼하게 하는 일종의 밑거름과 같은 역할을 하게 된다.

이와 달리 언론이 시민운동에 대해 부정확하거나 부정적인 정보를 제공할 경우, 시민운동에 좋지 않은 영향을 미치는 것은 당연하다. 직접적으로는 시민단체의 회원이 감소 또는 정체하는 경향을 보이는가 하면, 간접적으로는 시민운동에 대한 여론적 지지가 줄어듦으로써 그를 기반으로 하여 전개되는 시민운동의 사회·정치적 영향력이 떨어져 '영향의 정치'가 위축될 수도 있는 것이다.

실제로 1989년 경제정의실천시민연합(이하 '경실련')의 등장 이후 시민운동의 성장과정은 시민운동에 대한 언론의 호의적 보도태도에 힘입은 바 크다고 평가되고 있다.[1] 그러나 언론에 비친 시민운동의 모습이 언제나 '긍정적'인 것만은 아니었으며, 시민운동에 대한 언론의 비판과 부정적 보도 또한 적지 않았다. 뿐만 아니라 2000년부터 본격화된 '안티조선운동'을 비롯하여 언론과 시민사회·시민운동진

---

1) 김구현, 「한국에서 시민운동단체의 성장과 쇠퇴: 경제정의실천시민연합의 사례」, 서울대학교 정치학과 박사학위논문, 1999.

영의 갈등상황이 훨씬 더 직접적으로 나타나고 있다.

사회의 문제점을 폭로·고발하고 권력을 감시하며 문제해결의 방향과 정책대안을 제시하며 여론형성을 통해 정치·사회적 영향력을 행사하고자 한다는 점에서 볼 때, 언론과 시민운동의 기능과 목적은 상당 부분 유사한 면이 있다. 이에 따라 언론과 시민운동의 관계는 '경쟁적 관계'라고 평가되기도 한다. 그러나 현실적으로 아직까지는 시민운동의 활동이 언론에 의해 선별적으로 보도되고 평가되는 측면이 강하기 때문에, 시민운동이 언론에 미치는 영향력보다는 언론이 시민운동에 미치는 영향력이 더 크다고 할 수 있을 것이다. 언론은, 그리고 언론을 통해 발언하는 사람은 시민운동의 현재와 미래에 개입하고 있다고 할 수 있는바, 이는 한국 시민운동이 피할 수 없는 현실이다.

이런 맥락에서 이 글에서는 시민운동과 언론의 일반적인 관계를 다루기보다는, 언론에 의해(또는 언론을 통해) 형성, 전달, 확대재생산되는 시민운동의 부정적 측면을 주로 살펴보고자 한다. 시민운동에 대한 언론의 부정적 보도태도와 직접적인 비판은, 그것을 접하는 시민들(독자 또는 시청자, 청취자)로 하여금 시민운동에 대해 부정적인 태도를 취하게 만들 가능성이 크다.[2] 즉 언론은 한국 시민운동

---

2) "언론이 시민운동의 부정적 측면을 보도한다"고 할 때, 그것은 크게 세 가지로 다시 나눠볼 수 있다. 하나는 사실관계를 전달하는 기사 형태, 두번째로는 그런 기사가 보도되는 상황에 대해 사설이나 논평, 기획기사 등을 통해 언론이 직접적으로 훈계나 비판의 주체로 등장하는 방식, 마지막으로 언론사의 외부인사가 칼럼이나 기고 등을 통해 말하게 하고, 언론사는 그 '장(場)'을 제공하는 방식이 있을 수 있다. 시민단체의 일반적 활동과 달리, '시민운동에 대한 비판적 보도'의 경우 이 세 가지는 서로 연결되어 하루이틀의 간격을 두고(특히 신문의 경우) 집중적으로 보도되는 경향이 강하다. 따라서 언론의 보도내용이나 태도를 살피고자 할 때는 이 세 가지를 동시에 검토하는 작업이 필요하다. 이 글에서는 외부필진에 의한 칼럼을 주로 살펴볼 예정이지

의 과거와 현재, 미래를 읽어낼 수 있는 중요한 텍스트로서 의미를 지니는 것이다. 그리고 언론은 단순한 사실관계가 보도되기만 하는 '객관적이고 중립적인 공간'으로서뿐만 아니라, 언론 그 자체가 '입장'을 갖는 특정한 주체가 되어 시민운동과 관계를 맺는다는 점까지 주목해야 할 것이다.

이런 맥락에서 이 글에서는 TV나 라디오는 일단 제외하고, 신문만을 분석의 대상으로 삼고자 한다.[3] 시기적으로는 2001년을 중점적으로 다룰 것이다. 그러나 1989년부터 2000년까지의 '시민운동 비판 담론'의 형식적·내용적 특징들도 함께 고찰하여, 2001년이 갖는 연속성과 차별성을 살펴볼 계획이다. 그리하여 이 글에서는 다음 몇 가지를 살펴보고자 한다.

첫째, 2001년 한 해 동안 신문을 통해 부각된 '시민운동의 부정적 측면'은 무엇이며, 그것은 어떤 사건(또는 상황)을 계기로 부각되었는가?

둘째, 신문은 그것을 어떤 방식으로 다루었는가? 단순기사인가, 사설인가, 외부필진에 의한 칼럼인가? 아니면 그 세 가지 방식을 모두 취했는가? 그리고 외부필진들은 주로 어떤 사람들인가?

셋째, 2001년 이전과 비교해 보았을 때 이는 어떤 특징을 가지는가? '차이'가 있다면 그것은 무엇이며, 그 이유는 무엇이라고 볼 수 있는가?

넷째, 이상의 질문들에 비추어볼 때, 한국의 언론(특히 신문)과

만, 가능한 한 기사와 사설 등에 대한 검토작업도 병행할 것이다.
3) 신문 가운데서도 7개 중앙일간지(『조선일보』『중앙일보』『동아일보』『한겨레』『한국일보』『경향신문』『대한매일』)를 주로 살필 것이다.

거기에 글을 쓰는 지식인들은 한국 시민운동에 대해 어떤 '특정한 정체성(또는 경계)'을 전제하고 있는가? 그리고 이는 사회운동적 맥락에서 보았을 때 어떤 의미를 지니는가?

2. 2001년, 신문에 그려진 '한국 시민운동의 일그러진 초상(肖像)'

1) 신문을 통해 본 한국 시민운동 비판담론: 시기별·사건별 쟁점

2001년 7개 중앙일간지의 칼럼과 사설, 기사 들을 중심으로 살펴본 바에 따르면, 2001년 한 해 동안 한국 시민운동에 대해 쏟아진 비판은 이전에 비해 훨씬 다양하면서 강한 어조이고 또 새로운 내용과 주체들에 의해 이루어졌음을 확인할 수 있다.[4]

2001년 1월 벽두, 경실련이 2000년 11월에 '후원의 밤' 행사를 치르면서 각 정부투자기관들에 액수를 명시한 후원금을 요청한 사실이 밝혀짐에 따라 파문이 일기 시작했다. 더욱이 2000년 11월은 경실련이 정부투자기관장들에 대해 판공비 사용내역의 정보공개 청구를 하고 이를 조사하던 중이었기 때문에, 이 문제는 '도덕성'에 대한 시비를 불러일으킬 소지가 높았다고 할 수 있다. 언론들은 시민운동의 도덕성과 열악한 재정상황을 집중적으로 문제삼으며 시민운동의 반성을 촉구하고 나섰다.[5]

---

4) 실제로 참여연대의 자료집을 보면 상당히 이례적으로 2001년도의 상황에 대해 "시민운동 내·외부로부터의 비난이 많이 제기되었고, 이에 대해 적절히 대응하지 못했다"라는 평가를 내리고 있기도 하다(참여연대, 『참여연대 제8차 정기총회 자료집』, 2002, 21쪽).

　　이러한 시민운동의 도덕성과 열악한 재정상황에 대한 비판이 다소 일반화된 비판이라면, 2001년 1월말에 2000년 낙선운동에 대해 대법원의 유죄판결이 내려지면서 신문들이 시민운동이 준법의무를 다하지 못했다고 비판하고 나섬으로써 '불법적 시민운동'이라는 다소 새로운 논란이 가열되었고, 이에 대해 "낙선운동은 불법운동이 아니라 불복종운동이었음"[6]이 다시 한번 주장되면서, 시민운동의 '법적 경계'를 둘러싼 비판과 논쟁이 본격적으로 '재개'되었다.[7]

---

5) 「시민단체 부실재정 딜레마」,『조선일보』 2001. 1. 5; 「사설: 시민단체 생명은 도덕성」, 『대한매일』 2001. 1. 5; 「경실련 공기업 돈 안 받겠다」,『한국일보』 2001. 1. 7; 「한국시론: 시민단체 스스로 서야 한다」,『한국일보』 2001. 1. 7; 「시론: 시민운동, 다시 생각하자」,『조선일보』 2001. 1. 10; 「시론: 시민단체들의 열악한 재정」,『세계일보』 2001. 1. 10; 「기부문화캠페인: 시민 없는 시민단체 재정난에 허덕인다」,『동아일보』 2001. 1. 12; 「여론 나침반: 기업에 손 벌리는 시민단체 질타 속 재정난 안타까움도」, 『한겨레』 2001. 1. 12.

6) 차병직, 「불복종, 법 넘어선 까닭」,『한겨레』 2001. 1. 31; 김동춘, 「낙선운동 유죄, 이의 있습니다」,『경향신문』 2001. 1. 29.

7) 여기서 '재개'라는 표현을 쓴 것은 '낙선운동'은 처음 시작부터 '선거법 위반' 여부가 논란이 되었기 때문이다. 이미 2000년 낙천·낙선운동 당시부터 보수언론들은 총선연대의 낙천·낙선운동에 대해 "시민단체가 시민의 대표성이 없으며, 대상자 선정에 있어서 공정성과 객관성이 결여되었고 실정법을 어기고 있다. 그리고 이러한 낙천·낙선운동이 특정 정치세력을 이롭게 한다"는 식의 비판적 보도를 계속하고 있었다 (이효성, 「정치개혁을 위한 시민운동과 언론의 역할」, 언론개혁시민연대의 제2회 현업언론인과 NGO관계자 워크숍 "정치개혁을 위한 시민사회운동과 언론의 역할" 2000). 그리고 2000년 11월 24일, 성균관대학교에서 열린 한국시민단체협의회 주최의 제3회 전국시민단체대회에서 서경석 사무총장은 총선연대의 운동에 대해 "'합법운동' '합리적 대안모색'의 전통적 시민운동에서 벗어난 총선시민연대는 국민 호응도가 제1의 판단기준이 되는 포퓰리즘(대중주의)적 활동을 벌였다. …총선시민연대는 법 위에서 정의의 잣대를 독점하는 듯한 탈법적인 방식으로 낙천·낙선운동을 펼쳤다. … 국민 호응은 컸으나 준법정신이 무너지고 지역주의 타파, 정책대결 등 정치개혁의 근본 이슈보다는 부패·무능의 개인문제화했다"고 비판하면서(『조선일보』 2000. 11. 25에서 재인용) 이미 한차례 시민운동 내부에서 커다란 논란을 불러일으켰기 때문이다. 서경석 사무총장의 이러한 발언은 곧바로 언론들에 보도되었고, 사설 등을 통해 시민운동의 '불법성' 문제에 대한 비판이 쏟아졌다. 예를 들어 「시민단체 전국대회서 발표자들 자기비판」(『조선일보』 2000. 11. 25); 「사설: 시민운동의 재정립을 위하여」 (『조선일보』 2000. 11. 27); 「사설: 시민 없는 시민운동」(『동아일보』 2000. 11. 27);

그리고 2월에는 중앙언론사들에 대한 세무조사가 시작되었고, 시민사회단체연대회의가 출범하면서 시민운동과 언론, 시민운동과 정치, 시민운동의 연대 등 시민운동에 대한 사회적 논쟁을 증폭시키는 계기가 된다. 그러나 곧바로 이를 둘러싼 논쟁이 시작된 것은 아니었고, 약간의 잠복기를 거치게 된다.

한편 3월 들어와서, 그동안 개별적·간헐적·소극적으로 이루어졌던 참여연대의 '소액주주운동'에 대한 재계의 비판이 집단적으로 이루어지는 사건이 일어났다.[8] 전국경제인연합회(이하 '전경련') 손병두 부회장, 대한상공회의소 김효성 부회장 등 경제5단체 부회장들이 2001년 3월 7일 오전 서울 롯데호텔에서 조찬모임을 갖고 "현재 전개되고 있는 소액주주운동은 전체 주주의 이익과는 거리가 멀게 진행되고 있다"는 내용의 '소액주주운동에 대한 경제계 입장'이라는 공동선언문을 발표하였다.[9] 재계는 2001년 3월 9일의 삼성전자 주주총회를 앞두고 발표한 이 선언문뿐만이 아니라, 이에 앞서 3월 2일 전경련 산하의 자유기업원 민병균 원장의 기자회견을 통해서 참여연

「중립적 비판세력으로 거듭나겠다(경실련 이석연 사무총장)」(『문화일보』 2000. 11. 29) 등과 같은 기사가 집중적으로 실렸다.

8) 2001년 삼성전자 주주총회를 앞두고 이미 각 신문에서는 참여연대의 소액주주운동의 '부정적 측면'이 기사와 칼럼 등의 형태로 집중적으로 보도되었다. 당시 참여연대의 주총참여를 통한 기업감시운동과 사외이사추천 등에 대해 비판적 입장으로 쓴 주요한 칼럼과 기사들은 다음과 같다. 박재완, 「시론: 주주총회와 '外勢' 영입」, 『조선일보』 2001. 2. 1; 김학은, 「칼럼: 휘파람을 잘 부는 사람」, 『경향신문』 2001. 2. 5; 「연중기획 '한국의 주주총회': 주총 진흙탕싸움 기업 골머리/박스: 소액주주운동은 성역?」, 『매일경제』 2001. 2. 6; 「시민단체 '경영 제3변수'로 "기업투명성: 지배구조 개선" 소액주주 목소리 대변, 참여연대 해외의결권 위임받아… 삼성전자 "나라망신"」, 『동아일보』 2001. 2. 21; 김준원, 「발언: 시민단체서 추천한 사외이사 후보 공정성 침해할 우려」, 『중앙일보』 2001. 3. 7.

9) 『조선일보』 2001. 3. 7.

대의 소액주주운동은 '법의 테두리'를 벗어나고 있으며, 오히려 기업의 해외신인도와 기업가치를 떨어뜨리고 있다고 맹비난을 하고 나섰다. 특히 3월의 삼성전자 주주총회에서는 삼성 창업주의 3세 이재용씨 이사선임건이 예정되어 있었기 때문에 재벌의 세습문제까지 얽혀 '소액주주운동'에 대한 재계의 강한 반발이 표면화되었고, 낙선운동에 대한 유죄판결과 더불어 '시민운동의 법적·정치적 경계'에 대한 논란이 다시 한번 촉발되게 된다.[10]

4월에는 '비전@한국'이라는 지식인들의 모임이 언론의 집중적 조명을 받으며 창립하였다.[11] 중도·보수 성향의 교수들이 중심이 되어 창립한 이 단체에 대해, 언론이 무엇보다도 주목하고 강조한 것은 그동안 "침묵을 강요당해 온 다수 지식인들의 발언"이라는 측면이었다. 예를 들어 류근일 조선일보 논설주간은 '비전@한국'의 창립을 다음과 같이 한껏 추켜세운다.

"반민족, 반화해, 반개혁, 반통일" 운운하는 일도양단의 칼바람 서슬에 '현정권식 개혁'도, 권력진영의 난폭한 포퓰리즘도 감히 비판해선 큰

---

10) 당시 참여연대는 이러한 언론과 재벌들의 공격적 담론유포에 대응하여 주주총회와 현안에 대해 입장을 발표하는 기자회견(2001. 2. 27)과 경제5단체 부회장들의 소액주주운동 중단 기자회견에 반박하는 기자회견(2001. 3. 7)을 열었다.

11) 창립 당시 이를 보도한 기사 및 칼럼 등은 다음과 같다. 「교수주축 지식인모임 출범」, 『연합통신』 2001. 4. 16; 「40, 50대 교수 중심 '비전한국@포럼' 창립」, 『동아일보』 2001. 4. 17; 「40~50대 지식인 '비전한국@포럼' 발족」, 『조선일보』 2001. 4. 17; 「사설: 침묵했던 '지식인'의 조용한 움직임」, 『조선일보』 2001. 4. 18; 「40~50대 교수 '비전@한국' 창립대회」, 『조선일보』 2001. 4. 18; 「'비전@한국' 창립: 공동대표 3인 좌담회」, 『동아일보』 2001. 4. 19; 「시론: 왜 '비전@한국'인가」, 『중앙일보』 2001. 4. 19; 「류근일 칼럼: 고개 든 '지식인'」, 『조선일보』 2001. 4. 21; 「오피니언, 시론: 김석준, 위기사회와 지식인 역할」, 『한국경제신문』 2001. 4. 27. 일반적인 지식인모임 창립과 분명히 대비되는 집중적인 언론보도임을 확인할 수 있다.

일날 우상처럼 굳어져버렸다. …그러나 이제는 상황이 달라졌다. '문민
정부'와 '국민의 정부'의 숱한 실패와 실정이 그네들의 '정의독점' 신화를
여지없이 깨버렸기 때문이다. 그렇다면 주눅들어 있던 '다른 생각의 지
식인들'이 이제는 더 이상 주눅들어 있을 이유가 없어진 셈이다. 이제야
말로 그런 지식인들이 적극적으로 말문을 터뜨려 용기 있는 대안의 목
소리를 높여야 하게끔 되었다. …이런 요청에서, 일단의 지식인들이 '비
전@한국'이라는 새롭고 다른 목소리를 내고자 깃발을 올린 것은 대단히
소중하고도 반가운 사건이었다. 지식인들이 마침내 오랜 침묵을 깨고
그 어떤 종류의 매도와 낙인에도 결코 겁먹지 않겠다고 선언한 것이나
다름없기 때문이다.[12]

'개혁과 정의를 독점한 정권→포퓰리즘식 정치→정권과 유착하여
개혁과 정의를 독점하려 한 시민단체와 일부 지식인'과 대비되는 '말
없는 다수의 지식인'이라는 구도가 만들어졌고, 이것은 이후 시민운
동에 대한 비판, 특히 총선연대를 비롯하여 의약분업, 언론사 세무조
사 등과 관련한 시민운동 비판에 많이 사용되는 중요한 논법이 된다.
　또 4월에는 자유기업원의 NGO실장이 '소액주주운동'을 중심으로
해서 참여연대운동을 더욱 직접적이고 종합적으로 비판하고 나섰다.
그는 비계급적이어야 할 소액주주운동이 참여연대에 의해 '계급적·
진보적 운동'으로 변질되었고, 참여연대는 일상생활에서의 불편을
해결하기 위한 '시민운동'에 주력하지 않고 자꾸만 계급지향·민중
지향적 시민운동을 하려 함으로써 시민운동의 본령에서 벗어나고 있
다며 "노동운동을 비롯한 민중운동과는 선을 그으라"고 충고한다.[13]

---

12) 류근일, 「고개 든 '지식인'」, 『조선일보』 2001. 4. 21.
13) 박종찬, 「한국의 미래를 위한 시민운동의 모색: 참여연대를 비판하면서」, http://

참여연대운동, 특히 '소액주주운동'이 민중운동진영으로부터는 계속 비판을 받아왔다는 사실에 비추어본다면 자유기업원측의 이러한 주장은 기존 시민운동에 대한 비판의 맥락과는 정반대의 것이라고 할 수 있다.[14]

　시민운동, 특히 참여연대운동의 '이념성'에 대한 비판은 그 뒤로도 계속 이어져, 같은 해 5월에는 자유기업원의 민병균 원장이 그곳 홈페이지에 「시장경제와 그 적들」이라는 글을 올리고 이를 언론사에 발송하는 사건까지 일어난다. 이 글에서 민병균 원장은 "지금 정부는 참여연대, 전교조, 민주노총 등과 합세하여 한국사회를 국정파탄의 궁지로 몰아가고 있는 것이 분명하다. 소위 '민중'의 입장에서는 이런 것이 개혁일는지는 몰라도 이는 분명 자본주의의 근간을 침식하는 체제변혁적인 것이다. 이러다가는 경제가 파탄나고 정치가 정지되어 도덕이 소멸할 것이 분명하다. 어쩌다가 우리가 좌경화의 길로 들어섰는가?" 하고 개탄하면서 "지금이라도 국정파탄을 규탄하는 국민궐기가 필요하다. 좌익이 더 이상 국정을 농단치 못하게 우익은 잠에서 깨어나야 한다"는 극단적인 주장까지 하였다. 이 주장은 다시 일부 언론들의 사설을 통해 확대재생산되고,[15] 자유시민연대와

---

www.cfe.org/NGO, 2000.

14) 이후 이 주장은 「자유기업원 NGO실장, 참여연대의 이념성 공개비판: 참여연대는 정치적 권력기구로 변질되어 체제변혁을 지향하고 있다」(『월간조선』 2001년 5월 호)는 제하의 글로 발표되었고, 자유시민연대가 이를 복사하여 참여연대 건물 앞에서 집회용 유인물로 사용하는 등 확대재생산된다.

15) "민원장의 성명은 그동안 우리 사회 저류에서 꾸준히 논란돼 오던 국정기조의 이념적 성향 문제를 최초로 수면 위로 끌어올림으로써 우리 사회의 중요한 쟁점으로 부각시켰다는 데 더 큰 의미를 둘 수 있다"(『조선일보』 사설, 2001. 5. 9). "이 시기에 왜 그런 주장이 나와야만 하는지에 대해 우리는 깊은 생각을 하지 않을 수 없다. 정말 그가 주장하는 대로 기업활동을 방해하는 좌익의 공격이 존재하는 것인지 또 경영자들이 위협을 느낄 만큼 정부가 반시장적 철학을 갖고 있는지는 당사자를 포

같은 보수우익단체들은 아예 일주일에 한번씩 참여연대 건물 앞으로 와서 참여연대의 이념적 실체를 폭로하겠다는 집회를 열기 시작한 다.[16] 이와 같이 3월에 있은 재계의 비판 이후 줄곧 시민운동, 특히 참여연대운동의 '이념성'이 비판의 대상이 되었다.

재계와 보수적 지식인그룹으로부터의 시민운동 비판과 더불어, 시민운동 내부로부터도 다시 한번 자성(自省)의 형식을 띠고 시민운 동 비판이 제기되었다. 6월에 경실련의 이석연 사무총장이 『헌법 등 대지기: 이석연 변호사의 삶과 철학 이야기』(형설출판사)의 출판 보 도자료에 "현재 한국의 시민운동은 초법화 경향, 시민단체나 시민운 동가의 관료화, 권력기관화 경향과 연대를 통한 센세이셔널리즘, 무 오류성의 환상에 젖어 있다. …시민단체나 시민운동가들도 겸허히 자기반성을 해야 할 때"라고 지적한 것이 계기가 되어 논란이 가열 되었다.[17] 이미 2000년 11월에 서경석 목사가 시민운동의 '초법성'과 '무오류성의 환상' '권력기관화' 등에 대해 문제제기를 했을 때도 시 민운동 내부에서 많은 논란과 반발을 불러일으켰는데, 이를 다시 이 석연 사무총장이 같은 방식으로 시민운동을 비판하는 데 사용한 것 이다. 당연히 이석연 사무총장의 이같은 발언은 언론의 주목을 받았 으며, 당시 한국 시민운동의 현실을 가장 잘 지적하였고 또 앞으로 나아갈 바를 가장 분명히 한 것이라는 평가를 받기까지 했다.[18] 또한

함해 국민 모두가 관심을 갖고 따져볼 일이다"(『동아일보』 사설, 2001. 5. 8).
16) 당시 이들은 유인물을 통해 "참여연대여, 시민운동의 외피를 벗어라!"라고 주장하였 다. 그들에게는 참여연대의 운동조차 '변혁운동' '계급운동'으로 보였던 것이다.
17) 실제로 『헌법 등대지기』라는 책의 본문에서는 강도 높은 비판을 하지 않고 있음에 도 불구하고, 별도로 낸 자료와 언론과의 인터뷰과정에서 현재의 시민운동을 강하게 비판한 것이 문제가 되었다.
18) 『한국일보』는 2001년 6월 12일부터 18일까지 5회에 걸쳐 '시민단체 특집'을 내보냈

5월에 감사원의 의약분업 특감결과가 발표되면서 다시 한번 성급한 '의약분업'정책을 추진한 정부와 함께 시민운동이 집중적인 비난의 대상이 되었다. 여기서 말하는 '무오류성의 환상'이라는 시민운동에 대한 비판은 2000년 의약분업 실시와 그에 따른 의사들의 총폐업과 정에서 시민운동의 정책능력·조정능력·전문성의 부족과 부재를 문제삼는 것이었다.[19]

한편, 6월에는 언론사 세무조사가 종결되면서 탈세 언론사들에 대한 세금추징과 언론사주들에 대한 고발까지 이루어졌다. 이미 지난 2월 언론사 세무조사와 함께 시작된 지식인사회의 갈등과 대립은 더욱 격렬해지다가, 7월에 소설가 이문열씨의 '홍위병' 발언,[20] 연세대 유석춘 교수의 '악령' 발언으로 더욱 극단으로 치닫게 된다.[21] 특히 이들은 언론개혁 차원에서 언론사의 세무조사를 지지하던 시민운동에 대해 홍위병, 악령이라는 딱지를 붙이면서 시민운동의 정치적 중립성에 대해 심각하게 비판하였다. 이미 2000년 낙선운동 당시 자민련과 한나라당 등 야당에서 총선연대의 낙천·낙선운동에 대해 여당의 '홍위병'이라는 비난을 한 적이 있었던 터라, 홍위병 논쟁은 더

는데 대부분의 내용이 서경석 목사나 이석연 변호사의 비판과 맥락을 같이하는 기조였다. 이외에도 「이석연 경실련 총장, 시민운동에 쓴 소리」(『조선일보』 2001. 6. 15);「시민단체 관료화 방향 반성 속 활로 모색해야」(『국민일보』 2001. 6. 15);「'경실련 이석연 총장' 우리는 무조건 옳다 시민단체 자기도취」(『동아일보』 2001. 6. 16);「시민운동 권력화 반성하라, 경실련 간부 시민단체 변질 자성 촉구」(『경향신문』 2001. 6. 16);「시론: 시민단체의 자성론」(『세계일보』 2001. 6. 16);「'시민운동 자성론' 이석연 경실련 사무총장: "법 위의 시민단체는 없다"」(『문화일보』 2001. 7. 7) 등의 기사가 실렸다.

19) 조병희, 「보건의료분야에 있어서 NGO의 역할과 과제」, 한국NGO학회 춘계학술심포지엄 발표문요약집 『NGO와 사회정책: 사례별 평가와 과제』, 2001.

20) 이문열, 「신문 없는 정부 원하나」, 『조선일보』 2001. 7. 2.

21) 유석춘, 「악령들의 문화혁명」, 『조선일보』 2001. 7. 7.

욱 쉽게 확산되었다.

7월 12일에는 총선연대 지도부에 대해 "공적은 있지만, 실정법 위반"이라며 벌금 500만원씩의 유죄가 선고되었고, 7월 17일에는 1996년 당시 마이클 잭슨 공연반대운동을 벌인 시민운동에 대해 대법원이 위법한 것으로 판결하는 일이 발생하였다. 이는 시민운동의 법적 경계에 대한 논란이 다시 한번 증폭되는 계기가 되었고, 운동의 목표와 수단을 둘러싼 논쟁이 재현되었다. 그러던 중, 7월 23일 서울에서 열린 대한변협의 '법의 지배를 위한 변호사대회'에서 김대중정부의 개혁정책을 사실상의 '인치(人治)'로 규정하면서 '법치주의 회복'을 선언하였는데, 이때 다시 시민운동의 불법성 혹은 초법성 문제가 거론되기도 하였다.

이어 8월에는 이석연 경실련 사무총장의 시민운동 비판이 또다시 제기되었는데, 이번에는 시민단체의 정치참여에 관한 것이었다. 이석연 사무총장은 8월 7일 경기도 용인시 경찰대학에서 경찰 고위간부들을 대상으로 "한국 시민운동의 과제와 방향"이라는 주제의 강연을 통해, "시민단체의 직접적인 정치참여에 대해 반대한다"는 입장을 밝히면서 일부 시민단체의 정치참여 의사표시에 대해서도 "시민단체의 특정 정당이나 정파 지지활동은 시민운동에 대한 배신"이라며 부정적 입장을 표명했다.[22] 이석연 사무총장의 이 발언은 다시 시민운동 내부의 논쟁을 불러일으켰다. 이 발언이 있은 직후 환경운동연합은 이석연 사무총장에게 공개질의서를 보내 "시민단체의 내부문제는 시민단체 내에서 대화를 통해 문제제기할 수 있음에도 불구하

---

22) 『조선일보』 2001. 8. 8.

고 강연이나 언론을 통해서 한 이유가 무엇이냐. …환경운동연합은 지난 95년과 98년에 각각 지방선거에 후보를 낸 적이 있는데 [그로 인해] 시민단체의 중립성을 훼손시킨 사례를 지적해 달라"고 요구하는 등 강하게 반발하였다.[23)]

그러나 이러한 논란에 대해 토론이 이루어지는 방식으로 하기보다, 시민운동은 정치에 참여해서는 안 된다는 방향으로만 일방적으로 몰아가는 양상을 보였다.[24)] 이석연 사무총장이 제기한 한국 시민운동에 대한 일련의 비판은 결국 9월 참여연대 박원순 당시 사무처장과의 격론으로 이어지게 되었다. 2001년 9월 17일 서울 세종문화회관에서 시민운동지원기금 주최로 열린 "시민운동 발전을 위한 대토론회"에서 시민운동의 정치참여, 시민단체간의 연대운동 등을 비롯한 여러 가지 쟁점에 대해 이석연 사무총장과 박원순 사무처장은 완전히 다른 입장으로 첨예하게 대립하였다.[25)] 또 『월간조선』은 10월호에 참여연대 반대운동에 앞장서는 '민주참여네티즌연대'의 신혜식 대표를 특집으로 다뤘고(「보수세력의 젊은 기수 신혜식」), 11월호에서는 아예 「종합형 NGO 참여연대 연구」라는 특집을 실어 참여연대의 '이념성'을 문제삼기까지 하였다.

이후 이석연 사무총장은 11월 10일 경실련 사무총장직을 퇴임하

---

23) 『조선일보』 2001. 8. 8.

24) 「시민단체, 정치참여 말라」, 『문화일보』 2001. 8. 7; 「시민단체의 특정 정파 지지·연계 활동 시민운동에 대한 배신」, 『조선일보』 2001. 8. 8; 「사설: 시민단체 순수성 지켜야」, 『문화일보』 2001. 8. 8; 「시민단체 특정 정파 지지, 운동에 대한 배신」, 『중앙일보』 2001. 8. 8; 「사설: 이석연 사무총장의 苦言」, 『국민일보』 2001. 8. 8; 「사설: 시민운동 새롭게」, 『조선일보』 2001. 8. 9; 「사설: 시민운동, 정치편향 안 된다」, 『동아일보』 2001. 8. 9; 「사설: 시민운동 자성의 계기로」, 『세계일보』 2001. 8. 9; 「시론: 감시자로서의 시민단체」, 『조선일보』 2001. 8. 10.

25) 『조선일보』 2001. 9. 18.

면서 "개혁이 진보세력의 독점물이 될 수 없다. …진보 내지 혁신적 세력만이 개혁세력으로서 마치 시민운동의 본류인 것처럼 인식되고, 우리 사회의 다수를 차지하고 있는 온건한 보수세력이 반개혁적으로 치부되는 상황이 더 이상 정당화돼서는 안 된다. 우리 사회의 다수를 점하고 있는 온건하고 합리적인 보수성향 시민들의 개혁의지를 대변할 새로운 시민운동이 필요하다. 과거 재야투쟁식 내지 운동권 방식으로는 더 이상 통하지 않는다"고 밝히고, 경실련의 향후 진로와 관련해서 "지난 89년 창립 이후 합법의 틀 내에서 개혁을 주도해 온 것만큼 이제 다수의 비판적 중립세력 내지 보수세력을 다시 운동의 주류로서 끌어안으려는 노력을 해야 한다"고 주문하기도 했다.

그리고 12월에는 다시 소액주주운동을 둘러싼 재계의 반발과 비판이 거세게 일어났는데, 이는 참여연대가 삼성전자의 전·현직 이사들을 상대로 낸 손해배상청구소송에 대해 1심 재판부에서 총 902억원을 피고들이 연대하여 배상할 것을 선고한 것이 계기가 되었다.[26] 재벌총수 및 경영진의 경영책임을 묻기 위한 참여연대 소액주주운동의 위력이 발휘된 사건이라고 할 수 있으나, 이 판결이 나자 재계는 곧바로 경영판단에 대한 법적 책임의 한계와 소액주주운동의 문제점을 지적하며 강하게 반발하였고,[27] 각종 칼럼 등의 형태로 기업경영의 법적 책임 및 소액주주운동, 시민운동의 한계에 대한 논란이 증폭되었다.[28]

---

26) 이외에 이건희 회장이 노태우 전 대통령에게 공여한 뇌물 75억원에 대한 배상판결까지 포함한다면 총 977억원이다.

27) 『조선일보』 2001. 12. 28.

28) 판결이 12월 27일에 있었기 때문에, 실질적인 공방은 해를 넘겨 2002년 벽두에 뜨겁게 달아올랐다. 언론들은 기사와 사설 이외에 칼럼을 통해 재계의 입장을 대변하는

2) 한국 시민운동 비판담론의 새로운 전형: 반시장적 급진성과 초법적 권력화

2001년 7개 중앙일간지에 실린 기사·사설·칼럼 들을 중심으로 살펴본 한국 시민운동 비판들은 이제까지 시민운동에 대한 일반적 통념 또는 일반적 비판들과 많이 달랐다.

우선, 그동안 한국 시민운동은 지나치게 '합법적' 운동에 치우침으로써 개량적이며 체제유지적이라는 민중운동진영으로부터의 비판이 강했다. 그러나 2000년 낙천·낙선운동을 거치면서 시민운동의 불법성과 초법성이라는 문제가 한국 시민운동 비판의 중심으로 자리잡

글을 주로 '먼저' 실었고, 이에 참여연대측 교수나 변호사들이 반박하는 형식으로 칼럼을 싣는 양상을 보인다. 당시 칼럼을 통한 논쟁을 정리해 보면 다음과 같다.

		재계		참여연대
	날짜	제목 및 필자	날짜	제목 및 필자
문화 일보	2001. 12. 29	누가 위험한 투자하겠나 (김정호, 자유기업원 부원장)	2001. 12. 29	책임한계 기준 제시 획기적 (김선웅, 변호사)
중앙 일보	2002. 1. 3	은밀한 반시장 혁명 (강위석, 『에머지새천년』 편집장)	2002. 1. 12	'기업가 정신 장려' 판결 (김준기, 연세대 교수)
조선 일보	1. 4	기업 구조조정도 처벌하나 (김석준, 이화여대 교수)	1. 7	'擧手機' 이사회도 보호? (김상조, 한성대 교수)
한국 경제	1. 4	아마가 프로 가르치는 세상 (민경국, 강원대 교수)	1. 8	3년 걸린 재판인데… (김주영, 변호사)
	1. 11	3년 걸렸어도 졸속은 졸속 (민경국, 강원대 교수)	1. 15	자기 뜻에 안 맞으면 졸속? (김주영, 변호사)
매일 경제	1. 5	'경영판단' 책임추궁 곤란 (석종현, 단국대 법학연구소장)		반론 거부
서울 경제	1. 18	경영판단과 사법심판 (김효성, 대한상의 상근부회장)	1. 30	경영판단과 법적 책임 (김선웅, 변호사)
동아 일보	1. 14	경영판단의 책임한계 명확해야 (김정호, 자유기업원 부원장)	1. 21	경영판단은 신성불가침 아니다 (이상훈, 변호사)
한국 일보	1. 16	현실 도외시한 '삼성 판결' (정호열, 성균관대 교수)	1. 16	'삼성판결' 투명성 계기로 (강명헌, 단국대 교수)

기 시작하였다. 또한 시민운동, 특히 소액주주운동을 예로 삼아 한국 시민운동의 '반시장적 급진성'이 문제가 되기 시작하였다.

둘째, 시민운동의 정책능력에 대한 의문이 제기되기 시작하였다. 1989년 경실련의 등장과 더불어 시민운동의 정책능력은, 민중운동진영과 대비되는 시민운동의 강점·특징으로 꼽혔다. 그러나 2000년 의약분업을 거치면서 성급하고 부족한 정책능력에 대한 의문과 불만, 비판이 쏟아져 나오게 되었다.

셋째, 시민운동 비판의 주체가 훨씬 더 다양해졌다. 보수적 지식인그룹이 '침묵하던 다수 지식인의 발언'을 내걸면서 시민운동에 대한 비판활동을 활발하게 전개하기 시작하였으며, 언론 역시 언론사 세무조사를 거치면서 더욱 적극적으로 시민운동에 대한 비판적인 기사와 사설을 실었다. 뿐만 아니라 현재의 시민운동에 대해 부정적·비판적 입장을 가진 지식인그룹이 언론에 칼럼을 쓰는 방식으로 개입하는 비중이 늘어났다. 이밖에도 이들 보수세력들은 기고나 논문 같은 개인적 형태의 비판뿐 아니라, 직접 단체를 만드는 적극적·조직적 형태를 취하기 시작하였다. 2000년에 '비전@한국'이라는 지식인모임을 결성하였고, 2002년에는 '바른사회를 위한 시민회의'를 결성하는데, 양 조직을 보면 인적 구성 면에서 상당 부분 겹치는 것을 확인할 수 있다. 이들은 '시민 없는 시민운동'이라는 시민운동에 대한 일반적인 비판담론을 사용하는 한편, 시민운동의 이념적 지향에 대해서도 문제삼았는데 여기서는 이념적 지향에서의 '개량성'이 문제가 된 것이 아니라 반대로 '급진성'이 비판의 도마에 올랐다. 이런 지식인그룹 이외에도 '자유기업원'으로 대표되는 재벌측의 비판, 자유시민연대와 민주참여네티즌연대 같은 우익적 시민단체의 발언과

활동이 급격하게 늘어났으며, 언론은 이를 적극적으로 보도하는 양
상을 보이게 된다.

이에 비해 민중운동진영의 비판은 급격히 줄어드는 양상을 보인
다. 즉 '좌로부터의 비판'은 줄어든 데 비해, '우로부터의 비판'은 급
격히 증가한 것이다.

〈표 1〉 2001년 주요 사건과 시민운동 비판

	주요 사건	비고
1월	경실련의 공기업 후원금 요구 사건 낙선운동 유죄판결(울산)	시민운동의 도덕성 시민운동의 법적 경계
2월	언론사 세무조사 시작	세무조사를 둘러싼 공방 시작
3월	경제5단체 소액주주운동 자제 요구(자유기업원 기자회견)	소액주주운동의 법적 한계, 반시장성
4월	비전@한국 창립 자유기업원 NGO실장 참여연대 이념성 공격	침묵하는 다수의 지식인론 시민운동의 이념적 정체성
5월	자유기업원 원장 "시장경제와 그 적들" 메일 발송 자유시민연대, 참여연대에 대한 비판 시작	시민운동의 반시장적 급진성 시민운동의 이념적 정체성
6월	언론사 세금추징·고발 이석연『헌법 등대지기』출간	세무조사를 둘러싼 논쟁 가열 시민운동의 초법적 권력화
7월	대한변협의 결의문 악령·홍위병 논쟁 총선연대 지도부 유죄판결 민주참여네티즌연대 활동 본격화	개혁과 법치주의 시민운동과 정권의 관계 시민운동의 법적 경계
8월	이석연 경찰대 특강 발언 김만제 사회주의 발언	시민운동의 정치참여 한국사회 이념지형
9월	이석연-박원순 논쟁	시민운동의 경계를 둘러싼 논쟁
10월	민주참여네티즌연대 신혜식 부각(『월간조선』)	
11월	『월간조선』 "참여연대 연구" 발표 이석연 경실련 사무총장 퇴임 발언	시민운동의 이념적 분화(진보세력↔합리적 보수)
12월	삼성전자 소액주주 승소 논란	소액주주운동의 '반시장성'

넷째, 받아치기 방식의 기사배치가 늘어났다. 누군가가 시민운동에 대해 비판적 발언을 하면, 이를 기사화하고 그에 대해 사설을 쓰고 칼럼까지 배치하는 식이다. 과거에는 시민운동진영에 불미스런 사건이 발생하면 그것이 계기가 되어 시민운동에 대한 부정적 기사들이 쓰여지는 방식이었다면, 2001년 들어와서는 특정한 사건이 발생하지 않더라도 '시민운동에 대해 비판적 발언을 하는 경우'가 있으면 그것 자체가 뉴스가 되었고 이를 매우 적극적으로 기사화하는 양상을 보여주게 된다.

이상과 같이 2001년 들어와서 한국 시민운동에 대한 비판——내용적으로는 초법적 권력화와 반시장적 급진성에 대한 비판, 형식적으로는 좌파(또는 민중운동)진영의 비판이 약화·축소되고 학계('비전@한국' 등의 침묵하는 다수의 지식인), 재계(전경련, 자유기업원), 시민운동단체(경실련 등의 '합리적 보수세력', 자유시민연대나 민주참여네티즌연대 등의 보수우익단체)가 언론(신문)과 더욱 적극적인 방식으로 결합하면서 나타난 비판——들은, 지난 시기 시민운동에 대한 비판들과 내용과 형식 면에서 커다란 차이를 보이고 있다는 점에 주목해야 할 것이다. 한마디로 2001년 한 해 동안 신문에 그려진 한국 시민운동의 일그러진 '초상'은 시민운동의 법적·정치적 경계에 대한 심각한 의심과 불만이 시장권력과 정치권력 그리고 사회권력(언론권력과 지식권력)의 파상적인 공격의 결과였다. 그렇다면 이러한 파상적 공격이 기존의 시민운동에 대한 비판과 다른 점은 무엇이며, 왜 그런 차이가 나타났는지, 그리고 그것이 의미하는 바는 무엇인지를 좀더 살펴보도록 하겠다.

3. 한국 시민운동에 대한 비판담론의 전형: 시민운동의 개량성, 시민 없는 시민운동

1) 1989년 경실련 출범에서 1994년 참여연대 출범 직후까지

1989년 경실련의 등장은 그 자체가 기존 사회운동, 특히 민중운동에 대한 '비판'이었다. 새로운 사회운동의 등장은 운동 외적 조건의 변화와 더불어 운동진영 내부(운동주체)의 변화 그리고 기존 운동에 대한 비판과 맞물려 있었다고 할 수 있다. 1987년 6월 민주화항쟁 이후 시작된 한국사회의 민주화 이행과 1989년부터 본격화된 동유럽 사회주의권의 붕괴는 한국 사회운동의 조건을 변화시키는 중요한 계기였다. 그래서 출범 당시의 경실련은, 기존의 민중운동이 부동산투기와 같은 새로운 사회문제에 대해 정확한 진단과 대안을 제시하지 못할 뿐 아니라 민중운동의 급진적 이데올로기가 사회적 다수를 차지하는 중산층의 개혁적 요소를 담아내지 못한 채 오히려 고립을 자초하고 89년 당시의 공안정국 도래처럼 민주화 흐름 자체가 보수화로 반전되는 결과를 가져왔다고 보았다.[29] 경실련의 이러한 상황인식은 민중운동에 대한 비판으로 나타났고, '시민운동'을 민중운동과 날카롭게 대립시키면서 스스로의 정체성을 확립하였다.[30] 경실련의 민중운동과의 차별화 시도는 내용적으로 다음과 같이 정리된다.[31] 우선, 주체를 '민중'이 아닌 '시민'으로 대체하였으며,[32] 이는 '국민적

---

29) 김구현, 앞의 글, 55쪽.

30) 정수복, 『시민의식과 시민참여: 문명전환을 꿈꾸는 새로운 시민운동』, 아르케 2001, 94쪽.

31) 정수복은 다음과 같이 정리하고 있다(정수복, 앞의 책, 96쪽).

합의에 기초한 운동'인 것이며, 합리적 대안의 제시, 절차의 정당성에 기반한 합법·평화운동이 경실련이 지향하는 '시민운동'이라는 것이었다.[33] 이는 뒤집어 볼 때, 기존의 민중운동이 '국민적 합의에 기초하지 못하고' 있으며, 합리적 대안제시를 하지 못한 채 비합법적·폭력적 운동을 함으로써 오히려 '고립'되고 있다는 인식을 드러낸 것이라 할 수 있다. 경실련의 이런 주장과 운동은 당시 언론들로부터 주목을 받았고, 이는 경실련과 시민운동의 성장에도 중요한 영향을 미쳤다.[34]

그러나 경실련의 민중운동에 대한 비판과 그를 통한 시민운동의 정체성 확립과정은 민중운동측으로부터 강한 반발을 불러일으켰다. 민중운동진영은 시민운동(이론적으로는 '시민사회론', 현실적으로는 '경실련')에 대해 그것이 체제의 본질적 모순을 은폐할 뿐만 아니라 허구적인 것이라고 비판한다. 예를 들어 김세균은 "'새로운 시민사회론자'들은 민주주의의 논리가 계급적대에 의해 규정된다고 보지 않고, 역으로 계급적대가 민주주의의 논리에 종속된다고 보고 있다"고

	민중운동	시민운동
운동의 중심	노동운동 중심성	갈등의 다양성과 다원주의
운동의 주체	계급적 주체	비(탈)계급적 주체
운동의 목표	체제의 변동	체제 내의 변동
운동의 수단	합법/비합법의 투쟁	합법적 투쟁과 대안 제시
운동의 방법	급진적 변화 추구	점진적 방법 추구

32) "어떤 사람들은 왜 민중이 아니고 시민이냐고 물을지도 모르겠습니다만, 우리는 이렇게 대답합니다. '우리가 힘을 모으려는 세력은 소외되고 억눌린 민중만이 아닙니다. …선한 의지를 가진 사람이면 그가 기업인이든 중산층이든 할 것 없이 이 운동의 중요한 구성원이 될 수 있기 때문입니다'"(경실련 '발기취지문' 중에서, 김구현, 앞의 글, 85~86쪽에서 재인용).

33) 같은 곳.

34) 김구현, 앞의 글, 112쪽.

질책한 뒤 "이들의 개혁구상이란 하나의 관념적 구상, 즉 현대 자본
주의체제하에서는, 다시 말해 자본주의체제의 극복 자체를 문제삼지
않는 한 실현할 수 없는, 그러나 그것이 체제내적 개혁구상인 한에서
공상적일 수밖에 없는 사회개혁구상"이라고 비판하였다.[35] 시민운동
에 대한 이러한 비판은 주로 그람시를 비롯한 서구의 시민사회론에
대한 해석(한계와 가능성)을 둘러싼 이론적 논쟁 형태로 진행되었지
만,[36] 이와 함께 당시 정권과 언론의 차별적·이중적 태도로 인한 현
실적 갈등관계[37]도 내포하고 있었다고 할 수 있다.[38]

　1990년대 초반, 한국의 시민운동과 민중운동은 날카로운 '이분법
적 대립구도' 아래에서 갈등하고 있었다. 이런 점에서 1994년 '참여
연대'의 등장은 양자 모두에 대한 비판과 반성을 제기하는 것이었다.
시민운동과 시민사회론에 대한 민중운동진영으로부터의 비판이 제
기되던 당시, 일부 사회과학자들은 '진보적 시민운동'[39] '변혁지향 시
민사회운동'[40]을 내세우며 경실련식의 시민운동과 다른 시민운동의

---

35) 김세균, 「시민사회론의 이데올로기적 함의비판」, 『이론』 1992년 가을호(유팔무·김
　　호기 엮음, 『시민사회와 시민운동』, 한울 1995).
36) 당시 논쟁은 유팔무·김호기 엮음, 『시민사회와 시민운동』(한울 1995)으로 묶여 정
　　리되었다.
37) "특히 운동방법의 면에서 민중운동이 비합법적, 반합법적이고 투쟁적이었기 때문에
　　국가권력에 의한 직접적인 탄압에 직면했고 시민대중의 공감과 지원을 얻는 데 어
　　려움을 겪었던 반면, 새로운 사회운동은 대부분 합법적인 방법을 취했기 때문에 '안
　　전'했고, 시민대중적 이슈를 통해 언론 및 시민대중의 호응과 지원을 얻는 데 상당한
　　성공을 거두게 되었다"(유팔무, 「시민사회의 성장과 시민운동」, 『경제와사회』 1995
　　년 봄호, 378쪽).
38) 김구현, 앞의 글, 111쪽.
39) 조희연, 「민중운동과 '시민사회' '시민운동'」, 『실천문학』 1993년 겨울호(유팔무·
　　김호기 엮음, 『시민사회와 시민운동』, 한울 1995).
40) 강문구, 「변혁지향 시민사회운동의 가능성과 한계, 그리고 일 전망」, 유팔무·김호
　　기 엮음, 『시민사회와 시민운동』, 한울 1995.

가능성과 방향성을 제기하였고, 이는 참여연대라는 시민단체의 결성과 활동으로 현실화되었다.[41] 이어 90년대 중반 들어와서는 지금까지의 '위로부터의 보수적 민주화'가 내적 균열과 위기를 보이면서 사회운동 내부에서부터 이에 대한 전반적인 비판의식이 고조되었고, 동시에 정권과 보수언론의 물리적·이데올로기적 탄압에도 불구하고 노동운동이 정치적·조직적 발전을 가속화해 나갔다. 또한 시민운동 공간 자체가 확장되면서 이에 대한 단순한 외재적 '이데올로기적 비판'만으론 시민사회적 이슈를 다 담아낼 수 없으므로, 시민운동 공간에 대한 진보적 개입이 필요하다는 판단 아래 뒤늦은 개입이 확산되어 가기 시작했다. 참여연대의 출범은 시민운동의 바로 이같은 새로운 정세를 배경으로 하고 있었던 것이다.[42]

참여연대 출범 당시에, 참여연대에 대해 '좌실련'이라는 별칭이 붙었던 것은 진보적 시민운동의 특징을 잘 드러내주는 것이라 할 수 있다.[43] 민중운동에 대한 시민운동진영의 비판, 시민운동에 대한 민중운동진영의 반비판으로 날카롭게 대립하던 상황에서, 진보적 시민운동의 지향이라는 것은 분명 하나의 '실험'이었다. 참여연대의 초기

---

41) 조희연은 다음과 같이 회상한다. "나는 그람시적 의미에서 이른바 헤게모니 투쟁이 필요하다는 입장을 가지고 있었다. 시민운동의 계급적 한계는 분명하지만 그것을 지적하는 것만으로는 백전백패한다는 생각이었다. 그런 나의 생각은 진보적 시민운동이 필요하다는 생각으로 발전하게 되었고 『실천문학』(1993년 겨울호)에 쓴 「민중운동과 '시민사회' '시민운동'」이라는 논문으로 구체화되었다. 나는 이것을 처음에 100부, 나중에 100부를 더 찍어 실천지향성이 강한 동료교수들, 운동권의 동료들, 민중운동의 대표적인 지도자를 찾아다니며 이런 진보적 시민운동체의 건립이 필요하다는 점을 역설하고 다녔고, 사회운동권 강좌에 초대받을 때마다 어김없이 같은 주장을 하였다"(조희연, 『한국의 민주주의와 사회운동』, 당대 1998, 428~29쪽).

42) 조희연, 「'종합적 시민운동'의 구조적 성격과 그 변화의 전망에 대하여: '참여연대'를 중심으로」, 『당대비평』 1999년 겨울호, 328~29쪽.

43) 하승창, 『하승창의 NGO 이야기』, 역사넷 2001, 79~84쪽.

정체성은 '종합적 권력감시운동', 법을 독재정권의 지배도구에서 시민·노동자·민중의 권리 확장을 위한 투쟁도구로 활용하고자 하는 '법률적 시민운동', 구체적 대안을 가지고 '앞으로부터 끄는' 시민운동이 되고자 하는 '정책(대안)적 시민운동', 친노동운동적인 시민운동, 보수적 시민운동에 대립하는 '진보적 시민운동'이라고 정리된다.[44] 이는 경실련으로부터 시작된 90년대 한국 시민운동의 형식적 특징——예를 들어 종합형 시민운동, 법률의 활용, 정책대안의 제시 등——과 90년대까지 이어지는 '사회운동의 진보성·친노동운동성'이라는 내용적 특징이 결합된 것이라 할 수 있다. 실제로 참여연대는 경험적으로뿐 아니라 많은 연구들을 통해 보다 개혁적·진보적이며, 권력과 갈등관계인 것으로 평가되었다.[45]

이상에서 살펴본 바와 같이, 1989년 경실련의 등장에서부터 1994년 참여연대 출범 직후까지 한국 시민운동에 대한 비판은 다음과 같은 몇 가지 특징을 보인다.

우선, 비판의 주체가 사회운동 내부로 한정된다는 점이다. 민중운동에 대한 시민운동진영(경실련)의 비판, 시민운동에 대한 민중운동진영의 비판, 시민운동·민중운동의 대립적·이분법적 문제설정에 대한 '새로운' 시민운동(진보적 시민운동)의 비판이 각각 제기되었지만 결국 이 모두는 사회운동이라는 하나의 범주로 묶어도 무방할 것이다. 정권이나 언론, 일반시민들의 시민운동에 대한 비판은 거의 없었으며 오히려 이들은 민중운동과의 차별적 대우를 통해 훨씬 더

---

44) 조희연, 앞의 글, 329쪽.
45) 조대엽, 『한국의 시민운동: 저항과 참여의 동학』, 나남 1999; 김구현, 앞의 글, 조희연, 앞의 글.

호의적이고도 수용적인 태도를 보였다.[46] 이런 상황에서 시민운동에 대한 비판은 사회운동 내에서 제기되는 양상이었고, 특히 민중운동 진영으로부터의 비판이 강했다.

비판의 주체가 사회운동 내부에 한정되었던 것만큼, 비판의 내용도 주로 시민운동의 '개량성'(자유주의적 경향)에 초점이 맞추어져 있었다. 이는 경실련이 의도적·적극적으로 시민운동과 민중운동을 그런 측면(예를 들어 '합법적' '평화적' '점진적' 등)에서 구분했기 때문이기도 하지만, 민중운동진영의 비판 역시 시민운동의 개량주의 내지 체제온존적 성격에 집중되었다. '진보적 시민운동'을 내건 참여연대의 등장은 이런 이분법적 구분을 극복하고자 한 것이었지만, 그럼에도 불구하고 '시민운동=합법+온건+중산층+정책대안 제시'라는 규정은 매우 강한 이미지로 고정되게 된다.

그러나 이 시기 이와 같은 시민운동과 민중운동진영의 상호비판, 특히 민중운동진영이 시민운동에 가한 비판은 일반시민에게 거의 알려질 수 없었다. 언론이 이를 주목하지 않았고, 기사화하기도 어려운 내용이었기 때문에 특별히 사회과학이나 사회운동에 관심을 갖지 않는 한 이 논쟁을 알기란 거의 불가능했다.[47]

2) 1997년 김현철 비디오테이프 사건에서 2000년 낙선운동까지

시민운동에 대한 비판이 주로 민중운동진영(또는 좌파진영)으로

---

46) 정수복, 앞의 책, 94쪽.
47) 예를 들어 2001 자유기업원의 박종찬 실장이나 『월간조선』 등에서, 조희연 교수가 소액주주운동을 "민(民)에 의한 자본의 통제"라고 규정했다는 사실이 새롭게 '밝혀진 듯' 서술한 것이 하나의 사례일 것이다.

부터 제기되던 90년대 초·중반까지와 달리, 1997년 무렵부터는 보다 넓은 의미에서의 시민운동 내부로부터, 그리고 이제까지와는 달리 언론으로부터 비판이 제기되기 시작한다. 김영삼정권 시절 시민단체 상근자들의 훈련을 위해 정무장관실의 도움으로 외국 시민단체들에 대한 견학프로그램을 진행한 것에 대한 비판, 경실련이 환경관련 캠페인의 일환으로 치른 콘서트에 대기업이 후원한 것에 대한 비판이 간헐적으로 진행되는 등[48] 시민운동의 도덕성과 정치적 중립성에 대한 비판이 등장하기 시작하던 중, 1997년에 경실련의 이른바 '김현철 비디오테이프 사건'[49]을 계기로 시민운동에 대한 본격적 비판이 일어나기 시작한다.[50] 이 과정에서 지금까지도 가장 일반적인 시민운동 비판담론으로 거론되고 있는 '시민 없는 시민운동' '백화점식 시민운동' '관료화된 시민운동' 등과 같은 비판이 본격적으로 쏟아져 나오게 된 것이다.[51]

당시 『한겨레』는 이를 "경실련식 시민운동의 파산"이라 부르며 김현철 비디오테이프 사건을 단순한 '도덕성'의 문제로서가 아니라 경실련으로 대표되는 한국 시민운동 일반에 대한 문제로 보아 총체적 비판을 제기하였는데, 구체적으로 '민중운동과의 지나친 대립구도 설정' '전문가 중심의 활동' '언론플레이 위주의 사업활동' '백화점식·문어발식 사업확장' '내부 의사결정의 관료화와 비민주화' '부서

---

48) 하승창, 앞의 책, 115쪽.

49) 김현철 비디오테이프 사건이란, 세간에 떠돌던 김영삼 전 대통령의 아들 김현철씨의 국정개입 사건의 증거가 될 비디오테이프가 경실련에 입수되었는데, 입수과정이 정상적인 경로라 할 수 있는 제보나 신고 또는 내부고발 등이 아니라 경실련 관계자의 절도에 의해 이루어졌고, 그럼에도 경실련이 이를 제때 그리고 즉각 공개치 않고 은폐하려 한 의혹이 제기된 사건을 말한다. 자세한 내용은 하승창, 앞의 책 참조.

50) 당시 이 사건에 대한 주요 신문들의 보도는 다음과 같다.

간 조직이기주의' '시민운동을 발판으로 한 정계진출' 등이 문제점으로 거론되었다.[52] 그리고 이러한 일련의 비판들은 '시민 없는 시민운동'이라는 표현으로 총칭되었다. 결국 2000년을 거치면서 시민운동의 초법성, 불법성 등과 같은 비판이 등장하기 전까지 시민운동에 대한 가장 일반적인 비판이란 이런 문제들, 즉 앞선 단계에서의 "시민운동의 이념적 지향, 사회운동 내에서의 의미"와는 다른 주로 조직의

신문명	날짜	기사제목
한겨레	3. 13	테이프에 휘감긴 경실련
세계일보	3. 15	경실련 활동 석연찮다(사설)
대한매일	3. 15	경실련 폭로전의 반윤리성(사설)
중앙일보	3. 18	도덕성 타격받은 경실련(사설)
중앙일보	3. 18	경실련, 벼랑에 선 시민운동의 메카
대한매일	3. 19	'테이프' 훔치고 감추고 조작까지/경실련 도덕성 먹칠 '존폐위기'
국민일보	3. 19	경실련 총장의 통루
대한매일	3. 19	시민운동과 도덕성
중앙일보	3. 19	벼랑에 몰린 시민운동 '기수'/경실련, '현철테이프'로 도덕성 추락
한국일보	3. 19	유재현 총장 '눈물의 사퇴'/경실련 자성 통한 새 탄생 당부
중앙일보	3. 20	김현철 테이프와 정보윤리
대한매일	3. 20	전국시민단체 경실련 질책/운영위 소집
한국일보	3. 24	시민단체의 자기개혁(사설)
한국일보	3. 26	'도덕성 시련' 시민단체협의회 강문규 공동대표
한겨레	3. 28	시민단체 '내부수리중'
한겨레	3. 28	경실련 테이프 파동 이후, 시민운동의 고민
조선일보	3. 31	시민운동 거듭날 때(사설)
한국일보	4. 03	커가는 시민파워/시민단체 발목잡는 '자금난': 회비 총경비의 30% 불과

51) 그러나 '시민 없는 시민운동'이라는 말은 이미 94년 경실련 창립5주년 기념심포지엄에서 처음 거론되었다고 한다. 당시 경실련이 주민과 밀착된 운동보다 정책정당 성격이 강했고 경실련 일부 인사들이 기성 정치권에 편입하면서 자성의 목소리로 나왔던 말을 언론에서 비판적으로 사용하기 시작하였다(『시민의신문』 2001. 5. 28, http://www.demos.or.kr/issue/pre1.html).
52) 『한겨레21』 1997. 4. 3.

운영·활동 방식과 구조 등에 대한 것이었고,[53] 한편으로는 시민운동이 그동안 정부나 기업 등 기존 권력집단에 비해 상대적으로 도덕적으로 우월한 집단이라는 믿음과 기대에 대한 심각한 자성을 요구하는 것이었다.

1997년 이후 본격적으로 제기된 시민운동에 대한 비판들을 좀더 분석적으로 정리해 본다면 다음과 같다.

첫째, '백화점식 시민운동'에 대한 비판이다. 하나의 단체가 너무나 많은 부서와 단위들을 가지면서 비대해졌고, 이로 인해 관료적 질서가 배태되었다는 것이다. 다음으로는, 언론플레이 중심의 활동방식에 대한 비판이다. 시민운동이 자신의 활동을 알리는 방편으로 언론을 활용하는 수준이 아니라 지나치게 언론보도만을 의식해서 사업을 벌이고 활동을 수행한다는 비판이다. 셋째, 재정의 정부의존이다. 회원에 의한 회비자립도가 70%를 넘어서는 조직이 참여연대밖에 없을 정도로 한국 시민단체들의 재정자립도는 매우 낮은 수준이며 이로 인해 정부나 기업에 대한 비판과 감시 기능이 제약받을 가능성이 높다는 것이다.[54] 넷째, 시민운동이 성장하는 과정에서 많은 명망가들이 시민단체 활동을 발판으로 삼아 정부 또는 정치권에 진출함으로써(혹은 진출하려 함으로써) 시민운동의 정치적 중립성이 많이 훼손되고 나아가 경실련의 '김현철 비디오테이프 사건'에서 나타나듯 시민운동(가)의 도덕성이 의심받는 상황에 대한 비판이다.

그리고 이러한 일련의 비판은 '시민 없는 시민운동'으로 요약되었

---

53) 하승창, 앞의 책, 117쪽.
54) 하승창, 「시민운동 10년이 낳은 문제, 시민 없는 시민운동의 극복을 위한 작은 생각」, 연세대학교 동서문제연구원 제1차 동서정책포럼 "시민운동, 이대로 좋은가?", 2000, 22~24쪽.

다.[55] 그밖에도 시민의 자발적 참여가 부족한데다 조직의 규모가 방대해지면서 자연스레 따르는 조직 내부의 의사결정구조의 관료화가 제대로 통제되지 못하고,[56] 시민들의 적극적 참여에 의한 활동방식보다는 언론플레이에 의존하게 되며, 회원들의 회비보다는 정부나 기업 등에 재정을 의존하고, 지역의 풀뿌리민주주의 활성화보다는 중앙에서의 활동, 명망가(전문가)들의 활동이 주를 이룸으로써 조직 보위에만 급급한 '목적전치적' 활동으로 전락하였다는 비판까지 제기되었다.[57] 뿐더러 이러한 상황은 단체의 도덕성에 대한 통제장치 약화로 이어지게 되어 끊임없이 도덕적 문제[58]를 발생시킨다는 비판이 있었다.

이러한 '시민 없는 시민운동'에 대한 비판은 시민운동이 단순히 사회운동 내에서 민중운동과의 경쟁·대립 관계를 넘어서 나름대로 사회적·정치적 영향력을 발휘하는 독자적 존재로 성장했음을 반증하는 것이기도 하다. 제기된 각종 비판들은 결국 "고속성장에 따른 폐해 또는 놓쳐버린 것"에 대한 문제제기였기 때문이다. 따라서 이런 비판들에 대한 시민운동진영의 반응은 대체로 수긍하는 편이었으며, 자성의 계기로 삼으려 했다.

---

55) 김호기, 「한국 시민운동의 반성과 전망」,『경제와사회』제48호, 한울 2000, 18~21쪽.
56) 양현모, 『NGO의 의사결정과정: 경실련과 참여연대 사례』, 한국행정연구원 2000.
57) 김용민·유석춘, 「한국 시민단체의 목적전치: 경실련과 참여연대를 중심으로」, 연세대학교 동서문제연구원 제1차 동서정책포럼 "시민운동, 이대로 좋은가?", 2000.
58) 1997년 경실련의 '김현철 비디오테이프 사건' 이후에도 이른바 시민운동(가)——정확하게 표현한다면 시민운동 지도자급——의 도덕성 문제는 계속 터져나온다. 대표적 사례로는 1999년 1월 경실련 유종성 사무총장의 '기고 대필' 및 '칼럼표절' 사건, 2000년 5월 녹색연합 장원 사무총장의 성추행 사건, 구미총선연대 사무국장 수뢰 사건, 한국부인회 관계자 '소비자만족상' 미끼로 뇌물수뢰 사건, 2000년 7월 최열 환경운동연합 사무총장 표절 논란, 2000년 10월 의료개혁시민연대의 정부로부터 의약분업 홍보비 지원, 2001년 1월 경실련 공기업 후원금 요구 사건 등이 있다.

구체적으로 시민의 참여를 최대한 확대하기 위한 다양한 노력들이 진행되었다. 참여연대의 '소액주주운동'(국민 10주 갖기 운동), 경실련의 예산감시운동, 환경운동연합의 동강댐건설 반대운동 등은 시민참여를 기반으로 한 대표적 시민운동으로 평가되었으며,[59] 참여연대의 다양한 회원모임 활성화와 의사결정구조에의 회원참여 보장노력 또한 긍정적으로 평가받기도 하였다.[60] 그러나 여전히 시민의 참여를 늘리고, 보다 적극적인 시민참여를 기반으로 한 활동이 이루어지는 것이야말로 한국 시민운동이 풀어야 할 주요 과제로 지적되었다.[61]

한편 민중운동진영의 시민운동에 대한 비판은 IMF 경제위기를 거치면서 다시 활발하게 제기되기 시작한다. 주로 참여연대의 '소액주주운동'을 타깃으로 해서 이루어졌는데, 한국 시민운동이 소액주주운동을 비롯하여 신자유주의적 질서재편을 합리화·정당화하면서 대량실업과 정리해고 등 노동자들의 절실한 생존권투쟁을 오히려 방해하고, 나아가 신자유주의의 '하위파트너' 역할을 하고 있다고 비판하였다.[62] 이러한 좌파진영의 비판에 대해 참여연대는 '재벌개혁'을

---

59) 하승창, 앞의 글, 24쪽.

60) 김용민·유석춘, 앞의 글; 양현모, 앞의 책.

61) 조희연, 앞의 글, 341∼42쪽; 하승창, 앞의 글, 25쪽. 1999년 참여사회연구소 주최 참여연대 창립 5주년기념 심포지엄 "한국시민운동, 21세기 대안을 찾아"에 토론자로 참가했던 대다수의 토론자들(박재율 부산참여자치시민연대 사무처장, 유종성 전 경실련 사무총장, 지은희 한국여성단체연합 대표 등)은 지난 10년의 시민운동을 되돌아볼 때, 시민운동의 가장 핵심적인 문제는 '시민 없는 시민운동'이라는 공통의 의견을 피력하였다.

62) 김세균, 「노동운동의 탈계급화, 탈정치화를 위한 최근의 시도들에 대한 비판」, 노동이론정책연구소, 『현장에서 미래를』 제37호, 1998; 김성구, 「과대포장된 소액주주운동」, 『한겨레21』 제255호, 1999; 김성구, 「진보적 경제민주화운동으로 가야」, 『한겨레21』 제258호, 1999; 정종권, 「시민운동에 대한 비판적 평가」, 『경제와사회』 제45호, 2000; 채만수, 「김대중정권의 재벌개혁정책에 대해서」, 노동이론정책연구소, 『현장에서 미래를』 제48호, 1999.

위한 수단으로서의 소액주주운동의 목표와 가치가 제대로 이해되지
못한 채 이루어지는 왜곡된 비판이라는 입장을 취하였다.[63] 소액주
주운동이라는 동일한 운동에 대한 이와 같은 상이한 관점과 비판은,
우리 사회의 민중운동과 시민운동의 거리가 여전히 멀다는 사실을
보여주는 것으로 볼 수 있다.[64]

또한 2000년 총선시민연대의 낙천·낙선운동이 진행되는 과정에
서도 또다시 민중운동진영, 특히 진보정당운동으로부터의 비판이 제
기된다. 낙선운동이 진보정당운동과 대립적인 것이 아니라 정치개혁
운동의 양날개가 될 수 있다는 주장[65]에 대해, 시민운동이 시민사회
를 제도정치의 지배메커니즘이 관철되는 공간이 아니라 비제도정치
를 대표하는 공간으로 설정하여 '공공선' '중립적·국민적' 성격을
과도하게 특권화함으로써, 결과적으로 총선연대의 활동은 지배구조
의 재생산에 기여한다는 비판이 가해진 것이다.[66]

1997년 경실련의 '김현철 비디오테이프 사건'을 계기로 다시 불붙
은 시민운동에 대한 비판은 앞선 시기의 비판들과 비교해 볼 때 다음
두 가지 특징을 지닌다고 할 수 있다.

우선, 앞선 시기의 시민운동에 대한 비판이 주로 시민운동의 '개량
적' 성격에 대한 민중운동진영의 비판이었다면, 소액주주운동이나 낙
선운동을 계기로 그보다는 '시민운동의 현실적 성장'을 배경으로 이
루어지는 시민운동 스스로의 '자성'을 요구하는 식의 비판이 훨씬 더

---

63) 조희연, 앞의 글; 김주영, 「소액주주운동 과대포장에 대한 반론」, 『한겨레21』 제257
　　호, 1999.
64) 김호기, 앞의 글, 22쪽.
65) 조희연, 「낙선운동: 진보정당운동은 정치개혁운동 양날개」, 『진보정치』 제2호, 2000.
66) 장석준, 「조희연교수의 양날개론을 비판한다」, 『진보정치』 제3호, 2000.

많아졌다는 사실이다. 즉 '시민 없는 시민운동'론으로 요약되는 한국 시민운동 비판담론이 구축되기 시작한 것이다. 이는 주로 시민운동, 구체적으로는 시민단체의 조직·운영 그리고 도덕성 등 시민운동 '내부'의 문제가 비판의 초점이 되기 시작했음을 의미한다. 다시 말해 시민운동에 대한 비판의 대상이 확대·심화되기 시작한 것이다.

다음으로, 시민운동에 대한 비판의 주체가 확대된 점이다. 그동안 민중운동과 대비해 시민운동에 주로 호의적인 반응을 보여왔던 언론이 시민운동에 대해 비판하기 시작했고, 시민운동 내부에서도 그동안의 성장과정과 그 결과에 대해 비판적으로 검토하는 작업이 늘어났다. 특히 언론이 비판의 주체로 직접 등장하는 경우가 이전과 비교했을 때 확연히 늘어나고 있음은 주목할 만하다. 언론은 기사나 사설을 통해 시민운동에 대해 직접적으로 문제를 제기하고 반성을 촉구하였고, 무엇보다 '시민 없는 시민운동'으로 요약되는 한국 시민운동에 대한 비판의 전형을 확산시키는 역할을 수행하였다. 그러나 이 시기 언론의 시민운동에 대한 비판은 주로 시민운동의 이념성 문제보다는 도덕성이나 '시민참여'를 기반으로 한 운동의 필요성 등에 초점이 맞춰졌다는 점에서, 또한 외부필자의 칼럼이나 기고를 통한 시민운동 비판은 거의 없이 언론이 스스로 기사나 기획취재·사설 형식을 주로 사용하고 있다는 점에서 이전 시기는 물론, 앞서 살펴본 2000년 이후의 보도태도와도 일정한 차이를 보이고 있다.

3) 시민운동의 상징적 정체성과 사회적 관계 형성: 상식의 복원과 구성

이상에서 살펴본 바와 같이, 지난 10여년 동안 한국 시민운동에 대한 비판은 내용적으로 개량적·자유주의적 시민운동, 시민 없는 시민운동이라는 두 가지 전형이 자리잡게 되었고,[67] 비판의 주체적 측면에서는 사회운동 내부에서의 논쟁이나 자성적 형식 이외에 점차 언론이라는 운동 외부의 주체가 개입하는 양상으로 확대되었다. 시민운동의 등장단계에서는 사회운동 내부에서 민중운동과의 '경계'를 둘러싸고 치열한 논쟁이 전개되었다면, 1990년대 중·후반을 거치면서 시민운동은 경계의 확장과 함께 심화에 대한 내·외적 요구에 직면하게 된다.

비록 군부독재에서 민간정부로의 이양은 이루어졌지만 여전히 계속되는 제도정치의 부패와 무능, 재벌의 무책임하고 불투명한 경영 그리고 IMF 경제위기라는 사회적 조건 아래서 한국 시민운동은, 최소한 '상식이 통하는 사회'를 기대하는 민중들의 지지를 받으며 급격히 성장할 수 있었다. 사회의 공기(公器)임을 자임하는 언론과 지식인들은 시민운동의 이러한 측면에 호응하였고, 급진적이고 전투적인 요구와 활동을 전개하는 민중운동보다는 상대적으로 온건한 시민운동에 지지를 보냈다. 이 과정에서 시민운동에 대한 일종의 '대중의 상식'이 구성되었다. 즉 시민운동은 정치권이나 재벌, 관료 그리고 민중운동과도 다른 '새로운' 사회세력으로 받아들여졌던 것이다.

---

67) 김호기, 앞의 글.

시민운동의 활동 역시 이러한 상식적 요구——말하자면 일반민주주의적 과제——를 실현시키는 것에 집중되었다. 시민운동은 부패하고 무능한 정치권과 의도적으로 구별짓기 위해 '비정당·비정치'를 전면에 내세웠고, 불법과 탈법·비합리의 현실과 구분되는 '합법적·합리적 활동과 요구'를 강조했다. 이는 사회에 대한 대중의 '상식을 복원'하는 과정인 동시에 시민운동에 대한 대중의 '상식을 구성'하는 결과를 가져다주었다. 시민운동의 법적·정치적 경계가 뚜렷해졌고, 이는 매우 상징적인 형태로 시민운동에 대한 '정체성'을 형성하게 된다. 한마디로 시민운동이란 '당연히' 비정치적이고 비정당적이며 합리적이고 합법적인 방식으로 온건하게 운동하는 정책대안 능력을 갖춘 운동이 되어야 했다. 마치 태초부터 시민운동에 대한 정의가 내려져 있었던 것처럼….

제도정치권이나 재벌과 같은 기득권집단의 입장에서도 시민운동이 일정한 법적·정치적 경계를 넘지 않는 이상, 민주화와 합리화의 역사적 흐름 속에서 이들을 직접적으로 부정하거나 탄압할 필요는 없었다. 시민운동의 주장과 요구를 선택적으로 수용할 수만 있다면, 그들에 대한 대중의 지지를 간접적으로 획득할 수 있는 구조이기 때문이다. 또한 보수언론이나 지식인들 역시 시민운동을 '활용하여' 과거의 관변적 색깔을 숨기고, 그들과 더불어 '시민사회의 자율성과 독립성'을 향유할 수 있었다.[68] 특히 그 스스로가 '공공성과 공익성'을

---

68) 1999년 당시 이미 한 현직언론인은 한국의 보수언론이 NGO를 활용하여 자신의 '이미지 메이킹'을 하고 있으며, 바로 이러한 이유 때문에 시민운동과 언론 사이에 언제까지나 '악어와 악어새' 같은 공생관계가 유지되지는 않을 것이라고 전망한 바 있다(이제훈, 「NGO를 활용한 언론의 '이미지 메이킹'과 갈림길에 선 한국의 NGO운동」, 언론개혁시민연대의 현업언론인과 NGO관계자 워크숍 "NGO와 언론의 발전적 관계모색", 1999).

자임함으로써 정치적·사회적 영향력을 행사할 수 있는 언론으로서
는, 시민운동의 성장이 자신의 정당성을 지지해 줄 수 있는 것이기도
하였다. 이런 '자임한 권력'이 유지될 수 있는 것은 상대세력——특히
위임된 권력을 기반으로 하는 제도정치권——의 부정적 측면이 강조
될수록 유리하다. '부패하고 무능한 정치권'의 존재는 언론이나 지식
인 그리고 시민운동 모두에게 있어서 정당화의 기제가 되기에 충분
했다. 시민운동이 "도덕적이면서도 비(정당)정치적이고 합리적 대
안제시 능력을 갖춰야" 한다는 것은 비단 시민운동뿐만 아니라 언론
과 전문가·지식인 집단 모두에게 하나의 '전제'가 되었다. 그렇기
때문에 더욱더 시민운동의 법적·정치적 경계는 뚜렷해야 했고, 경
계를 넘어서지 않으면서 정당성과 영향력을 확보할 수 있기 위해 '도
덕성'이나 '시민 있는 시민운동'과 같은 시민운동의 심화가 핵심적 과
제로 요구되었던 것이다.

　이와 같은 과정은 시민운동의 사회적 관계를 형성하였다. 제도정
치권(정치권력)과 시민운동은 '갈등적 공존관계'를 형성하였고, 재
벌(시장권력)은 급진적 요구가 제기되지 않는 이유로 인해 '제한적
갈등관계'를 유지할 수 있었다. 시민사회의 또 다른 핵심 구성집단인
언론과 전문가·지식인 들은 시민운동과 '협조적 지원관계'를 유지
함으로써 자신의 정당성과 영향력을 배가해 나가고자 하였다. 또한
시민운동진영은 민중운동진영과 사회운동의 헤게모니를 둘러싸고
경쟁관계였으나 전체적으로는 일정한 협력관계를 유지함으로써 정
치·경제·사회 전반에서 사회운동의 영향력을 증대시켰고, 시민운
동 내부에서도 '협력적 경쟁관계'의 틀을 훼손하지 않은 채 동시성장
을 시도하였다. 이는 앞에서도 언급한 바와 같이, 사회에 대한 대중

의 상식을 복원하는 과정인 동시에 시민운동에 대한 대중의 상식을 구성하는 과정이기도 하였다.

그러나 대중의 상식은 결코 단일한 구성물이 아니라 매우 복잡하고 이질적이며 유동적이다. 시민운동의 일부 주체들이나 기득권집단의 집요한 '경계짓기' 시도만으로 통제할 수 없는 현실의 역동성이 존재하기 때문이다. 시민운동의 '상징적 정체성'과 그를 지탱하는 '사회적 관계'로는 포괄할 수 없는 대중적 욕구가 실존하고 있다. 다만 그러한 대중적 욕구가 일상적으로 표현되지는 않기 때문에 특정한 국면과 맞물리면서 그것은 전혀 새로운, 기존의 것을 뛰어넘는 방식으로 표출되는 것이다.[69] 사회운동 역시 대중의 상식이나 반대세력의 예상을 뛰어넘는 방향과 속도로 자신의 경계를 확장시키려 하고, 이 과정에서 이를 둘러싼 긴장과 갈등이 발생하게 된다. 2000년 낙천·낙선운동과 의약분업, 2001년의 언론사 세무조사, 소액주주운동에 의한 경영진의 배상판결 등 몇 가지 중요한 정치적·사회적 사건을 계기로 기존의 사회적 관계에 균열이 생겨났고, 시민운동의 법적·정치적 경계를 둘러싼 치열한 헤게모니 투쟁이 전개되었던 것이다. 결국 2001년 신문에 나타난 한국 시민운동에 대한 새롭고도 격렬한 비판은 이러한 갈등과 사회적 관계의 균열을 반영한 것에 다름 아니라 할 수 있다.

---

69) 예를 들어 총선연대의 낙천·낙선운동에 대한 대중들의 뜨거운 지지와 놀라운 성과는 운동주체들조차도 처음부터 예상할 수 없었던 것이었으며, 2002년 대선과정에서 '노사모'와 '촛불시위'의 열정은 더욱 놀라운 것이었다.

4. 한국 시민운동의 사회적 관계변화와 새로운 경계를 둘러싼 헤게모니 투쟁

1) 한국 시민운동의 사회적 관계변화

(1) 시민운동과 제도정치(권)의 갈등적 공존관계의 균열

우선 2000년 총선시민연대의 낙천·낙선운동을 통해 한국 시민운동은 '초법적 권력화'라는 비판에 직면하게 되었다. 표면적으로는 그것이 '선거법 위반'이라는 불법적 운동이었기 때문에 초법적 권력화라는 비판까지 제기된 것이지만, 그 이면에는 시민운동이 '정치(권)'의 문제를 정면으로 다루었고 그것이 실질적인 위협을 불러일으켰다는 점에서 그 원인을 찾을 수 있다.

한국 시민운동의 급성장, 특히 '종합형 시민운동'의 급성장은 한국 정치의 파행적 성격에 기인한 바 크다는 것이 일반적인 분석이다. '대의의 대행'[70]이라는, 제도정치와 운동정치의 '갈등적 공존'관계는 시민운동 성장의 중요한 요인이었다. 그러나 이는 제도정치에 대한 운동정치——특히 시민운동——의 비위협성에서 비롯된 바라고 봐야 할 것이다. 따라서 2000년의 낙천·낙선운동은 기존 정치집단의 '인적 교체'라고 하는 가시적 성과를 이끌어냄으로써, 제도정치와 운동정치 간의 일종의 영역구분에 균열이 생긴 것이라 볼 수 있다. 또한 2002년 지방선거를 앞두고 일부 시민단체의 후보전술이 공론화·공개화되면서 이런 흐름에 대해 '시민운동에 대한 배신'이라거나 '시민

---

70) 조희연, 「'종합적 시민운동'의 구조적 성격과 그 변화의 전망에 대하여: '참여연대'를 중심으로」.

단체의 정치참여는 삼가야 한다'는 비판이 제기되기도 하였다. 이미 과거에도 시민운동진영의 선거참여(특히 지방자치단체)는 있어왔음에도 불구하고 이같은 비판이 더욱 강력하게 제기된 것은, 결국 정치권과 시민운동진영의 세력관계에 적지 않은 변화가 생겼음을 보여주는 것이다.

운동정치는 제도정치와의 구별짓기를 통해 성장하였지만, 그것이 제도정치의 독점적 카르텔을 인정하는 것일 수는 없다. 총선시민연대의 낙천·낙선운동이란 제도정치의 독점적 카르텔구조의 일부——인적 측면——만 위협한 것이었음에도 불구하고 제도정치(권)는 이에 대해 극도로 민감하게 반응하였다. 결국 이러한 균열은 "시민운동은 비정치적이며 비정당적이어야 한다. 정치참여는 불가하다"라는 방식으로 시민운동의 경계를 다시 한번 명확히 하는 방식으로 회귀·봉합시키고자 하는 세력과, 균열 그 자체를 새로운 현실로 받아들이면서 제도정치와 운동정치의 새로운 관계를 설정하려는 세력의 힘겨루기를 필연적으로 만들어내고 있다.[71]

(2) 시민운동과 시장권력의 제한적 갈등관계의 균열

한편 시민운동에 대해 반시장적·이념적 급진성을 이유로 비판이 가해지는 것은 훨씬 더 흥미로운 현상이라 할 수 있다. 이러한 비판들은 결국 참여연대의 '소액주주운동'을 겨냥한 것이었고, 소액주주

---

71) 하지만 제도정치권으로부터의 이러한 반발이 근본적 관계변화(관계의 단절)로 쉽게 이어지지는 않을 것이다. 우선 시민운동의 정치참여 그리고 정치세력화, 진보정당과의 관계설정 문제가 결코 쉬운 행보는 아닐 것이기 때문이다. 또한 현실적으로 법과 제도의 개혁을 중요한 운동목표로 설정하고 있는 시민운동이 제도정치와의 관계단절을 '주도적으로' 시도하기는 어렵기 때문이다.

운동이란 민중운동진영으로부터 끊임없이 '신자유주의적 첨병' '신자유주의 하위파트너'라는 등의 비판을 받고 있는 것이기 때문이다.

그렇다면 왜 2001년 들어서 갑작스레 전경련을 포함한 5대 경제단체와 자유기업원, 『월간조선』 등이 총동원되어 시민운동의 '반시장적 급진성'을 문제삼은 것일까? 우선 그것은 그동안의 소액주주운동이 주장해 온 소액주주의 권리확보, 경영진의 경영책임, 기업지배구조 개선 등의 내용들이 '재벌총수 및 그의 2세·3세'라는 한국 재벌구조의 핵심(또는 성역 聖域)에 근접해 왔기 때문이라고 볼 수 있다. 총수 1인지배구조 유지와 부의 세습이라는 절대적 과업이, 시민단체가 제기한 일련의 소송과 고발 그리고 대중운동 등을 통해 그들의 '예상'을 넘어서는 수준으로까지 확대되었기 때문이다. '총수의 자유=(재벌)기업의 자유=시장의 자유'라는 도식이 위협을 받자, 그 전면에 시장을 내세우며 '반시장적'이라는 비판을 제기한 것이다.

IMF 경제위기로 인해 확산된 재벌책임론은 재벌들에게 자의반 타의반의 변화를 강요하였다. 그에 따라 국제기준에 걸맞은 일정 수준의 투명성과 책임성의 확보는 재벌들의 생존전략으로 채택되지 않을 수 없었다. 이런 맥락에서 볼 때, 소액주주운동은 재벌들의 변화와 정면으로 배치되는 것은 아니었다. 소액주주운동으로 대표되는 시민운동의 재벌개혁 요구는 경영의 투명성과 책임성 확보 차원에서 '포섭'(또는 수용) 가능한 수준으로 해석되었고, 바로 이러한 측면으로 인해 소액주주운동은 오히려 '신자유주의의 첨병·하위파트너'라는 비판까지 받을 수 있었던 것이다.

그러나 재벌들의 변화는 '1인총수 지배구조'의 변화로까지 이어지지 않았고, 재벌 스스로도 그것을 일종의 마지노선으로 지켜내려 하였다. 비록 몇몇 재벌들의 회장이 구속되거나 해외로 도피하는 사태가 발생하긴 했으나, 결과적으로 대부분의 재벌총수들은 여전히 건재를 과시하고 있다. 정부주도의 재벌개혁이 거의 아무런 성과를 거두지 못한 것에 비해, 별것 아닌 것으로 여겨졌던 시민운동 차원의 소액주주운동이 오히려 더욱 직접적인 인적 책임문제를 총수(개인 또는 일가)에게까지 치고 들어갔던 것이다.[72]

전경련과 자유기업원 등이 참여연대의 소액주주운동에 대해 '법의 경계, 경영의 경계'를 넘어선 운동 그리고 '변질된 정치적 시민운동'으로 비판한 것은 바로 이러한 맥락에서 이해되어야 할 것이다. 재계가 시민운동에 대해 '반시장적 급진성'이라는 비판을 가하는 것은, IMF 경제위기 이후 '잠시' 약화되었던 시장·기업활동·재벌·재벌총수의 국가로부터의 자율성을 다시 한번 강화하려는 시도에 다름 아니다. 기업경영의 투명성과 책임성 확보라는 사회적 요구를 일정 정도 수용할지라도, 그것이 시민운동이나 정부의 주도권하에서가 아니라 자신들의 주도로 이루어질 수 있도록 확실히 재역전시키고자 하는 것이다.

(3) 시민운동 내부의 협력적 경쟁관계의 균열

2001년의 경우, 한국 시민운동에 대한 외부의 비판이 증가·강화되었다는 점 말고도 또 주목하지 않을 수 없는 것은 시민운동진영 내부의 분화와 갈등이 더욱 분명해졌다는 사실이다. 시민운동이란

---

72) 2001년 4월의 삼성재벌 3세 이재용에 대한 증여세 과세(삼성SDS 신주인수권부사채) 그리고 2001년 12월의 삼성전자 이사진 및 이건희 회장에 대한 거액의 배상판결 등은 그 대표적 사례라고 할 것이다.

과연 무엇이며 무엇을 어떻게 해야 하는 것인가라는 운동의 정체성을 둘러싼 시민운동 내부의 입장차이가 뚜렷해졌다. 낙선운동을 계기로 빚어진 시민운동의 '법적 경계'에 대한 참여연대와 경실련의 입장대립, 지방자치단체선거 참여방식을 둘러싸고 환경운동연합과 경실련의 입장대립(시민운동의 정치적 경계), 재벌개혁을 위한 운동수준과 방식에 대한 참여연대와 '바른사회를 위한 시민회의'의 입장대립(시민운동의 시장적 경계) 등이 공개적·공식적으로 표출되었다고 할 수 있다. 이미 시민운동진영의 동시성장 국면에서 '이념적 평준화'가 가속화되었다는 견해도 제시되고 있으나,[73] 오히려 2000년 이후의 상황은 시민운동 내부의 분화와 갈등[74]이 더욱 가속화되고 있는 것으로 보아야 정확할 것이다.[75]

시민운동 내부의 뚜렷한 분화현상은 현상적으로 정권에 대한 태도, 정치에 대한 태도, 기업(또는 시장)에 대한 태도에서 드러난다. 보수적 시민단체들은 자신들의 활동형태를 '비정당'적으로 유지하며 현정권에 대한 분명한 반대입장과 시장의 자율성을 주장한다. 이런

---

73) 조대엽, 「시민운동의 시장적 팽창과 '운동성'의 쇠퇴: 주요 시민운동단체의 현황과 과제」, 『Smog』 제1호, 나남 2001.

74) 1994년 참여연대가 출범하던 당시 '진보적 시민운동'과 '보수적 시민운동'을 구분하였으나 그것은 '치고 나오던 쪽'의 주장 혹은 선언적 성격이 강하였다. 하지만 2000년 낙천·낙선운동에 대한 입장차이――경실련은 총선시민연대에 참여하지 않았을 뿐 아니라, 총선시민연대 활동 자체에 대해서 계속적으로 비판적 입장을 개진한 바 있다――에서 시작된 시민운동 내부의 논쟁은 이제 과거 보수적 시민운동으로 규정 '되었던' 단체가 적극적으로 '진보적 시민단체'와 '합리적 보수'세력을 구분하는 양상으로 전환되었다. 그리고 대단히 넓은 스펙트럼이라고 할 수 있는 '시민단체연대회의'에조차 포괄되지 않는 더욱 보수적인 성격의 단체들――예를 들어 자유시민연대, 민주참여네티즌연대, 바른사회를 위한 시민회의――이 적극적이고 공격적으로 활동범위를 넓혀간 것도 주목할 만한 지점이다.

75) 김정훈, 「2002년 시민운동의 과제와 전망」, (사)참여사회연구소 제25회 정책포럼 "시민운동의 현재: 2001년 평가/2002년 과제와 전망", 2002.

이유에서 지방선거에 직접 후보를 내거나 언론사 세무조사 지지, 의약분업 주장, 소액주주운동을 통한 기업책임 강화 등에 대해 '시민운동에 대한 배신' '정권의 홍위병' 등과 같은 거친 비난을 제기하는 것이다. 결국 정부정책이나 정치권의 부패와 무능에 대한 비판에 있어서는 '약한 연대'가 여전히 지속되고 있지만, 그외 부분에 대해서는 뚜렷한 차이와 균열, 분화를 보이게 된다.

(4) 시민운동과 사회권력의 협조적 지원관계의 균열

시민운동의 '초법적 권력화' 문제는 낙천·낙선운동뿐만 아니라 2000년의 의약분업과 2001년 언론사 세무조사 과정에서도 제기되었다. 시민운동이 한편으로는 정권(또는 정부)의 '홍위병' 노릇을 하면서 동시에 정부를 특정한 방향으로 몰아붙였다는 것이다.[76] 시민운동을 비판하는 입장에서는 이 두 사건이 시민운동과 정부·정권의 관계(정권의 홍위병)를 잘 드러내주는 사례로 동시에 활용되지만, 오히려 시민운동과 시민사회 나아가 사회권력(시민사회 내의 권력집단)과의 관계를 해석하는 사례로 사용되어야 할 것이다.

그동안 한국에서 시민운동은 국가나 시장과 구별되는 '시민사회'의 공익성을 기반으로 하는 운동이라고 설명되곤 하였다. 하지만 이런 규정 자체가 좀더 넓은 시각에서 봤을 때 훨씬 자의적이고 '새로운' 것이었다. 헤겔과 마르크스, 그람시 등 서구의 이론적 맥락에서

---

76) 물론 의약분업과 언론사 세무조사 문제에 있어서 정권(또는 정부)과 시민운동진영의 관계는 약간 다르다. 전자의 경우에는 정부의 정책 자체가 시민운동진영의 무모한 주장에 이끌려갔다는 비판이 많이 제기되었던 반면, 후자의 경우에는 거꾸로 정권의 정치적 목표달성을 위한 정책집행에 시민운동진영이 '동원'되었다는 비난이 더욱 강하였기 때문이다.

본다면, 훨씬 일찍부터 시민사회와 시민은 '이해관계의 대립과 충돌'
이라는 차원에서 정의되었기 때문이다. 이처럼 시민운동이 존재하고
있는 시민사회라는 영역 자체가 갈등적 이해관계를 포함하고 있는
것이라면, 시민운동과 사회권력(특히 언론권력과 지식권력)의 갈등
은 그 자체로 '정상적'인 것이다. 그러나 한국에서 그 정상화 과정은,
2000년 의약분업과 2001년 언론사 세무조사 사건처럼 매우 적대적이
고 격렬하게 표출되었다는 점에 주목해야 할 것이다.

　이들간의 관계변화는 다른 관계의 균열까지를 흡수하면서 시민운
동의 사회적 관계변화의 적대적 양상을 더욱 증폭시키는 결과를 가
져오고 있기 때문이다. 흔히 '조·중·동'으로 대표되는 보수언론들
은 시민운동에 대한 비판적 담론을 확대재생산하는 데 있어서 결정
적 역할을 수행하였으며, 이는 언론을 통한 여론형성이라는 한국 시
민운동의 중요한 성장전략에 부정적 영향을 끼쳤다. 언론이 그 자체
로 결코 중립적이거나 객관적일 수 없다는 당연한 사실의 확인과정
은 시민운동이 자신의 주장을 언론을 통해 전달함에 있어 소극적이
도록 만들고 있다.[77] 시민운동진영의 이러한 태도변화는 결과적으로
보수언론(특히 신문)에 시민운동에 대한 부정적이고 비판적인 기사
나 주장이 주로 실리게 되는 상황을 만들게 되었다. 동시에 보수언론
들 역시 자신의 지면에 글을 쓸 집필진이 상대적으로 축소되면서 신
문들의 '색깔'이 더욱 뚜렷해지는 결과를 맞게 된다.[78]

---

77) 예를 들어 많은 시민단체들이 적극적으로 '안티조선'운동 등에 동참하지는 않더라도
　　과거와 같이 자연스럽게 『조선일보』에 단체명의로 기고를 하는 것이 매우 어렵게
　　되었고, 실제로 거의 하지 않고 있다. 또한 '공동기획' 등의 보다 적극적인 협조방식
　　역시 거의 활용되고 있지 않음을 확인할 수 있다.
78) 이는 자신들이 의도한 바이기도 할 것이지만, 관계의 변화에 따른 의도치 않은 결과
　　적 측면도 공존한다고 할 수 있다.

2001년 신문분석을 통해 확인할 수 있듯이, 언론(권력)과 전문가·지식인 집단(지식권력)은 '국가로부터의 자율성'에 대해 시민운동이 더 적극적일 것을 요구하고 있으며, 이는 상당 부분 '자기이해관계적' 태도에서 비롯되고 있다. 그러나 그것은 동시에 시민사회의 '시장으로부터의 자율성'과 그를 기반으로 한 공익성·공공성에 대해선 매우 소극적 양상으로 전개된다. 오히려 '자유시장경제'를 전면에 내세우며 국가개입을 최소화하는 시장의 자율성, 기업의 자율성에 대해서 더욱 적극적인 지지를 보내고 있다. 이는 언론권력과 지식권력이라는 핵심적 사회권력이 자기 권력의 정당성을 담보해 주는 공익성과 공공성으로부터 급격히 이탈하고 오히려 사적 이윤의 추구라고 하는 시장권력의 속성에 친화성을 높이고 있음을 보여주는 것이다. 다만 이들은 자신들의 '시장권력과의 친화성'을 직접적으로 표출하기보다 비정치권력(또는 반정치권력)이라고 하는 네거티브(negative)한 방식으로 드러내기 때문에 시민운동과 제도정치의 관계 문제에 대해서도 매우 민감하게 반응하는 것이다.[79]

이처럼 한국 시민운동이 지난 10여년 동안 구축해 온 사회적 관계는 몇 가지 중요한 정치적·사회적 사건들을 계기로 전체적으로 균열을 맞고 있다. 특히 이 과정에서 언론과 전문가·지식인 집단이 스스로의 이해관계와 직결된 정치적 사건들을 계기로 시민운동에 대한 기존의 우호적 입장을 수정함으로써, 다른 어느 시기보다 거칠게 시민운동에 대한 비판담론을 확산시키고 있다. 언론이나 전문가·지식인

---

79) 그러나 분명히 한국의 보수언론과 전문가·지식인 집단은 특정 정당에 대한 호불호(好不好)를 표현하고 있다. 이들 또한 결코 '정치적 중립성'을 지키고 있다고 말할 수 없는 것이다.

집단이 자신을 '중립적이고 객관적'인 것으로 자임할 수 있었던 시기에는, 이들에 의한 시민운동에 대한 비판이 주로 도덕성이나 조직운영원리 등에 집중되었다.

그러나 자신들의 '사적' 이해관계가 국가나 시민사회의 다른 영역(시민운동)으로부터 위협을 받자 이들은 매우 거칠고 공격적인 방식으로 자신의 영역을 보호하려 하면서 시민운동의 법적·정치적 경계를 문제삼기 시작했다. 이는 시민운동에 대한 기존의 상식 가운데 일부——"시민운동은 비정치적이어야 하며 합법적이어야 한다"——를 적극적으로 강조함으로써 그 상식으로부터 위배되는 경계의 확장을 저지하려는 것으로 보인다. 실제로 언론사 세무조사나 의약분업 등을 거치면서 언론이나 전문가·지식인 집단의 공익성과 공공성은 심각하게 훼손되기 시작했고, 다른 어떠한 집단보다 더욱더 사적 이해관계에 철저한 집단임이 확연해졌다. 이들은 더 이상 사회적 공기(公器)임을 자임할 수 없게 되었고, 시민운동에 대한 일방적인 도덕적 비판도 설득력을 잃게 되었다. 결국 보수적 정치권력과 보수적 언론권력 그리고 보수적 지식권력의 결합이 더욱 강화되고 이들의 사적 이해관계는 시장권력의 원래부터의 사적 성격과 일치하면서 강고한 블록을 형성하는 양상을 보이고 있다. 그러나 이들 언론권력과 지식권력은 '공공성'을 완전히 자기로부터 분리시킬 수 없는 본래적 속성을 가지고 있기 때문에, 자신들과는 다른 공공성을 요구하는 시민운동세력과 더욱 격렬히 대립하는 듯한 모습을 보여주고 있는 것이다.

2) 시민운동의 새로운 경계를 둘러싼 헤게모니 투쟁: 상식의 재구
성과 확장

그렇다면 이런 사회적 관계의 변화 그리고 그 결과로서 제기되는
시민운동에 대한 비판들이 한국 시민운동의 현재와 미래에 어떤 영
향을 끼칠 것이며, 또 어떤 의미를 지니는 것일까? 물론 시민운동에
대한 외부의 비판이 사실을 왜곡하고 진실을 호도하는 것이라면 그
것 자체가 하나의 싸움이 될 수밖에 없다.[80] 그러나 이를 단순히 법
적 쟁송이나 언론비평의 대상으로만 바라본다면 시민운동의 현재적
조건변화를 정확히 읽어내지 못하게 된다. 이미 한국 시민운동은 자
신에게 유리한 사회적 조건(예를 들어 언론의 호의적 보도나 전문가
집단의 직·간접적인 지지와 참여 등)이 상당 부분 변화하였고, '시
민단체=공익의 대변'이라는 상징 또한 크게 훼손당한 상황이기 때문
이다. 시민단체(지도자)의 도덕성[81]이나 '시민 없는 시민운동' 등이

---

80) 예를 들어 참여연대는 지난 2001년 자유기업원 민병균 원장을 상대로 소송을 제기
　　하여 현재까지도 진행되고 있다.
81) 시민운동에 대한 주요한 비판 가운데 하나가 '도덕성' 문제였다는 점은 여전히 중요
　　한 분석의 대상이다. 시민단체나 시민단체의 지도자들에 대해 지속적으로 '도덕적일
　　것'을 요구하는 것은 그들이 '비도덕적'이기 때문이 아니라 이들이라도 '도덕적이길'
　　바라기 때문이다. 이는 곧 '인격적 도덕성'으로 표상된 시민사회의 '공익성이자 공공
　　성'인 것이다. 즉 이 단계까지는 도덕적인 것만으로도 공익적이고 공공적인 것으로
　　받아들여질 수 있었다고 볼 수 있다. 그러나 2001년 이후의 상황은 이러한 인격적
　　도덕성으로 시민운동의 공익성과 공공성이 담보될 수 없음을 보여준다. 보수언론은
　　더 이상 한국 시민운동이 도덕성을 이유로 공익성을 담보하거나 독점하는 것을 원
　　하지 않는다. 왜냐하면 언론의 공익성이 '부패하고 무능한 정치권'과 구분되는 '공기
　　(公器)로서의 도덕성'에 의해 일정하게 보장되었으나 언론사 세무조사를 거치면서
　　언론의 인격적 도덕성은 파탄을 맞았기 때문이다. 결국 이들은 '도덕성'의 잣대로 사
　　회를 가르기보다 '(이념적) 정체성'의 문제로 구분짓는 것이 훨씬 더 유리하다고 판
　　단한 것이다. 도덕성을 잣대로 한 시민운동에 대한 언론의 훈계는 더 이상 정당한
　　효과를 발휘할 수 없기 때문이다. 2001년 한국 시민운동 비판에서 도덕성 문제가 그

문제가 될 때에는 자기정화와 자기반성의 방식으로 해결하는 것이 더욱 중요했겠지만, 시민운동의 법적·정치적 경계가 문제의 핵심으로 자리잡게 된다면 결국 그것은 '사회적 관계의 재설정'이라는 보다 근본적 방식으로 풀지 않을 수 없는 것이다. 그리고 이는 비단 시민운동의 위기만이 아니라 자신의 경계를 더욱 확장시킬 수 있는 기회일 수도 있다.

1987년 이후 한국의 민주화는 국가로부터의 자율성과 독립성을 확보하고, 나아가 그 정치적·사회적 영향력을 더욱 확대시키기 위한 시장과 시민사회 양자의 동시적 운동이었다. 이는 국가에 의해 폭력적으로 독점되었던 물질적·이데올로기적 '공공성'(이른바 공권력)이 약화되는 과정이었다. 90년대 이후 거칠 것 없이 전개되던 재벌(총수)들의 사회적 발언력과 지배력의 확대는, IMF 경제위기를 계기로 일순 위축되는 양상을 보였고 시장에 대한 국가의 개입이 다시금 정당화되었다. 반면 시민사회는 오히려 IMF 경제위기를 거치면서 더욱더 급속하게 확대와 확장을 거듭하였고, 국가는 물론 시장에 대해서조차 견제와 감시 그리고 사회적 통제의 강화를 시도하게 되었다. 시민사회는 국가권력과 시장권력의 폭력성과 비도덕성에 대비되는 공익적이고 공공적인 공간 그리고 주체인 것처럼 간주되었고, 이것이 대중적 상식으로 구성되기도 했다.

그러나 시민사회는 그 자체로 단일한 공간이 아니라, 훨씬 더 적나라한 사적 이해관계의 충돌이 이루어지는 곳이라는 사실이 2000년 이후의 일련의 정치적·사회적 사건들을 거치면서 확연히 드러나게

리 많지 않은 것은 시민운동의 자성적 노력의 결과라기보다는 언론의 잣대가 변화했기 때문이라고 생각된다.

되었다. 역사적 경험을 통해 구성된 대중의 상식에 균열이 생겨난 것이다. 보수적 공론영역(제도언론)과 진보적 공론영역(사회운동) 간의 충돌은 물론, 보수적 공론영역 내부——예를 들어 조·중·동과 한·경·대로 구분되는 신문의 입장차이——를 비롯하여 진보적 공론영역 내부——보수적 시민운동과 진보적 시민운동——에서의 분화와 갈등이 동시다발적으로 전개되었다고 할 수 있다. 그리고 현상적으로 가장 치열한 전투는 시민사회 내부에서 전개되는 양상으로 나타나고 있으며, 결국 이제까지 중립적이고 객관적이며 공공적·공익적이라고 자임해 왔던 집단들간의 싸움으로 전개되고 있다.

현재의 상황은, 시민사회가 그 자체로 국가나 시장과 구별되는 '공공성의 공간이자 주체'일 수는 없다는 역사적 국면을 보여주고 있다. 지금까지 충분히 유효했던, '부패하고 무능한 제도정치(권)'와 갈등하는 '공공적이고 공익적인 시민사회'라는 단순한 대립축만으로는 시민사회 나아가 시민운동의 존재의의를 지탱할 수 없는 상황으로 바뀌어가고 있음을 보여주는 것이다. 앞에서 살펴본 바와 같이, 한국 시민운동에 호의적이고 유리했던 사회적 조건은 이미 변화하였으며, 시민운동 내부의 분화도 그 속도와 강도를 더해 가고 있는 현실이다.

따라서 한국 시민운동은 새로운 사회적 조건 아래에서 내용적으로뿐 아니라 형식적으로 어떻게 새로운 '공공성'을 담보할 것이며, 그것에 대한 대중적 동의를 어떻게 획득할 것인가 하는 중요한 과제를 해결하지 않으면 안 되는 시점에 도달하였다고 볼 수 있다. 그리고 이는 시민운동이란 "비정당적이어야 하며 정치중립적이고 평화적이며 합법적인 그리고 정책대안 제시능력을 갖춘 온건한 사회운동"이다라는 식의 '대중의 상식'을 다시 한번 재구성할 것을 요구한다. 이

제까지의 시민운동에 대한 대중의 상식은, 부패하고 무능한 제도정
치에 대한 불신과 반감에서 비롯된 '자생적' 측면과 보수언론 등을
통해 '구성된' 측면이 동시에 작동한 결과이다. 지금의 상황은 바로
후자 측면에 대한 '재강화'가 시도되고 있는 것이며, 또 이것이 시민
운동에 대한 대중의 상식에 균열을 일으키고 있다. 새로운 공익성과
공공성의 창출 그리고 그것에 대한 대중적 동의를 획득하기 위한 시
민운동의 투쟁은 바로 이러한 대중의 상식을 재구성하기 위한 헤게
모니 투쟁에 다름아니라고 할 수 있다.

　우선, 한국 시민운동이 과연 비정당적이며 정당중립적이어야만
정치적 중립성과 그로 인한 정치적 영향력을 행사할 수 있는가에 대
해 고민하지 않을 수 없다.[82] 이미 환경운동과 여성운동 진영에서는
독자정당을 건설하여 2002년 지방자치단체 선거에 참여하거나, 정당
형태를 취하지는 않더라도 녹색후보·여성후보의 형식으로 선거에
직접적으로 참여하고 있다. 또한 한국 진보진영의 오랜 운동의 결과
로 창당된 민주노동당이나 사회당 등이 기성 정당과 다른 이념과 정
강·정책을 내걸고 지방선거는 물론 대통령선거에 임하고 있다.

　결국 시민운동은 비정당적이고 정당중립적이어야 한다는 관념이
고정불변한 것으로 시민운동의 정치적 경계선을 이루어야 한다는 주
장은, 이러한 현실 자체를 부정하는 것일 뿐만 아니라 향후 운동정치
의 여러 가지 열린 가능성을 억제할 결과를 낳을 우려가 크다. 즉
정치의 영역이 기존의 제도정치(권)에 의해 영원히 독점되어야 한다
는 주장과 진배없다고 할 수 있다. 한국의 시민운동이 정치란 부패하

---

82) 이에 대한 자세한 논의는 홍일표, 「전략적 용량의 한계에 도달한 한국 시민운동의
　　'정치적 중립'」, 『시민과세계』 제3호(2003년 상반기)를 참조.

고 무능한 것이라는 대중의 상식을 기반으로 해서 성장할 수 있었던 것은 사실이지만, 그로 인해 운동정치와 제도정치의 역동적 관계구성이 불가능해지고 기존 제도정치의 독점적 카르텔이 유지되어서는 곤란하다. 시민운동의 미래가 반드시 '정당적' 형태로 수렴되어야 한다는 것은 물론 아니지만, 거꾸로 '비정당적' 형태로 고정되어야 한다는 주장은 이런 맥락에서 매우 위험한 것이다. 시민운동과 제도정치의 관계에 대한 대중적 상식이 재구성되고 확장되어야 할 필요가 여기에 있는 것이다.

나아가 그동안 시민운동과 민중운동의 '구별화·차별화 전략'에 대한 반성도 동시에 제기된다. 이미 앞에서 살펴본 바와 같이, 한국사회의 가장 큰 변화 가운데 하나는 '시장과 시민사회의 국가로부터의 자율성'이라는 이름으로 포장된 사적 이해관계의 분출, 이윤추구 행위의 폭발이다. 시민운동도, 언론도, 지식인도 그 자체로 공공적·공익적일 수 없다는 사실의 확인결과가 "결국 공공적인 것이란 없고 오직 사적 이해관계와 권력관계의 적나라한 충돌만이 존재한다. 이런 충돌과 갈등에서 이기는 자가 모든 것을 갖는다"는 식으로 급격히 흘러가고 있는 것이다.

따라서 이런 흐름에 맞서 지금까지 그리고 지금도 전면에서 투쟁하고 있는 민중운동의 '공공성'이 정당하게 재평가될 필요성을 제기한다. 보수언론 등에 의해 과잉평가되었던 시민운동의 공공성이 재평가되는 과정이 사회운동 일반의 공공성 부재를 의미하는 것으로 받아들여질 수는 없기 때문이다. 오히려 민중운동과 시민운동을 아우르는 새로운 공공성의 창출이 시도되어야 하는 역사적 국면으로 해석될 필요가 있다. 다만 향후에 사회운동에 의해 새롭게 창출되는

'새로운 공공성'에 대한 평가는 이제까지처럼 제도언론에 의해서가 아니라 훨씬 더 직접적인 '대중적 동의'과정을 필요로 한다는 점이 중요하다. 운동정치의 정당적 가능성을 완전히 부정할 수 없다는 주장은 언론이라는 매개를 거치지 않는 직접적 동의구조의 창출이라는 차원에서도 적극적으로 검토되어야 할 것이다.

그리고 무엇보다도 현재의 갈등구조가 시민사회 내부뿐 아니라 언론과 전문가·지식인 집단과 시민운동진영 사이에서 더욱 격렬하게 표출되고 있다는 점에 주목해야 할 것이다. 시민운동은 자신의 주장과 활동을 '조직되지 않은 대중'에게 가장 효과적으로 전달하기 위해 언론을 활용해 왔다. 그러나 이미 살펴본 바와 같이 일부 보수언론들은 시민운동진영의 주장을 자신에게 유리한 형태로 선별적으로 수용·전달하고 있다. 이러한 상황은 한편으로 시민운동 차원에서의 언론개혁운동의 필요성을, 또 한편으로는 시민운동의 독자적 여론형성 기제의 창출을 요구하는 것이다.

2001년 언론사 세무조사를 거치면서 한국언론, 특히 신문의 공공성·공익성의 실체에 대한 사회적 불신과 의문이 심각하게 제기되었으나, 여전히 언론은 자신의 존재근거를 공익성과 공공성에서 찾고 있다. 언론 역시 사적 이해관계자의 하나일 수 있다는 사실이 여실히 드러났음에도 불구하고, 이러한 방식으로 자기존재를 정당화하고 있는 것은 '공익성과 공공성' 담론이 현재 한국사회에서 갖는 정치적·사회적 의미를 반영하고 있다고 볼 수 있다. 지금까지는 단지 언론이나 시민운동이라는 이름만으로 공익성과 공공성이 담보되었으나, 이제 공익성과 공공성 그 자체가 경쟁과 재평가의 대상이 된 것이다. 따라서 시민운동의 언론개혁운동은 '언론사(주)의 자유'가 언론의 자유로 포장되고 그것이 공공성의 내용과 형식을 담보하는 것처럼 되어버린 현실에 대한 절실한 투쟁인 것이다.

한편 최근 시민운동진영이 인터넷을 적극적으로 자기운동의 수단이자 공간으로 활용하는 것은 바로 이런 맥락에서이다. 지금까지는 시민운동이 기존 언론을 활용하거나 의존해서 자신의 주장과 활동을 알릴 수밖에 없었지만, 인터넷의 발달은 이런 구조 자체에 변화를 제공하고 있다. 시민운동이 자신의 독자적 매체를 얼마나 성공적으로 확보하느냐 하는 것은, 언론과 시민운동의 공공성을 둘러싼 헤게모니 투쟁에 결정적 변수가 될 수밖에 없다. 공공성 담론의 유통을 독점해 온 보수언론의 허구적 공공성을 분쇄하면서, 새로운 공공성 담론의 유통과 재생산을 담당할 새로운 공간의 창출이 절실히 요구되는 것이다.

지금까지 한국 시민운동은 국가와 시장으로부터 시민사회의 자율성과 독립성 나아가 공익성과 공공성을 확보하기 위한 투쟁을 전개해 왔고, 많은 성과를 거두었다. 이렇게 되기까지 시민운동의 주요한 참여자들인 전문가·지식인 들의 역할을 부정할 수 없을 것이다. 그들은 시민운동에 적극적으로 참여하면서 시민운동의 전문성을 높였으며, 동시에 공공성의 정당화를 가능케 했다. 이른바 '시민운동의 유기적 지식인' 역할을 수행하였던 것이다. 거꾸로 시민단체들은 이들 지식인들이 사회운동과 유기적으로 결합할 수 있는 통로이자 틀을 제공함으로써 그들이 이같은 역할을 수행할 수 있는 기회를 제공하기도 하였다.

그러나 의약분업과 언론사 세무조사 등을 거치면서 많은 전문가·지식인 들이 시민운동으로부터 이탈하기 시작하였고, 그 가운데 일부는 매우 공격적인 방식으로 재계나 보수언론의 입장을 대변하면서 시민운동을 비판하는 전면에 서고 있다. 이러한 보수적 언론권력과 보수적 지식권력의 결합은 매우 강고하고 범위가 넓은 반면, 시민운동진영의 유기적 지식인이라 할 수 있는 자원은 매우 제한되어 있는 것이 현실이다.[83] 따라서 향후 한국 시민운동이 '시민운동의 유기적 지식인'을 얼마나 확보할 수 있는가 하는 문제는, 비단 시민운동 내부에 국한되는 문제만이 아니라 시민운동의 정당적 전화 가능성 또는 시민운동과 (진보)정당의 관계를 고민함에 있어서도 핵심적 연결고리가 될 수밖에 없다.

결론적으로 시민운동은 이런 과정을 통해 시민운동에 대한, 나아가 사회에 대한 '대중의 상식'을 재구성하고 확장하여야 한다. 시민운동의 경계 및 상징적 정체성에 대한 대중적 상식이 과거의 것에 고정되고, 이를 재구성해 낼 수 없다면 시민운동은 새롭게 변화된 사회적 조건, 사회적 관계의 변화를 능동적으로 돌파할 수 있는 대중적 동의를 획득할 수 없을 것이기 때문이다. 2001년 신문을 통해 살필 수 있었던 시민운동의 '법적·정치적 경계'를 둘러싼 격렬한 비판은 이와 같은 경계의 변화가 이미 진행되고 있음을, 그리고 앞으로도 일정 기간 진행되어야 함을 보여주는 것이다. 그러나 중요한 것은 시민운동의 경계변화가 대중적 동의를 충분히 획득하면서 이루어져야 한다는 사실이다. 시민운동이 넘어서야 하는 기득권 구조는 여전히 강

---

83) 2002년 초반 신문지면을 통해 전개되었던 삼성전자 경영진에 대한 배상판결을 둘러싼 논쟁에서 이러한 측면이 잘 드러난다. 삼성전자측의 입장을 대변하는 지식인그룹의 폭이 참여연대측의 지식인그룹보다 훨씬 넓었음을 알 수 있다. 실제로 대부분의 시민단체들은 자신들의 활동에 적극적으로 결합해 줄 전문가·지식인의 부족으로 늘 힘들어하고 있다.

력할 뿐만 아니라 그들간의 블록을 다시 한번 강화시키고 있기 때문에, 대중들의 지지와 동의를 이끌어내지 못한 채 이루어지는 시민운동의 경계확장이 의도된 결과를 얻기란 쉽지 않을 것이기 때문이다. 그러므로 '시민운동의 유기적 지식인'의 필요성은 다시 한번 강조될 수밖에 없다.

5. 맺으며

이 글에서는 언론에 나타난 시민운동에 대한 부정적이고 왜곡된 이미지를 단순한 '언론비평'의 수준에서 검토하는 것이 아니라, 이러한 현상 자체가 중요한 정치적·사회적 의미를 지닌 것으로 확대해 석해 보고자 하였다. 이를 통해 한국 시민운동은 더 이상 일방적으로 유리한 사회적 관계를 전제할 수 없으며, 특히 시민운동 성장에 핵심적 역할을 수행한 언론이나 전문가·지식인 집단과의 관계는 더욱 악화되었음을 확인할 수 있었다. 무엇보다 '시장의 자율성'이 세계화와 신자유주의의 거센 흐름과 맞물리면서 시민사회의 공익성과 공공성을 위협하고 있으며, 이는 시민사회 내부에서의 더욱 격렬한 분화와 투쟁으로 드러나고 있다. 즉 2001년 언론에 그려진 한국 시민운동의 '일그러진 초상'은 바로 이러한 시민운동이 맺고 있던 사회적 관계의 변화를 반영한 것에 다름 아니다.

한국 시민운동은 이러한 관계변화를 몇 가지 정치적·사회적 사건으로 인해 '일회적으로' 표출된 균열로 받아들이기보다 지난 10여 년과 다른 새로운 역사적 국면으로 돌입한 것으로 심각히 받아들여야 할 것이다. 시민운동과 언론, 전문가·지식인의 관계뿐만 아니라 제도정치와 시민운동, 시장과 시민운동, 시민운동과 시민운동, 시민운동과 민중운동 등 모든 관계에 대한 근본적 고민을 다시 시작해야 함을 보여주는 것이다. 이 과정은 한국 시민운동을 고정된 '상징적 정체성' 내에서 경계지으려는 흐름과 사회적 관계의 변화에 따른 새로운 경계로의 열린 가능성을 모색하려는 흐름이 충돌하는 양상으로 진행될 수밖에 없다. 그리고 이는 시민사회와 시민운동이 '새로운 공공성'을 창출하기 위한 부단한 노력을 절대적으로 필요로 하며, 지금까지와 달리 언론에 의해 평가되고 공인되는 방식이 아니라 보다 직접적으로 대중적 동의를 획득해야 하는 조건에서 이루어질 것이다. 따라서 여기에는 공공성과 공익성의 내용과 형식을 만들어낼 수 있는 '시민운동의 유기적 지식인'의 필요성이 다시금 강조될 수밖에 없다. 대중의 상식을 재구성하기 위한 이데올로기 투쟁, 이론적 실천을 적극적으로 수행할 유기적 지식인의 존재야말로 핵심적 관건이기 때문이다.

2001년 신문에 그려진 한국 시민운동의 일그러진 초상은 어쩌면 시민운동이 밑그림을 제공한 일종의 '자화상'일 수도 있다. 시민운동이 민중운동과의 '사회운동 내부에서의 헤게모니 투쟁'에 승리하기 위해 급하게 그려지고, 보수언론 등에 의해 마음대로 덧칠된 한국 시민운동의 상징적 정체성이 비록 지금까지 성장의 '전략적 요소'였을 수는 있다. 하지만 이것이 앞으로도 여전히 유효한 성장전략일 것인가에 대해선 쉽게 동의할 수 없는 것이 지금의 현실이다. 따라서 한국 시민운동에 대한 비판담론을 분석하는 작업은 잘못 덧칠된 색깔을 걷어내는 작업에 국한되는 것이 아니라, 오히려 밑그림 자체를 새로 그리기 위한 작업으로 받아들여져야 할 것이다. "위기는, 옛 것은 가고 없으되 새로운 것은 오지 않은 데에 있다."

참고문헌

강문구(1995), 「변혁지향 시민사회운동의 가능성과 한계, 그리고 일 전
　　　망」, 유팔무·김호기 엮음, 『시민사회와 시민운동』, 한울.
김구현(1999), 「한국에서 시민운동단체의 성장과 쇠퇴: 경제정의실천시
　　　민연합의 사례」, 서울대학교 정치학과 박사학위논문.
김세균(1992), 「시민사회론의 이데올로기적 함의비판」, 『이론』 가을호,
　　　1992.
＿＿＿(1998), 「노동운동의 탈계급화, 탈정치화를 위한 최근의 시도들에
　　　대한 비판」, 노동이론정책연구소, 『현장에서 미래를』 제37호.
김성구(1999), 「과대포장된 소액주주운동」, 『한겨레21』 제255호.
＿＿＿(1999), 「진보적 경제민주화운동으로 가야」, 『한겨레21』 제258호.
김용민·유석춘(2000), 「한국 시민단체의 목적전치: 경실련과 참여연대
　　　를 중심으로」, 연세대학교 동서문제연구원 제1차 동서정책포럼
　　　"시민운동, 이대로 좋은가?".
김정훈(2002), 「2002년 시민운동의 과제와 전망」, (사)참여사회연구소
　　　제25회 정책포럼 "시민운동의 현재: 2001년 평가/2002년 과제와
　　　전망".
김주영(1999), 「소액주주운동 과대포장에 대한 반론」, 『한겨레21』 제
　　　257호.
김호기(2000), 「한국 시민운동의 반성과 전망」, 『경제와사회』 제48호,
　　　한울.

______(2001), 「국가와 시민사회: 시민사회의 유형화와 '이중적 시민사
　　　　회'」, 『시민과세계』 창간기념 참여사회연구소 가을심포지엄 자료
　　　　집, 2001.
박종찬(2000), 「한국의 미래를 위한 시민운동의 모색: 참여연대를 비판
　　　　하면서」, http://www.cfe.org/NGO/.
양현모(2000), 『NGO의 의사결정과정: 경실련과 참여연대 사례』, 한국
　　　　행정연구원.
유팔무(1995), 「시민사회의 성장과 시민운동」, 『경제와사회』 봄호.
유팔무 · 김호기 엮음(1995), 『시민사회와 시민운동』, 한울.
이제훈(1999), 「NGO를 활용한 언론의 '이미지 메이킹'과 갈림길에 선
　　　　한국의 NGO운동」, 언론개혁시민연대의 현업언론인과 NGO관
　　　　계자 워크숍 "NGO와 언론의 발전적 관계모색".
이효성(2000), 「정치개혁을 위한 시민운동과 언론의 역할」, 언론개혁시
　　　　민연대의 제2회 현업언론인과 NGO관계자 워크숍 "정치개혁을
　　　　위한 시민사회운동과 언론의 역할".
장석준(2000), 「조희연교수의 양날개론을 비판한다」, 『진보정치』 제3호.
정수복(2001), 『시민의식과 시민참여: 문명전환을 꿈꾸는 새로운 시민운
　　　　동』, 아르케.
정종권(2000), 「시민운동에 대한 비판적 평가」, 『경제와사회』 제45호.
조대엽(1999), 『한국의 시민운동: 저항과 참여의 동학』, 나남.
______(2001), 「시민운동의 시장적 팽창과 '운동성'의 쇠퇴: 주요 시민운동
　　　　단체의 현황과 과제」, 『Smog』 제1호, 나남.
조병희(2001), 「보건의료분야에 있어서 NGO의 역할과 과제」, 한국
　　　　NGO학회 춘계학술심포지엄 발표문요약집 『NGO와 사회정책:
　　　　사례별 평가와 과제』.
조희연(1993), 「민중운동과 '시민사회' '시민운동'」, 『실천문학』 겨울호.
______(1998), 『한국의 민주주의와 사회운동: 비판 · 실천담론의 복원과

재구성을 위하여』, 당대.

＿＿＿(1999), 「'종합적 시민운동'의 구조적 성격과 그 변화의 전망에 대하여: '참여연대'를 중심으로」, 『당대비평』 겨울호.

＿＿＿(2000), 「낙선운동: 진보정당운동은 정치개혁운동 양날개」, 『진보정치』 제2호.

참여연대(2002), 『참여연대 제8차 정기총회 자료집』.

채만수(1999), 「김대중정권의 재벌개혁정책에 대해서」, 노동이론정책연구소, 『현장에서 미래를』 제48호.

하승창(2000), 「시민운동 10년이 낳은 문제, 시민 없는 시민운동의 극복을 위한 작은 생각」, 연세대학교 동서문제연구원 제1차 동서정책포럼 "시민운동, 이대로 좋은가?".

＿＿＿(2001), 『하승창의 NGO 이야기』, 역사넷.

홍일표(2000), 「이제 다시 위태로운 모험의 기로에 선 한국시민운동」, 『경제와사회』 제45호.

＿＿＿(2003), 「전략적 용량의 한계에 도달한 한국 시민운동의 '정치적 중립'」, 『시민과세계』 제3호, 당대.

언론개혁과 지식인
언론사 세무조사와 불공정거래조사에 대한 반응을 중심으로

손혁재[*]

1. 머리말

2001년에 가장 커다란 성과를 거둔 시민운동 분야 가운데 하나가 언론개혁운동이다. 『시민의 신문』이 시민운동가 200명을 대상으로 조사한 결과, 응답자의 17.5%가 2001년에 가장 커다란 성과를 거둔 시민운동으로 언론개혁운동을 꼽았다.[1] 그러나 이것이 곧 언론개혁운동이 만족할 만한 성과를 거두었다는 의미는 아니다. 언론개혁운동이 가장 중요한 시민운동 과제의 하나임을 인정받았다는 의미이다. 언론개혁운동이 중요성을 인정받은 계기는 국세청의 언론사 세무조사와 공정거래위원회의 신문사들의 불공정거래 및 부당내부거래에 대한 조사였다.

---

[*] 성공회대 NGO대학원 연구교수, 참여연대 운영위원장
1) 『시민의 신문』 제423호(2001. 12. 31). 『시민의 신문』은 2001년 12월 24일과 26일 이틀에 걸쳐 전국의 시민운동가 200명에게 설문조사를 실시했다.

그러나 언론사 세무조사 자체가 언론개혁인 것은 아니다. 언론사 세무조사는 언론개혁의 일환으로 이루어진 것이 아니라, 조세권을 확립하려는 조세정의의 차원에서 법절차에 따라 진행된 것이었다. 지금까지는 정당하게 집행되어야 할 세무조사가 역대 정권에서 권언유착에 의해 면제되었다. 언론사에 대한 세무조사가 처음 실시된 것은 1994년 김영삼 대통령 때이다. 그러나 김영삼정부는 세무조사 결과를 공개하지 않았고, 법적인 조치도 취하지 않았다. 이같은 권언유착은 족벌사주들이 불법을 저지르고 편집권을 침해하는 배경이 되어 왔다. 따라서 세무조사가 엄정하게 진행되어 언론사들의 불법비리가 밝혀지고 관련자들이 적절한 처벌을 받는다면 권언유착을 끊어내게 되어, 세무조사가 언론개혁의 계기로 작용할 수는 있을 것이다.

언론개혁의 핵심은 편집권의 독립과 여론의 독과점구조 해소에 있다. 또 언론개혁은 언론계 내부에서 스스로 또는 수용자인 시민과 함께 벌여야지 정부가 추진할 성격의 것이 아니다. 물론 언론노조와 시민단체 등이 꾸준히 제기해 온 언론개혁 논의가 본격적으로 이루어진 계기가 김대중 대통령이 2001년 1월 11일 내·외신 연두기자회견에서 밝힌 언론개혁의 필요성인 것은 사실이다.

"언론계와 학계, 시민단체, 국회가 모두 합심해서 투명하고 공정한 언론개혁을 위한 대책을 세워야 할 것이다." 이 말은 정부가 언론에 간섭하지 않는 '언론사 자율개혁론'을 내세우던 국민의 정부의 언론정책이 변화하였음을 보여주는 말이다. 이에 오래 전부터 언론계와 시민단체의 언론개혁 주장을 지속적으로 보도해 오던 『한겨레』와 『대한매일』은 곧바로 언론개혁의 당위성을 강조했다.

한편 세무조사 결과 언론사들의 비리가 밝혀지고 일부 사주가 구속되었다. 그러나 일부 언론들과 야당이 세무조사를 언론탄압이라고 주장하면서, 언론개혁 문제는 복잡한 양상을 띠고 전개되었다. 비리 언론사들은 연일 지면을 사유화해 세무조사를 언론탄압이라고 강변하면서 정부여당에 대해 맹목적인 반대와 비난을 일삼았고, 현정부가 그 어느 역대 정권보다 가장 부패하고 무능한 정권이라는 인식을 국민 속에 확산시키려 애썼다.

또 이 과정에서 지식인들의 편가르기 현상이 나타났다. '의견의 차이'가 '피·아의 구분기준'이 되었고, 언론과 야당은 어느 한쪽에 줄서기를 강요하기에 이르렀다. 편가르기 양상 가운데 하나가 언론사 세무조사에 대한 평가인데, 각 언론들은 많은 지식인들을 동원해서 각기 언론개혁의 정당성을 강조하거나 세무조사가 언론탄압임을 강조하였다.

2. 한국언론의 문제점과 언론개혁의 방향

언론개혁은 어제오늘의 화두가 아니건만 '언론제국'의 성채는 매우 견고하다. 언론의 권력이 매우 크기 때문이다. 언론권력은 정치권력·경제권력과 더불어 '권력의 3자동맹'을 형성하고 있다. 언론의 권력은 정언유착이라는 단단한 연대의 틀 안에서 나날이 강화되어왔으며, 특히 문제가 되는 것은 공룡처럼 비대해진 언론권력(신문권력) 앞에서 우리 사회의 모든 분야가 눈치 보기에 급급한 현실이다.

언론개혁은 신문권력의 여론지배구조를 깨려는 노력이다. 언론의 존재가치는 건강한 여론을 형성할 '사회적 책임'과 '공중에 대한 봉사'이다. 한국언론의 문제점은 바로 건강한 여론을 형성하지 못하는 행태들에서 출발한다. 오보 및 과장보도, 왜곡보도, 편파보도, 인권침해와 명예훼손을 거리낌없이 저지르는 비정상적 저널리즘이 만연한 실정이다. 또 사이비 언론행위들이 마구 이루어지고 있다. 촌지 또는 금품 수수, 광고 및 구독 강요, 이권개입 및 권력행사 등이 바로 그것이다. 여기에 신문시장에서의 탈법적인 행위들 또한 그냥 지나칠 수 없는 문제로서, 무가지 배포 및 할인판매, 경품제공 및 이삿짐 운반 등 용역제공, 강매 및 방문판매, 구독중지의 거부 등이 일상적으로 이루어지는 신문판매시장은 무법천지이다.

IMF 구제금융체제 이후 우리 사회 모든 분야에서 개혁의 요구가 커졌지만, 어느 분야의 개혁도 제대로 이루어지지 않았다. 개혁이 지지부진한 원인 가운데 가장 중요한 것은 언론개혁이 이루어지지 못했다는 점이다. 2000년 말에 실시한 한국언론재단의 수용자 의식조사를 보면 언론이 제구실을 한다고 보는 수용자는 24.8%밖에 되지 않는 것으로 나타난다. 이것은 1998년보다 10% 정도 낮아진 수치이다. 더욱 문제가 되는 것은 신문이다. 언론, 특히 신문들은 국가적 개혁과제를 뒷받침하기는커녕 정쟁을 조장하고 정치불안을 가중시키면서 개혁의 발목을 잡았다.

사회의 제4부로 불리며 막강한 권력을 행사하는 언론이 병들어 있기 때문에, 언론개혁은 더욱 절박하다. 언론의 주요한 기능은 국민여론의 올바른 전달과 부당한 권력에 대한 감시이다. 언론을 감시견(watch dog)이라 부르는 까닭이 바로 이것이다. 그러나 우리 언론은 국민여론을 올바로 전달하지도 않으며, 권력에 대한 감시역할도 제대로 하지 않는다. 여론을 왜곡시키며, 부당한 권력행사를 즐기는 언론은 이미 '사회적 공기(公器)'로서의 역할을 포기한 '사회적 흉기'이다. 문제는 이처럼 사회적 흉기가 된 신문권력이 국가권력의 정책방향을 좌지우지해 왔다는 점이다. 한데 묶어 '조·중·동'이라 부르는 『조선일보』 『중앙일보』 『동아일보』의 영향력은 누구도 통제하지 못할 정도가 되었다.

언론개혁을 논의하면서 유의해야 할 것은 언론정책을 언론공작과 혼동해서는 안 된다는 점이다. 역대 권위주의 정권들은 언론자유를 억압했다. 보도의 내용이나 형식을 간섭하고 인사권 행사에 간섭하는 것은 명백히 언론자유를 침해하는 언론공작이다. 그러나 언론정책은 참된 언론의 자유를 밑받침해 준다. 신문 소유구조의 민주화나 편집권의 독립, 정기적인 언론사 세무조사와 그 결과 발표 그리고 신문공동판매제도의 도입 등은 조속히 이루어져야 할 언론정책인 것이다. 이를 언론공작으로 매도해서는 안 된다.

2000년 12월에 언론개혁시민연대와 한국기자협회가 한길리서치에 의뢰해 전국 국민 1천 명과 현직기자 200명을 대상으로 '신문개혁 관련 여론조사'를 실시했다. 그 설문조사 결과, 현직기자들의 93.5%가 언론의 소유지배구조 개선과 편집권 독립을 골자로 한 정기간행물법 개정의 필요성에 동의하는 것으로 나타났다. 특정인 또는 그 가족의 신문지분 소유지분을 현재의 50%에서 30% 이하로 낮추는 '소유지분의 제한'은 언론개혁 논의에서 최대의 쟁점 가운데 하나이다. 2000년 국정감사 자료에 따르면 『조선일보』는 방씨 일가의 지분율이 72.5%, 『중앙일보』는 홍석현 회장 일가가 74.8%, 『동아일보』는 김병관 회장 일가가 76.7%를 소유하고 있다. 조·중·동 3대 신문은 이렇게 소유주의 주식지분율이 전체 지분의 2/3를 넘어 더 이상 공익을 담당할 수 없는 구조가 되었기 때문에, 족벌언론의 횡포가 그치지 않는 것이다.

편집권 독립을 위해서는 경영진과 노조가 함께 참여하는 편집위원회를 설치하는 방안도 검토해 볼 필요가 있다. 편집위원회에는 주식공개를 통해 확인된 대주주의 참여는 금지함으로써 사주의 입김으로부터 편집권을 보호해야 한다.

또 언론사 경영의 투명성을 일반기업 이상으로 강화해야 한다. 독일의 경우, 언론사의 공익성을 감안해 발행 판매부수와 광고 수주내역 등 경영자료를 정부관련 기관이나 기구에 제출하도록 하고 있다. 부수공사제도(ABC) 가입 의무화, 공동판매제 시행, 비정상적 광고 수주 관행 금지 등도 필요하다. 언론사 세무조사에 대해서도 예외를 두어서는 안 된다. 앞에서 본 여론조사에서 시민의 86.9%와 현직기자의 87.6%가 신문사에 대한 세무조사를 요구했다. 세무조사는 언론탄압이 아니다. 투명한 경영을 위해서는 세무조사가 필연적이다. 광고단가도 광고시장에서 시장의 논리에 따라 형성된 것이 아니라, 신문이 일방적으로 단가를 정한 것이다. 세무조사를 통해 신문의 경영실태가 투명하게 밝혀져야 불공정거래를 막고 시장을 정상화시킬 수 있으며, 그래야 신문이 정상화되는 것이다.

신문시장의 독과점도 문제이다. 언론은 과거 정권에서 권력과 결탁을 해 자본을 축적함으로써, 상대적으로 자본의 여유가 많은 신문이 막대한 자본을 바탕으로 시장을 지배하게 되었다. 자본이 열악한 신문의 구독부수는 줄고, 막강한 자금을 보유한 신문의 구독부수는 점점 늘어나 조·중·동 3대 일간지가 신문판매시장의 70%를 장악하기에 이르렀다. 이 과정에서 탈법적인 판매행위가 기승을 부려 여론조사에서 85%가 넘는 시민이 신문시장의 탈법행위 단속을 요구하고 있는 것으로 드러났다.

언론에 대한 자본의 통제력도 문제이다. 한국신문의 수입구조는 매우 기형적이어서, 광고와 구독료 수입이 8 : 2 내지 7 : 3 정도이다. 『조선일보』『중앙일보』『동아일보』 3대 신문사의 수입 중 광고의존율이 각각 75%, 80%, 80%나 된다. 이는 언론이 광고주의 이해관계에 예속될 가능성이 높음을 의미한다. 실제로 광고주의 이익과 합치되는 기사는 크게 키우고, 배치되면 축소하거나 묵살하는 사례들이 나타나고 있는데, 부수경쟁과 증면(增面)경쟁 역시 광고수입을 극대화하기 위한 것이다. 이처럼 자본의 통제력으로부터의 독립 또한 중요한 언론개혁 의제의 하나이다.

3. 세무조사와 언론의 대응

김대중 대통령의 언론개혁 발언에 이어 언론사에 대한 세무조사가 실시되었으며, 세무조사 결과 언론사들의 탈세 범법행위가 밝혀지고 일부 사주가 구속되었다.

1) 세무조사의 결과

국세청은 2001년 2월 8일부터 서울시내에 있는 23개 언론사에 대해 세무조사를 실시했다. 원래는 60일 동안 세무조사를 실시할 예정이었으나 일부 언론사가 소명자료 제출에 협조하지 않는 등 반발이 심하여, 15개 언론사에 대해서는 조사기간을 추가로 30일 연장하였다. 이에 따라 세무조사는 6월 19일까지 진행되었다. 원칙적으로 국세청에서는 일정 규모 이상의 대법인에 대해서는 성실납세를 유도하기 위해 국세부과 시효기간(5년) 내에 세무조사 등을 통하여 신고내용을 검증하도록 되어 있다. 이에 따라 김영삼정부 때인 1994년에 실시된 첫 언론사 세무조사 이후 5년 만인 1999년에 세무조사가 실시되었어야 하므로, 이 세무조사는 뒤늦게 실시된 데 대해 비판받았어야 한다.

2001년 6월 20일 국세청이 세무조사 결과를 발표했다. 국세청이 밝힌 23개 중앙언론사와 그 계열기업 및 대주주의 탈루소득은 총 1조 3594억원이며, 탈루법인세에 대한 세금추징액은 5056억원에 이른다. 언론사 및 계열기업의 탈루소득금액은 1조 197억원이며 이에 따른 추징세액은 3229억원이다. 언론사주(대주주)의 탈루소득금액은 3397억원이고, 이에 대한 추징세액은 1827억원에 이른다. 또한 탈세수법도 상속세 및 증여세 탈루, 부동산 위장전입, 가짜 신용카드 영수증 발급, 해외 재산도피, 위장 주식매입 등 매우 다양한 것으로 나타났다.

2001년 6월 21일에는 공정거래위원회가 13개 신문·방송사에 대한 부당내부거래 조사결과를 발표했는데, 조사를 받은 신문사는『조선일보』『동아일보』『중앙일보』『한국일보』『대한매일』『한겨레』『경향신문』『문화일보』『국민일보』『세계일보』이며, 방송사는 KBS·MBC·SBS 3개사이다. 2001년 2월 12일부터 4월 20일까지 68일 동안 진행된 조사 결과 13개 언론사들의 부당내부거래가 5434억원에 이르렀고, 과징금 규모는 242억원이었다.[2] 계열사에 대한 족벌언론

사들의 부당지원 수법은 사주의 특수 관계인에게 비상장주식과 신주
인수권을 저가로 매각하거나 고가로 매입하는 등 다양한 방법을 동
원했음이 드러났다.

　국세청이 고발한 언론사에 대한 검찰조사가 진행되는 가운데,
2001년 7월 14일 『동아일보』 김병관 전 명예회장의 부인 안경희씨가
아파트에서 투신자살하는 사건이 발생했다. 마침내 2001년 8월 17일
검찰은 방상훈 『조선일보』 사장과 『동아일보』 김 전 명예회장, 『국
민일보』 조희준 전 회장을 구속했다.

2) 세무조사에 대한 시민들의 반응

　시사주간지 『시사저널』이 2001년 6월 30일 전국적으로 실시한 여
론조사에서는 "세무조사가 공정했다"는 응답이 52%였다. 그리고
『인터넷 한겨레』가 세무조사 착수 발표 직후 네티즌들을 대상으로
벌인 여론조사 결과도 세무조사 찬성이 87%로 높게 나왔다. 『미디
어오늘』이 국회 문화관광위 의원 19명을 대상으로 실시한 조사에서
도 "엄중한 세무조사를 통해 언론시장 질서를 확립해야 한다"는 질
문에 반수가 넘는 11명(61%)이 찬성한 것으로 밝혀졌다.

　이같은 반응은 『대한매일』이 창간 97주년을 맞이해 실시한 여론
조사에서도 다시 한번 확인되었다. 언론사 세무조사 및 검찰수사에
대해 65.7%가 "언론이라고 성역일 수 없으므로 잘한 일"이라고 응답

---

2) 신문사별 과징금은 다음과 같다. 『동아일보』 62억원, 『조선일보』 34억원, 『문화일보』
　29억원, 『중앙일보』 25억원, 『경향신문』 19억원, 『한국일보』 16억원, 『국민일보』 15
　억원, 『대한매일』 1억 4천만원, 『세계일보』 4천만원, 『한겨레』 2천만원. 방송사별 과
　징금은 SBS 15억원, MBC 13억원, KBS 11억원 등 39억원이었다.

한 것이다. 성별로는 남자가 66.4%, 여자가 64.9%로 거의 비슷했다. 그리고 연령별로는 20대가 73.8%로 가장 높고 이어서 30대 65.5%, 40대 64.1%, 50대가 59.6% 순이어서 연령이 낮을수록 세무조사와 검찰수사를 긍정적으로 보는 것으로 나타났다. "언론탄압의 여지가 있으므로 하지 말았어야 했다"는 의견은 21.6%, "잘 모르겠다"는 응답은 12.7%에 그쳤다.

국세청과 검찰의 수사가 결과적으로 언론개혁에 도움이 될 것인지 여부를 묻는 질문에 대해서는 응답자의 57%가 "도움이 될 것"이라고 응답했으며, "도움이 되지 못할 것"이라는 응답은 31.2%, "잘 모르겠다"는 응답도 11.8%를 기록했다. "도움이 될 것"이라고 한 응답자는 연령이 높은 층보다 낮은 층에서 비율이 높았고, 지역별로는 호남이 65.3%로 가장 높은 것으로 나타났다. 또 정당 지지도별로는 민주당 68.4%, 한나라당 53.1%, 자민련 36.1% 순이었다.

검찰에 고발된 언론사주의 불법이 확인될 경우 처리방법을 묻는 질문에 대해서는 응답자의 72.2%가 "죄질에 따라 구속사안이면 당연히 구속해야 한다"고 응답했다. 이에 비해 "언론발전 기여를 고려해 불구속해야 한다"는 응답은 11.6%였으며, "조사결과는 발표하되 처벌은 말아야 한다"는 응답은 71%였다. 엄정처벌을 요구한 응답을 성별로 보면 남자(74.2%)가 여자(70.1%)보다 조금 높게 나타났다. 직업별로는 생산직이 85.7%로 가장 높았다.

세무조사와 검찰조사에 대한 언론들의 태도를 묻는 질문에 대해서는 다소 이중적인 답변태도를 보였다. "조선·중앙·동아가 세무조사의 부당성을 부각시키기 위해 지면을 사유화하고 있다"는 주장에 대해 81.1%가 동의한 반면, "방송사들이 세무조사와 관련해 정부의 입장을 일방적으로 대변하고 있다"는 주장에도 67.0%가 공감하고 있는 것으로 나타났다. "한겨레·대한매일·경향 등이 세무조사 보도 등과 관련해 권언유착 관계를 형성하고 있다"는 주장에는 찬반 양론이 각각 46.6%와 51.2%로 비슷한 응답률을 보였다.

서울대 학보 『대학신문』이 학사과정 재학생 647명을 대상으로 2001년 3월 22일부터 4일간 조사해 4월 2일 발표한 여론조사 결과에 따르면 '언론사 세무조사'에 대해 조사대상의 52.43%가 필요하다고 답했으며, "세무조사가 언론개혁에 도움이 된다"는 응답은 48.8%로 "그렇지 않다"(20.8%)는 의견보다 2배 이상 많았다. 또 71.7%가 세무조사 결과를 공개해야 한다고 답한 반면, 공개반대는 7.4%에 그쳤다. 하지만 응답자의 66.9%가 언론사 세무조사에 대해 정치적 의도가 개입됐다고 답했다.

언론사 대주주의 소유지분 30% 이내 제한 주장에 대해선 응답자의 71.5%가 찬성해, 사유재산권 침해라는 논란이 있더라도 소유지분을 제한해야 한다는 견해가 압도적이었다. 언론자유와 관련해서는 "우리 언론이 사주로부터 자유롭지 못하다"는 응답이 84.6%로 가장 많았고, '광고주'와 '정부'가 언론자유를 가로막고 있다는 견해도 각각 79.5%와 77.4%로 나타났다. 이 조사의 표준오차는 95% 신뢰도 수준에서 ±4%다.

전국언론노동조합이 한길리서치에 의뢰해 2001년 6월 23~24일 전국의 성인남녀 1천 명을 대상으로 실시한 여론조사(신뢰수준 95%, 오차 ±3.1%)에서는 많은 국민이 국세청의 세무조사 결과 공개 이후 신문사들이 언론탄압임을 부각시켜 편파적으로 보도한다고 생각하고 있음이 밝혀졌다. 응답자의 62.4%가 세무조사 결과 공개 이후 '대형 신문사'들이 "언론탄압임을 부각시켜 편파적으로 보도하고 있다"
고 인식하고 있는 반면, "공정하고 객관적인 보도태도를 취하고 있
다"고 보는 응답자는 22.3%에 지나지 않았다.

또 조사대상자의 82.7%는 국세청과 공정거래위의 조사결과 공개
를 "잘했다"고 보고 있는 것으로 드러났다. 국세청의 세무조사 결과
공개 수준과 관련해서는 77.5%가 "23개 언론사별 추징내역을 구체
적으로 공개해야 한다"고 답했으며, "전체 언론사 추징금 총액만 공
개한 것이 적절하다"는 응답은 15.9%에 그쳤다. 탈세 언론사가 앞으
로 취해야 할 태도와 관련해 87.8%가 "국민에게 사과하고 추징금을
조속히 납부해야 한다"고 답했으며, 5.2%만이 "언론탄압이 명백하므
로 추징금을 납부할 필요가 없다"고 답했다.

세무조사가 언론탄압이라는 주장에 대해 묻는 질문에서 59.8%가
'공평과세 차원'이라고 답했으며, '언론탄압' 주장에 공감하는 비율은
25.5%에 그쳤다. 언론사 세무조사를 정기적으로 실시하는 데 대해서
는 응답자의 대다수(적극 찬성 59.5%, 대체로 찬성 33.7%)가 찬성했으며,
소유지배구조 개선과 편집권 독립 등 신문개혁을 주 내용으로 하는
정기간행물법 개정에 대해서도 87.7%가 필요하다고 답했다.

국민의 약 87%는 고의적으로 탈세한 언론사의 관련자를 형사처
벌해야 한다고 생각하는 것으로 나타난 여론조사 결과도 있는데,
『한겨레』가 2001년 6월 22~23일 전국의 20세 이상 성인남녀 700명
을 상대로 실시한 전화여론조사(95% 신뢰수준에서 오차한계 ±3.7%)가
그것이다. "언론사가 고의적으로 탈세한 사실이 드러날 경우 관련자
들을 형사처벌해야 하느냐"라는 물음에 응답자의 47.5%는 '매우 동
의', 39.1%는 '동의하는 편'이라고 응답했다. 또 '동의하지 않는 편'과

'전혀 동의하지 않는 편'은 각각 5.7%와 0.5%였으며, 모름·무응답이 7.2%였다. "구독하는 신문의 신문사가 고의적으로 탈세한 사실이 드러날 경우 신문을 끊을지"에 대해서는 39.0%가 '끊겠다', 37.0%는 '계속 구독하겠다'고 답했다. "세무조사 결과를 어떻게 하는 게 바람직한가"라는 물음에서는 70.0%가 '결과 전부를 공개해야 한다', 20.8%는 '위법내용 부분을 공개해야 한다'고 응답했다. '공개해선 안 된다'와 '모름·무응답'은 각각 2.0%와 7.2%에 지나지 않았다. 또 "세무조사가 언론의 자유를 침해할 우려가 있다고 생각하는가"라는 물음에는 '매우 그렇다' 7.3%, '그런 편이다' 43.5%로 50.8%의 응답자가 언론보도에 영향을 미칠 가능성이 있는 것으로 인식하고 있음이 드러났다. '그렇지 않은 편' 또는 '전혀 그렇지 않다'는 응답은 각각 28.5%와 9.2%였다.

김서중(성공회대 신문방송학과 교수)은 "그동안 조세정의가 실현돼야 한다고 줄기차게 주장해 온 언론사들이 국가기관에 의한 합법적 세무조사를 언론통제로 몰아가고, 심지어 지면을 대거 할애해 조사 중단을 주장하는 것은 스스로 자신의 허구성을 보여주는 일"이라고 말했다.

언론단체들과 시민단체들은 대체로 세무조사를 찬성하고 조사결과를 공개해야 한다는 반응을 보였다. 언론개혁시민연대와 민주언론운동시민연합은 성명을 내어 "조사결과를 지체 없이 공개해 정부가 세무조사 결과를 언론장악을 위한 도구로 사용한다는 오해를 받지 않도록 해야 한다"고 지적했다. 전국언론노동조합도 "철저히 조사하고 투명하게 공개하라"는 성명을 통해 "김영삼정권이 94년 세무조사 결과를 공표하지 않아 '언론 길들이기 차원에서 국세청을 동원했다'

는 여론의 비난을 기억하고 있다"며 "밀실조사는 국민에 대한 기만이며 범법자에 대한 불처벌은 법질서를 무너뜨리는 행위"라고 강조했다.

언론개혁시민연대 사무총장 김주언은 "조선, 동아일보 등 몇몇 중앙일간지들이 정당한 세무조사를 '언론 길들이기'로 몰아가며 '도를 넘는' 편파보도를 일삼고 있다"며 "되레 이들이야말로 '정략'에 따라 사실을 왜곡하는 주범"이라고 주장했다. 그는 "야당도 세무조사 중단을 촉구할 것이 아니라 세무조사가 투명하게 이루어질 수 있도록 감시해야 한다"고 말했다.

참여연대 조세개혁팀의 윤종훈 회계사는 "세무조사받는 걸 좋아할 기업은 없겠지만, 신문사라고 해서 세무조사를 받지 말아야 할 이유는 더더욱 없다"며 "이제야 세무조사가 이루어지는 것 자체가 그동안 언론사가 누린 '특혜'를 방증한다"고 말했다.

민주화를위한변호사모임 언론위원인 조광희 변호사는 "세무조사 직후 각 신문사에 대한 대략적인 조사결과를 밝히는 것은 물론, 위법사실을 검찰에 고발해 이를 공개하는 것이 옳다"며 "그렇지 않다면 결국 김영삼정부가 그랬던 것처럼 언론사와 권력 간에 '뒷거래'가 있었다는 비난을 면치 못할 것"이라고 경고했다.

민주언론시민운동연합의 성유보 이사장은 "정부와 국세청은 언론사 세무조사에 대한 원칙을 확실히 해 '오해'의 소지를 줄여야 한다"며 "이번 기회에 언론권력이 성역이 아닌 법치 영역에 들어와야 한다는 원칙을 확고히 할 필요가 있다"고 지적했다.

국제언론기구들도 한국의 언론문제에 관심을 기울였다. IPI(국제언론인협회)·WAN(세계신문협회) 등 국제언론기구 합동조사단이

2001년 9월초 한국을 방문, 실태조사를 벌였다. 그리고 11개 국제언론기구 대표들도 한국의 세무조사를 우려하는 내용의 결의문을 채택하였고(9월 21일), IPI는 프랑스 파리 이사회(10월 20일)에서 구속 언론사 대주주 3인에 대한 석방을 촉구했다.

국제기자연맹(IFJ) 대표단은 2001년 9월 6일 방한, 한국의 언론개혁운동을 적극 지지한다고 밝혔다. 한국 언론상황 점검을 위해 방한한 국제기자연맹 대표단은 "정부가 조세관련법을 이용해 언론기업들에 대해 부당하거나 과도한 주의를 기울였다는 일부의 주장을 입증할 증거를 찾지 못했다"며 "언론기업 소유주들이 언론의 자유를 기업경영상의 이익과 혼동할 때 그 언론기업들은 언론자유를 손상시킬 수 있다"고 주장했다. 이들은 또 "언론기업에 대한 세무조사와 언론자유를 위한 개혁은 별개의 문제"라고 지적하고, "언론개혁은 한국국민들의 요구와 바람에 근거해 언론 스스로 주도"해야 한다고 밝혔다. 이들은 전날 IPI가 한국을 '언론자유 탄압 감시대상'에 포함시킨 것을 비판했다.

3) 세무조사 실시에 대한 언론사의 반응

국세청이 언론사에 대한 세무조사 방침을 밝힌 것은 2001년 1월 31일이다. 그러자 언론개혁의 칼날이 자신을 겨눈 것으로 보고 있던 거대언론들이 즉각 반발하고 나섰다. 이미 거대언론사들은 연두기자회견에서의 김대중 대통령의 언론개혁 발언에 대해 바로 반발하고 나섰던 일이 있다. 언론개혁이 '언론 길들이기'를 하려는 것으로서 "언론자유 침해의 소지가 있다"[3]는 것이었다. "정부에 대한 비판을 봉쇄하고 자유로운 언론에 재갈을 물리기 위해 또다시 포퓰리즘적 수법을 동원하려는 의도가 감춰져” 있는 것이며 “언론사의 소유구조 분산은 좌파적 발상”[4]이라는 주장도 나왔다.

『한겨레』는 세무조사를 환영하는 태도를 보였다. “언론사의 세무조사 면제는 군부독재정권 이래 역대 정권이 언론사에 준 특혜”였다는 것이다. “군부독재정권은 언론을 길들이기 위해 한편으로 자유언론을 외치는 언론인들을 숙청하는 등 ‘채찍’을 휘두르면서, 다른 한편으로 세금감면, 세무조사 면제와 같은 ‘당근’을 줬던 것”이고 “민주화된 이후에는 언론사들이 거대권력으로 변모하면서 정부는 이들 거대언론권력의 눈치를 살피느라 당연히 해야 하는 정기적 세무조사도 기피”해 왔다는 것이다.

그러나 이때만 해도 많은 언론들은 조심스러운 태도를 보였다. 대다수 신문들은 2월 1일자에서 국세청 조사착수 사실을 보도하면서 ‘언론탄압’이라는 한나라당 성명을 인용하는 간접비판에 그쳤다.[5] 그러나 세무조사 실시가 확실해지자 일부 언론들은 저항의 강도를 높였다. 예컨대 2월 5일에 열린 국회 재정경제위원회에서 여야의 공방을 보도한 2월 6일자 기사에서 언론사들간의 태도차이가 확연하게 드러난다. 『한겨레』『한국일보』『경향신문』은 안정남 국세청장의 발언을 인용하여 기사제목을 “언론사 세금탈루 혐의 포착”이라고 붙

---

3) 『조선일보』 사설, 2001. 1. 11.

4) 『중앙일보』 사설, 2001. 1. 12.

5) 한나라당의 이회창 총재는 2월 6일 행한 교섭단체 대표연설에서 국세청의 세무조사에 대해 “명백하게 정당성을 결여한 언론탄압이므로 세무조사 중단을 요구한다. … 지난 7년 동안 하지 않던 세무조사가 갑자기 시작된 것은 언론개혁의 이름을 빌려 실제로는 언론을 위축시키고 제압하려는 것에 다름 아니다”라고 주장했다. 세무조사가 언론탄압이라는 주장은 한나라당의 일관된 태도였다.

였다. 『대한매일』도 "지방 언론사도 세무조사"라고 기사제목을 붙였는데, 이 역시 안정남 국세청장의 발언이다. 또 『세계일보』는 여야의 주장을 함께 제목으로 삼아서, "여, '국세청 업무' 야, '언론 길들이기'"라는 제하의 기사를 실었다.

거대언론들의 보도태도는 이와 정반대였다. 『조선일보』는 1면 머리기사의 제목을 "특정 언론 겨냥하기 위해 나머지 언론 들러리 조사"라고 달았다. 이것은 야당의원의 주장인데 『조선일보』는 이 발언의 진위를 가리지 않은데다 또 야당의원의 발언이라는 것도 밝히지 않아, 마치 『조선일보』가 정치적 탄압을 받고 있는 것처럼 보이게 만들었다. 특히 『조선일보』는 세무조사마저 색깔논쟁으로 몰아감으로써 본질을 흐리려는 의도를 보였다. "'언론개혁'의 표적은 조선일보로 대표되는 반공·파쇼 언론이며, 전근대적인 족벌체질을 유지하며 안하무인 격으로 행세하는 보수언론"이라는 일본의 총련기관지 『조선신보』의 보도를 눈에 띄도록 도드라지게 편집해 실었던 것이다. 세무조사가 '표적조사'이며 친북단체가 지지하는 만큼 이념상 문제가 있는 조사라는 이미지를 널리 퍼뜨리려는 의도로 볼 수 있다.

『동아일보』도 "언론사 일제 세무조사 정치적 목적 의혹 있다"는 야당의원의 의혹제기를 그대로 제목으로 달았다. 『중앙일보』의 기사제목은 "야(野), '세무조사 언론장악용'"이었는데, 야당의 주장임을 밝히기는 했지만 『중앙일보』가 세무조사를 언론탄압으로 보고 있음을 알 수 있다. 더구나 『중앙일보』는 가판용 신문에서는 "언론사 세무조사 공방"이라는 중립적 표현을 썼다가 시내 배달판에서 제목을 바꿨다.

이처럼 족벌언론들은 객관적이고 중립적인 보도태도를 버리고 자신에게 유리한 주장만을 사실확인이라는 기사작성의 기본 원칙도 지키지 않은 채 일방적으로 부각시켰다.

세무조사 결과가 발표되자, 많은 언론사들이 세무조사 결과를 수긍하고 언론사의 반성을 촉구하는 한편 국민 앞에 사과하고 국세청이 탈루세액을 통보해 오면 자진해서 이를 공개하겠다고 밝혔다. 그러나 거대신문들은 언론탄압이라고 더 심한 억지를 부렸다.

『한겨레』와 『경향신문』은 결과발표 내용을 가장 상세히 보도했다. 두 신문은 언론사들의 광고수입 누락, 가짜영수증 등 탈세유형을 지면 곳곳에서 자세히 다뤘으며, 사설에서도 언론사 세무조사 엄정처리와 범법행위에 대한 단죄를 촉구했다. 그러면서도 『경향신문』은 세무조사의 정치적 목적을 경계하면서 엄정한 사후처리를 강조하였다. 이런 태도가 잘 드러난 글은 「온전한 언론개혁을 위하여」라는 『매거진X』의 박인규 부장의 글[6]이다.

박인규는 "언론이 보다 나아지기 위한 길을 모색하는 것"이 언론개혁 논쟁의 핵심이 되어야 한다면서, "한국언론 전체가 위기에 빠져 있"다고 주장한다. "90년대 이후 신문에 대한 독자의 신뢰도는 갈수록 떨어"지고 있어 이제는 "TV는 물론 라디오, 인터넷보다도 못한 지경에" 이른 '신뢰의 위기'와 "최근 2번의 대통령선거에서 몇몇 신문은 노골적으로 킹메이커를 자임하며 언론 본연의 임무를 저버렸"던 '타락의 위기' 때문에 "권언유착을 넘어 언론권력이란 말이 나"왔다는 것이다. 또 "정부의 역할은 언론개혁의 단초를 제공하는 선에서 그쳐야" 하며 "실질적인 개혁은 언론계 자율로 이루어져야 한다"

---

6) 「미디어비평」, 『경향신문』 2001. 3. 25.

고 말하면서, 따라서 "세무조사 결과를 숨김없이 공개"하고 "탈세에 대한 추징금 부과 등 정부권한 내의 조치는 엄정하게 취하되 언론개혁은 언론계에 맡겨야 한다"고 주장한다.

또 2001년 7월 8일자의 '정동탑'에 실린 「권언유착 미련 떨쳐라」라는 글에서는 "언론사와 언론사주들을 조사하는 현정권의 의도가 결코 아름답다고는 생각하지 않지만 그것이 그들의 불법행위에 면죄부를 줘야 하는 구실은 될 수 없다고 생각"하고 있음을 밝히고 있다. "언론사 또는 언론사주라는 성역이 무너진 만큼 이제 일반기업과 마찬가지로 언론사 세무조사가 정례화·제도화될 수 있는 근거가 마련된 것이다. 또한 언론사는 세금 한푼 떼어먹지 않으면서 철저하게 법을 지키는 가운데 정치권력의 전횡을 더욱 날카롭게 감시하고 견제하는 언론 본연의 임무에 마음 편히 전념할 수 있기 때문이다"는 기대를 내비치고 있다. 그리고 『한국일보』는 「부끄러운 언론현실」이라는 사설에서 언론사의 자성을 촉구했다.

그러나 정작 탈세를 더 크게 저질렀고 따라서 추징금 액수도 그만큼 더 많은 족벌언론들은 즉각 반발하고 나섰다. 족벌언론들은 대체로 언론사도 세무조사에서 예외일 수 없다는 원칙은 인정하면서도 자신들에 대한 세무조사는 언론탄압이라고 주장하고 있다.

『조선일보』는 1면에다 야당의 입을 빌려 「비판언론 죽이기」라는 기사를 실었으며, '팔면봉'에서는 "천문학적 세금 추징, 돈 뜯어 북한 주려고"라고 비논리적인 일방적 주장을 하고 있다. 그런가 하면 사설에서는 "국세청 발표는 결과발표를 금하고 있는 법규정을 어겼으며, 추징액 규모도 대기업의 경우에 비추어 형평에 어긋난다"고 주장했다. 또 김대중 대통령의 언론개혁 발언이 나온 뒤 미디어면을 신설한 『조선일보』는 미디어면에서 언론개혁을 주장하거나 찬성하는 신문을 '친여 신문', 반대하는 신문을 '반여 신문'으로 분류하고, 『시사저널』이 보도한 '언론문건'의 '친여 신문'이 '반여 신문'을 비난하고 있다고 주장했다.

한편 『조선일보』의 2001년 6월 29일자 「세무조사에 대한 조선일보의 입장」이라는 글에서는 "언론탄압에 당당히 대처"하겠다고 밝힘으로써, 세무조사가 언론탄압이라고 보고 있음을 확실히 했다. "세무조사 결과 발표는 세무회계와 기업회계관행 간의 차이에서 발생한 내용이 대부분… 세무조사가 현정권에 비판적인 언론을 탄압하려는 정치적인 의도에서 진행되었다고 보고 있으며, 이 때문에 어떤 압력에도 굴복하지 않고 언론 본연의 임무를 다하기 위해 당당한 언론의 자세를 유지할 것"임을 강조한다.

『중앙일보』도 「언론사를 부도덕한 집단으로 몰지 말라」라는 제목의 사설에서 "19일 조사가 끝나자마자 결과를 발표한 것은 일찌감치 결론이 나 있었다는 의혹을 갖게 한다. …신문고시와 동시에 발표한 것도 언론압박 움직임과 관계가 있을 것"이라고 주장하고, 학자의 입을 빌려 "사주 처벌 땐 권언마찰이 심화될 것"이라는 반응을 실었다.

『동아일보』는 『조선일보』나 『중앙일보』와 비교해 볼 때 상대적으로 세무조사 발표 비중이 작았다. 「중소기업 수준 언론에 의도적 중과세」라는 제목의 글에서 "착오로 누락되는 탈루액도 발표해 언론을 비도덕적 집단으로 몰려는 인상을 주고 있다"고 불만을 드러냈지만, 이전까지만 해도 일괄 세무조사를 주장했다. "탈세와 탈법을 일삼는 혐의가 있는 언론사와 사주라면 마땅히 조사하고 법에 따라 처벌해야 한다. …정부 안팎에서 '언론개혁'이란 소리가 자주 나오고 있다. 진정 언론개혁을 위해서도 차제에 일괄 세무조사를 실시해 들춰낼 것이 있으면 들춰내고 책임을 물을 것이 있다면 물어야 한다."[7] 아마도 이것은 일괄 세무조사를 진심으로 요구했다기보다는 언론개혁이 세무조사로 이어지는 것을 미리 막으려는 의도였던 것으로 보인다.

4) 세무조사에 대한 언론종사자의 반응

세무조사에 대해 언론종사자들은 대체적으로 긍정적인 평가를 하고 있다. 언론비평 전문지인 『미디어 오늘』이 여론조사기관인 한길리서치에 의뢰해 2001년 7월 4~6일 전국의 신문·방송·통신사 기자 412명을 대상으로 여론조사를 실시한 결과 현직기자의 60% 이상이 언론사 세무조사를 '정당한 법집행'으로 인식하고 있는 것으로 나타났으며, '언론탄압'으로 보는 응답자는 1/4에 그쳤다. 언론사 세무조사 및 고발의 성격에 대해 "적법한 세무조사와 그 결과에 따른 법집행"이라는 응답자는 61.4%인 데 비해, "정부비판적인 언론사에 대한 탄압"이라는 응답은 26.0%에 불과했다. 그리고 세무조사 정례화에는 절대다수(93.4%)가 동의했다.

추징액에 대해서는 대다수가 언론사 경영에 타격을 미칠 것으로 보았다. "어느 정도 타격을 줄 것이다"라는 응답이 70.6%, "매우 위태로울 것"이라는 응답이 16.5%나 되었다. 그러면서 세무조사가 언

---

7) 『동아일보』 사설, 2000. 10. 27.

론사 경영투명성 강화에 도움을 줄 것으로 기대하고(84.8%) 있는 것으로 나타났다.

세무조사 이후 언론개혁의 우선 과제로는 절반에 가까운 47.1%의 응답자가 '편집권 독립'을 들었다. 이어서 '언론사 소유지분 제한'이 22.1%, '정기간행물법 개정'이 17.5%, 'ABC(신문판매부수공사) 제도 활성화'가 8.5%, '국회 내 언론발전위원회 설치'가 1.5%로 나타났다.

그러나 이들의 태도도 구체적인 신문사별로 보면 차이가 조금씩 드러난다.[8] 예를 들어 『동아일보』 기자총회에서는 세무조사가 부당한 탄압일 수 있지만 그에 대한 대응은 신중해야 한다는 내용이 주를 이뤘다. 반면 『조선일보』는 세무조사 결과가 발표된 뒤 나온 기자성명서에는 대정부 강경투쟁 의지가 강하게 드러났다.

4. 언론 기고자들의 논조 분석

대통령의 연두기자회견 때부터 언론사 세무조사 결과 발표 때까지 언론개혁, 언론사 세무조사, 불공정거래조사, 신문고시 등에 관한 지식인의 글들이 신문에 많이 실렸다. 칼럼이나 시평, 논단, 기고 또는 미디어비평 형식의 이 글들은 대체로 해당 언론사의 반응과 비슷한 논조를 보이고 있다. 즉 『경향신문』『대한매일』『한겨레』『한국일보』에 실린 글들은 언론사 세무조사와 언론개혁에 대한 긍정적인 평가가 주를 이루었고, 『조선일보』『중앙일보』『동아일보』에 실린

---

8) 류한호, 「사주 간섭으로부터 독립을」, 『대한매일』 2001. 7. 14.

매체	총편수	세무조사와 신문고시에 대한 평가		
		긍정적 평가	중립적 평가	부정적 평가
경향신문	21	19	1	1
대한매일	39	38	1	
한겨레	25	25		
한국일보	10	6		4
조선일보	39			39
중앙일보	14	2		12
동아일보	24		1	23

글들은 세무조사와 신문고시가 언론탄압이라고 주장하는 글들이 대부분이었다.

1) 경향신문

『경향신문』에서 분석의 대상이 된 글은 모두 21편이다. 언론 전반에 대한 평가인 '미디어비평'과 『경향신문』의 보도에 대한 평가인 '옴부즈만'에 실린 글 가운데 각각 8편과 6편이 언론사 세무조사와 신문고시 문제를 다루고 있다. 이 가운데 세무조사와 신문고시를 긍정적으로 평가한 글은 19편이고, 부정적 평가와 중립적 입장이 각각 1편이었다. 언론학자들의 글이 가장 많은데 장호순(순천향대 교수)이 3편, 강준만(전북대 교수)과 양승찬(숙명여대 교수)이 각각 2편 그리고 조맹기(서강대 언론대학원 교수)가 1편을 쓰고 있다. 언론인 출신으로는 김영호(『세계일보』 전 편집장, 언개련 신문특위위원장)와 손광식(『경향신문』 전 논설위원)이 각각 3편씩 썼고, 남상구(고려대 경영학과 교수)와 장경섭(서울대 사회학과교수), 유규창(숙명여대 경영학과교수), 김성기(『현대사상』주간), 조광희(민변 언론위원장, 변호사)가 각각 1편씩 썼다. 부정적 평가를 내린 이는 조명현(고려대 경영학과 교수), 중립적 입장의 글을 쓴 이는 이진우(계명대 철학과 교수)이다.

장호순은 '미디어비평'에서 언론개혁이 모두가 사는 길이라고 주장(1. 29)하였을 뿐 아니라, 언론사주로부터의 독립을 촉구(3. 12)했으며, 제도언론의 세무조사 비판을 '초록동색'이라고 지적(4. 2)하기도 했다. 또 양승찬은 역시 '미디어비평'에서 언론개혁이 신문사간 대결로 왜곡되고 있음을 지적하고 있다(4. 25).

또 남상구는 2월 13일자 '옴부즈만'에 실린 「느슨한 법집행 느슨한 비판」에서 "언론사 세무조사 당연한 일"이라고 평가하면서, "세무조사로 존립이 위태로울 정도의 언론이라면 그 언론은 존재할 가치가 없다. 언론이 당당하다면 정치권의 언론 길들이기에 분연히 저항할 수 있을 것이다"고 주장한다. 역시 '옴부즈만'에서 조명현은 『경향신문』의 신문고시 보도가 치우쳤다(4. 17)고 평가한 데 반해, 조광희는 이런 조명현을 비판하면서 신문고시 보도가 진지한 공동보도라고 평가하고 있다(4. 24). 또 조광희는 2월 20일 '옴부즈만'의 「언론개혁 여론대변 호감」에서 세무조사에 대해 "족벌언론들이 정치적 탄압이라고 왜곡보도를 자행"하고 있다고 비판하기도 했다.

언론인 손광식은 '시론' 「언론난전과 정실 비판주의」에서 세무조사와 신문고시에 대한 언론들의 입장차이를 '헤게모니 쟁탈전'으로 파악하면서 "빅3와 그를 둘러싼 매체들의 집단 혹은 자사 이익주의의 충돌"(4. 25)이라고 썼다. 그리고 유규창은 '옴부즈만'의 「세무조사 공개와 언론개혁 점화」에서 언론사들이 세무조사 결과를 "내부로부터의 개혁의 기회로 삼을 것"(6. 26)을 촉구하고 있다. 김성기는 '정동칼럼'에 실린 「언론개혁 독자는 헷갈린다」는 제목의 글에서 "언론개혁을 주장하는 측이나 언론탄압이라고 주장하는 측이나 모두 '언론자유'를 내세우고 있다. …언론개혁이 일과성으로 그쳐서는 안 된다. …언론계가 먼저 언론개혁과 언론자유의 구체적 청사진을 내놓을 것"을 요구한다(4. 21).

이밖에 『경향신문』은 '이슈와 현장' 난에서 언론사 세무조사에 대한 긍정적인 평가와 부정적인 평가를 함께 싣고 있다. 원로 언론인 정경희는 "탈세는 오래된 권력형 비리"라고 주장했다. "언론이 사회의 공기이기보다 오너들의 사기(私器)로 기능"하고 있음을 지적하면서 "오늘날 언론은 정부는 물론 국민 위에 군림하고 있는 최고의 권력기관"이기 때문에 "언론기관의 탈세는 오랜 기간 권력과의 밀착 과정에서 생긴 권력형 비리… 언론탄압은 군사정권 때나 가능한 흘러간 유행가"라고 말한다.

"언론개혁 본질은 언론을 권력화하는 낡은 법과 제도를 고치자는 것이며, 현재 언론사에 대한 세무조사는 있는 제도 내에서 신문시장을 좀더 투명하게 하기 위한 조치에 불과하다"고 주장한 성유보 민주언론운동시민연합 이사장은 세무조사를 "법치주의의 테두리 내에서 적용"된 것으로 인식하고 있음을 보여준다. 또 김학천(건국대 신문방송학과 교수)은 "언론사에 대한 정부의 세무조사나 공정위 조사 등 언론정책은 오히려 때늦은" 것이라면서 "최근의 '언론탄압' 논쟁은 오랜 기간 묵인돼 온 불공정한 관행을 바로잡는 과정이 뒤늦게 이루어지면서 생긴 부작용"이라고 주장한다.

이에 비해 배규한(국민대 사회과학대학장)은 "세무조사 결과 정부 대 언론, 마이너 언론 대 메이저 언론, 여야 정당, 좌파 대 우파 간에

감정적 대립양상을 보이고 있"음을 지적하면서 "무조건 언론을 매도하는 것은 곤란하다"는 주장을 펴는가 하면, 한승조(고려대 정치외교학과 교수)는 "원칙적으로 언론비리나 탈세는 제거하는 것이 당연하다"면서도 "정치적 의도와 불순한 의도가 개입되면 아무리 좋은 의미의 개혁도 정당화될 수 없"는데 특히 "정부에 비판적인 몇몇 신문사의 비리만 문제삼고 규모가 훨씬 큰 방송사는 건들지 않은 것은 형평의 원칙에 어긋난다"고 주장한다. 결국 한승조는 "언론개혁을 빙자해 정부에 비판적인 신문을 억압"하는 것으로 보고 있음을 알 수 있다.

또 임광규(헌법을 생각하는 변호사 모임 대표, 변호사)는 "언론사 세무조사에 투입된 인력, 조사강도 특히 조사의 동기가 의심스럽다. …돈을 많이 버는 언론사가 세금을 안 냈다면 조세법상 그 부분만 문제삼아야지 이를 빌미로 언론이 특정 계층, 기득권을 옹호한다고 비판하고 언론개혁을 이야기하는 것은 조세법의 목적이 아니고 그 동기도 의심스럽다"고 주장한다. 그리고 불공정거래에 대한 조사도 "공정거래법을 이용해 신문경쟁에 제동을 거는 발상"이라고 몰아붙임으로써 "법으로 언론을 규제"하려는 '불법의 극치'라고 인식하고 있음을 보여준다.

2) 대한매일

『대한매일』에는 언론개혁과 관련된 글이 39편이 실렸다. 정기적인 '매체비평'에 실린 글이 19편이다 보니 언론전공자들의 글이 집중되어 있다. 류한호(광주대 교수)가 7편, 주동황(광운대 교수)과 김창룡(인제대 교수)이 각각 5편, 김서중(성공회대 교수) 4편, 김승수(전북대 교수)와 김동민(한일장신대 교수)이 각각 1편씩 기고했는데 이들 모두 언론학자이다. 언론개혁운동을 하는 사람들의 글도 자주 실린 편이어서, '매체비평'의 고정필자인 최민희(민언련 사무총장)의 글이 5편이고, 김영호와 홍의(언론지키기 천주교모임 대표)의 글이 각각 1편씩이다. 그리고 안티조선운동을 하는 진중권(『아웃사이더』 편집인)의 글이 3편, 역시 안티조선운동을 하는 여인철(민족문제연구소 대전지부장)의 글이 1편이다.

39편 가운데 여론조사 전문가인 김행(디포메이션 이사)의 글 1편을 빼면 모두 언론개혁에 찬성하는 내용이었다. 김행은 7월 12일자 '대한광장'에 실린 「일상 속의 파시즘을 우려한다」(7. 12)에서 "언론을 좌우로 색깔지어 특정 매체의 구독과 거부를 부추기는 정치적 행위가 역겹다"면서 언론개혁에 대한 평가를 비켜나가고 있다.

한편 류한호는 '매체비평'의 「언론개혁 핵심 과제」(1. 30)에서 "편견과 음모, 사견과 치졸한 이해관계와 무한정한 상업성이 판치는 무질서의 공간으로 작동해 온 언론은 개혁돼야 한다"며 언론개혁에 지지를 보내고 있다. 나아가 2월 27일의 「언론사 세무조사 떳떳이 받아라」에서는 『조선일보』 『중앙일보』 『동아일보』의 세무조사 보도태도가 왜곡돼 있다고 지적하면서 비겁하게 굴지 말고 떳떳이 세무조사를 받을 것을 촉구한다. "세무조사가 정부와 언론 사이에 불투명한 유착의 그늘을 벗겨내고, 좀더 떳떳하고 생산적인 긴장관계를 형성하는 계기"가 되기를 기대하는 것이다. 또 「언론개혁, 제도개혁 중심으로」(11. 20)에서는, 세무조사는 언론개혁이 아니라 정부가 당연히 해야만 하는 행정행위라고 규정하면서 정기간행물법 개정안, 언론발전위원회 설치법안 등 법과 제도의 정비가 중요함을 지적한다.

김창룡 역시 '매체비평'의 「언론개혁과 대통령 연두회견」(1. 16)에서 "언론개혁은 시대적 당위"라면서 언론개혁의 핵심을 "소유구조 개편에 따른 편집권의 독립, 언론사 경영투명성 확보, 자율규제장치의 의무화, 광고 및 판매 시장의 공정경쟁과 유통시장의 질서 확립" 등을 꼽고 있다. 그러나 "집권 초기에 언론개혁을 시도할 수 있"었던 김대중 대통령이 "언론개혁을 이뤄낼 시기를 놓쳤다"고 아쉬워한다.

주동황은 8월 6일의 '대한광장'란 「실소 자아내는 오버랩」에서 "언론사 세무비리의 진실은 법정공방으로 가려질 것… 세무비리 공방을 떠나서 언론개혁의 필요성은 절대다수의 국민과 언론인들이 공감하고 있다"고 말한다. 또 김서중은 '매체비평'에 실린 「언론사 세무조사 탄압 호도 말라」(2. 13)에서 "언론사 세무조사는 조세정의 차원…. (세무조사) 결과 탈세가 언론사의 본질적 기능을 해치는 것이면 그때 언론개혁의 문제"가 된다면서『조선일보』『중앙일보』『동아일보』에 대해 "언론사 세무조사를 탄압으로 호도하기보다 제대로 된 언론개혁을 요구하는 것이 언론의 정도"라고 조언하며, 7월 15일 '매체비평'의 「지식인들 특정 언론 편들기 유감」에서는 "언론사의 비리를 캐내는 것이 언론탄압이 아니고 이를 가지고 타협하려는 것이 언론탄압, 장악음모"라고 주장한다. 그렇기 때문에 한나라당이 해야 할 일은 비리사주 처벌을 언론탄압이라고 비난할 것이 아니라 '엄정수사, 엄격한 법적용'을 주장해야 한다고 말한다.

김승수는 '기고' 「당당한 언론이 되라」(5. 7)에서 "세무조사와 신문고시는 무소불위의 언론권력을 법과 시장의 테두리 안에 들어가게 하는 것으로 언론민주화를 위해 중요한 역할"을 할 것으로 기대하고 있다면서 언론에 대해 "당당히 세무조사를 받고, 또 당당히 정권을 비판하는 언론이 되"라고 충고하고 있다. 또 정대화(상지대 교수)는 7월 7일자 '대한광장'에 실린 「타락한 노블레스 오블리제」에서 "사회적 공기로서의 의사소통의 장인 언론이 부패"했음을 지적하면서 "언론개혁을 언론탄압이라고 하는" 언론사들의 '후안무치'를 꾸짖고 있다. "언론의 자유를 탈세의 자유로 혼동하는 [것은]… 병리적 사고방식… 재벌기업의 탈세를 추상같은 필봉으로 질타했던 거만한 언론이 자기의 탈세를 언론자유의 일부분으로 견강부회하는 상황이야말로 지배집단의 도덕적 타락을 입증하는 '최후의 시위'"라 꼬집고 있다.

3) 한겨레

『한겨레』에는 모두 25편의 글이 실렸다. 이 가운데 정기적으로 매체비평을 하고 있는 강준만의 글이 6편으로 가장 많았고, 언론개혁운동을 하고 있는 안상운(변호사, 언론개혁시민연대 언론정보공개시민운동본부장)과 안티조선운동을 하고 있는 진중권, 언론인 출신의 정치학자 김재홍(경기대 남북한정치학과 교수), 소설가 현기영(민족문학작가회의 의장)의 글이 각각 2편씩 실렸다. 『한겨레』 필진은 주로 이상희(서울대 명예교수), 임동욱(광주대 교수, 민언련 정책위원장) 등 언론학자들이었다.

강준만은 '언론비평'란의 「임상원 교수께」(4. 9)에서 언론사에 대한 세무조사와 공정거래위원회의 조사가 뒤늦은 것이 문제이고 또 "타이밍을 의심"할 수도 있지만 정당하다고 주장하고 있다. 안상운은 '논단'의 「언론비리 국정조사를」(2. 16)에서 "국세청 세무조사와 공정거래의 조사에 대한 시시비비를 가리"기에 앞서 "94년의 세무조사에 대한 진상"을 밝혀야 하고 이를 위해 "국민의 대표기관인 국회가 특별조사위원회를 구성하여 국정조사권을 발동"할 것을 주문하고 있다. 이를 통해 "과연 당시 김영삼행정부가 언론탄압 목적으로 세무조사를 실시한 것인지, 언론사가 망할 정도의 비리란 과연 무엇인지, 포착된 사주들의 비리는 구체적으로 무엇인지, 추징했어야 할 세금은 얼마인지, 그런데도 세금을 추징하지 않음으로써 국고수입을 방기하고 과세의 정의와 형평성을 훼손한 이유는 무엇인지, 그리고 세무조사로 인해 그 이후 언론사의 보도에 어떤 영향을 미쳤는지 등등을 규명해야 한다"는 것이다. 또 같은 '논단'의 「신문사 소유제한 합헌」(3. 28)에서는 "헌법상 언론의 자유는 어디까지나 언론자유의 본질적 표현방법과 내용을 보장하는 것을 말하는 것이지 언론기업의 주체인 기업인으로서의 활동까지 포함하는 것으로 볼 수 없다는 헌법재판소의 결정"을 겸허하게 받아들일 것을 촉구하고 있다.

그런가 하면 진중권은 '논단'의 「언론 왜 개혁대상인가」(3. 16)에서 "정치, 사회, 문화 등 우리 사회의 왜곡된 사회적 소통구조를 바로잡"기 위해 언론이 개혁되어야 한다고 주장하는가 하면, 같은 난에서 임동욱은 「언론개혁 제대로 보기」(3. 23)라는 글을 통해 "조선·동아·중앙일보 등은 불량상품이라고 단언… 언론개혁은 시장을 바로잡자는 것이다. 언론개혁은 불량상품의 생산자들을 거부하는 소비자운동"이라고 주장한다. 또 김주언(언론개혁시민연대 사무총장)은 「신문고시 필요한 이유」(4. 6)에서 신문고시가 "일부 신문의 주장처럼 신문사의 영업활동을 통제하거나 영향력을 축소시키기 위한 것이 아니"라고 말하면서 "모든 신문사들이 공정한 경쟁법칙 아래서 경쟁하도록 이끄는 것"이라고 한다.

그밖에 이영주(휴먼소프트 연구원)는 '논단'의 「언론탄압론 겉과 속」
(2. 7)에서 세무조사를 둘러싸고 벌어지고 있는 갈등구조를 분석하면
서 야당과 언론사의 정치적 커넥션을 지적하면서 "언론자유의 수호
자인 것처럼 국민을 호도하는" 야당과 언론사에게 "양자간 커넥션을
인정하고, 과거와 현재 및 잠재적 미래를 사죄하고 단절해야 한다.
…[야당이] 정부여당보다 더 강력하게 언론개혁을 요구하고, 시민단
체와 함께 언론개혁운동에 동참하는 것"을 제안한다. 김세중(공인회
계사)은 역시 '논단'의 「언론 자기성찰의 기회」(2. 9)에서 언론사들이
법에 규정된 세무조사를 그동안 받지 않았던 것은 "정부가 언론이
무서워서 언론사에 준 특혜"라고 규정하고, 세무조사는 "부당한 특
혜를 없애기 위한 조처"라면서 "자신을 정화하지 못하고 여러 가지
특혜에 안주해 왔으며, 일부는 언론의 본디 사명을 망각"했던 언론에
게 세무조사가 '성찰의 기회'가 될 것이라고 말한다.

　김상봉(전 그리스도신학대 교수, 철학자)은 '논단'의 「언론권력과 민주
주의」(4. 4)에서 "자기들의 사사로운 이익을 지키기 위해 독자들을
바보로 만드는 데 혈안이 되어 있"는 '언론권력' 또는 '족벌언론'이
"그들 스스로 보이지 않는 손이 되어 모든 국민의 지배자가 되려 한
다"고 하며, 민주주의를 지키기 위해 언론권력과 싸워야 할 뿐 아니
라 언론개혁이 "우리 시대의 가장 중요한 정치적 화두"라고까지 주
장한다. 또 홍세화는 「이회창과 볼테르」라는 제목의 '칼럼'에서 언론
사 세무조사를 언론탄압으로 규정한 이회창 총재를 비판하였다. 그
는 "언론사들이 두려워하는 것이 진정 언론탄압일까, 아니면 족벌사
주들의 비리일까"라는 질문을 던지면서 "'조·중·동' 등 족벌신문
들과 이 총재가 세무조사를 언론탄압이라면서 한목소리를 내고 있는

속내는 족벌신문들의 편집권이 독립되어 있지 않음과 그들이 개혁에 반대하는 수구 기득권세력으로 한데 얽혀 있음을 실토하는 것"이라고 주장했다. 결국 홍세화는 이회창 비판을 통해 족벌신문들의 편집권이 독립되어 있지 않음을 지적하고 있는 것이다.

4) 한국일보

『한국일보』에서는 10편의 글이 분석대상인데, 이 가운데 6편은 세무조사와 신문고시를 긍정적으로 평가하고 있고 나머지 4편은 부정적으로 평가하고 있다. 긍정적으로 평가하는 글로는 박상기(연세대 법학과 교수)의 글 2편에다 언론학자인 양승목(서울대 교수)과 비언론학자인 김성천(중앙대 법학과 교수) 및 이준구(서울대 경제학과 교수), 시민운동가인 박주현(변호사)의 글이 각각 1편씩 있다. 부정적인 평가의 글로는 언론학자인 허행량(세종대 교수) 2편, 비언론학자인 김형기(경북대 경제학과 교수)와 박기찬(인하대 경영학과 교수)이 각각 1편씩 실렸다.

박상기는 4월 26일자 '아침을 열며'란의 「껍데기만 남았다」(4. 26)라는 글에서 "신문고시와 세무조사에 대해 언론탄압이라고 주장하는 언론권력"을 비판하며, 또 「언론자유와 자유언론」(7. 19)에서는 신문시장의 독과점을 날카롭게 비판하면서 정부가 독과점을 막기 위한 제도적 장치를 마련할 것을 촉구한다. 양승목은 '한국시론'의 「언론개혁 언론자유 지향해야」(6. 25)에서 "정부는 애초에 천명한 대로 조세정의를 위한 적법조사를 끝까지 실천"해야 한다고 주장하는 한편, 언론은 "무조건 자신의 잘못을 시인하고 반성해야 한다. 법적인

164

이유로 정부가 공표하지 못한 세무조사 결과를 만천하에 드러낼 수 있는 용기, 이런 뼈를 깎는 자기반성 위에서 독립언론의 위상을 확고히 다지는 것"이라고 제언한다.

또 박주현은 '아침을 열며'의 「누구의 독재도 안 된다」(6. 28)에서, 사설을 통해 국민에게 사과한 『한국일보』를 칭찬하고 국세청 발표와 상관없이 자사의 탈세사실을 공개하겠다고 한 『한겨레』 등도 칭찬하고 있다. 나아가 "세무조사에 대해 더 이상 왈가왈부하지 말"자고 하면서 정기간행물법 개정의 중요성을 강조한다. 역시 '아침을 열며'란에서 이준구는 「투명한 조세행정 정착돼야」(8. 7)라는 글을 통해 "세무조사가 엄정하게 이루어져 왔다면 언론탄압용이었다는 소리가 나오지 못했을 것"이라며 "과세당국이 떳떳치 못한 것은 사실"이라고 말하면서도 "일단 탈세혐의가 드러났다면 그 진상을 철저히 밝히는 것 외에는 다른 길이 없다"고 주장한다. 언론에 대해서도 "반성하는 기색조차 없고 자신들이 무슨 희생양이라도 되는 것처럼 떠들어대는 것은 이해하기 힘들다"고 비판한다.

그에 비해 언론인 출신인 허행량은 '특별기고' 「신뢰회복 시급하다」(4. 7)에서, 언론에 대한 원칙적 견해를 피력하면서도 언론개혁을 둘러싼 언론들간의 입장차이를 "언론사가 경쟁언론사…를 파괴하고 있다"면서 '신문사간 헐뜯기'로 규정하는가 하면, 「언론 세무조사 경쟁력강화 계기로」(7. 2)에서는 세무조사를 '언론과 권력의 갈등'으로 규정하면서 세무조사는 "언론 죽이기가 아니라 언론의 경쟁력강화로 귀결되어야 한다"고 제안한다.

김형기는 '아침을 열며'의 「낡은 정치 위에 희망은 없다」(10. 30)에서 "국세청을 동원한 언론개혁이 공정언론의 창달이 아니라 정권을 비판하는 신문사에 대한 탄압으로 끝나버렸다"고 주장하는가 하면, 박기찬 역시「국익을 위한 국정을」(12. 4)에서 세무조사를 "잣대 없는 세무감사, 외국인들도 이해 못한 세무감사"라고 혹평한다.

5) 조선일보

『조선일보』에는 세무조사와 불공정거래조사와 관련된 외부필진의 글이 모두 39편 실렸는데, 39편 모두가 세무조사와 불공정거래조사는 언론탄압이라고 주장하고 있으며 언론학자와 원로 언론인들의 글이 가장 많다. 남시욱(성균관대 교수, 전『문화일보』사장)이 4편으로 가장 많고 조용중(고려대 교수, 신문공정경쟁심의위원장), 전여옥(방송인), 김지운(전 성균관대), 정진석(한국외국어대 교수)이 각 2편씩, 박현태(전 KBS 사장), 임상원, 박천일(숙명여대 교수)이 각각 1편씩이다. 그리고 사회학자들도 이 대열에 합류한바 유석춘(연세대), 전상인(한림대), 송복(연세대) 교수가 각각 3편, 2편, 1편을 실었고, 한수산, 조성기, 복거일, 이문열 등과 같은 문인들도 동원되어 각각 1편씩을 실었다. 경영학전공자로는 조명현, 이만우(고려대), 유한수(전경련 상무) 등이 기고했으며, 그밖에 김동길(연세대 명예교수)과 김선택(한국납세자연맹 회장)을 비롯하여 프레스턴, 커크, 이항렬 등과 같은 외국인 및 외국거주자들도 눈에 띤다.

『조선일보』 2001년 2월 21일자 '시론'에는 김선택의 글이 실려 있는데,「언론사 세무조사」라는 제목의 글에서 김선택은 "언론사도 받아야 할 세무조사는 당연히 받아야 한다. 언론사라고 예외가 주어져서는 안 된다"면서도 "모든 대형 세무조사는 궁극적으로 '정치적'이"

라면서 세무조사는 '언론개혁의 정도'가 아니라고 주장한다.

　남시욱은 '시론' 「원한·증오 신드롬」(7. 15)에서 세무조사를 둘러싼 언론과 정부의 갈등을 '언론과의 전쟁', 족벌언론을 '비판언론', 이들을 옹호하는 지식인을 '비판적인 지식인'이라 규정하면서 언론사의 탈세에 대한 추징과 사법처리를 엄정하게 할 것을 요구하는 데 대해 "원한과 증오에 불"타는 "언론의 정도와 원칙에서 일탈"한 행위로서 "언론윤리를 망각한 행동"이라 꾸짖는다. 그리고 이어서 「'필진사퇴 압력설' 밝혀야」(9. 25)에서는 언론사 세무조사를 "김대중 대통령의 언론개혁 발언이 제1막, 국세청 세무조사가 제2막, 검찰수사가 제3막, 사법부 심판이 제4막"이라고 드라마에 비유하였다. 또 방상훈『조선일보』사장의 재판 첫 공판에서 정부로부터 '필진사퇴 압력'이 있었다는 모두진술을 근거로 "세무조사는 언론탄압용"이었음을 다시 한번 강조할 뿐 아니라, 언론개혁에 동의하는 언론에 대해 "정부 편에 서서 탈세만을 부각시킨" 것으로 "한국언론사의 치욕의 장"이라고까지 극언을 서슴지 않는다. 나아가 "언론사의 탈세를 옹호"하는 것이 아니며 "탈세 사실이 있으면 가감 없이 응분의 처분을 받으면 된다"고 주장하면서도 언론사 세무조사가 "비정상적인 방법, 비정상적으로 많은 인원, 비정상적으로 긴 조사기간, 비정상적으로 엄청난 추징액을 매기고, 언론사 대주주 개인들에게 조사를 집중시켜 그들을 끝내 파렴치한으로 만들어 감옥에 넣었기 때문"에 '정상적인 세무조사'가 아니라고 단정한다

　그런가 하면 '시론'란의 「'회오리'가 지나간 자리」(12. 13)라는 글에서는 "정치권력이 비판적인 언론에 대해 탈세조사를 통해 언론의 숨통을 조이려 했다"면서 세무조사를 택한 것은 "합법적 방법을 동

원하면 권력이 언론탄압을 한다는 비난도 피할 수 있"을 것으로 판단했기 때문이라고 말한다. 따라서 세무조사는 "먼지털이식·꿰맞추기식·부풀리기식 조사"였으며 "일부 사주들에 대해서는 처음부터 사법처리를 전제로 세무조사가 진행된 인상을 주었"고 "'파렴치한 만들기 작전'도 동원되었다"고 주장하면서 언론이 끝내 굴복하지 않아 다행이라고 말한다.

또 『조선일보』는 「외압 의한 신문개혁은 참담한 일」이라는 제하의 글에서 4월 10일 국회에서 열린 '국회언론발전연구회' 간담회의 내용을 실었는데, 주제발표를 한 장원호(아주대 교수)가 "언론개혁의 주체는 언론의 장래와 전문성을 위해 언론계 스스로여야 하고 최종판단은 독자가 하는 것… 외부압력이 가해지고 신문이 이에 의해 변하는 것은 참담한 일"이라고 말했다고 전한다.

정진석은 '시론' 「개혁과 작전세력」(4. 8)에서 "언론사라 해서 세무조사를 받지 않아도 된다는 법은 없다"고 전제하면서도 "언론을 억압하여 장악하겠다는 권력의 의도가 숨겨진 '탄압'… 권력의 '작전'에 따라 추진되는 표적조사"라고 규정하면서 "반여로 지목된 언론을 경영면에서 압박하고, 약점을 캐내 비판적인 논조를 약화시키려는 저의"가 있다고 말한다. 또 "비판적인 언론의 논조를 위축시키고 언론을 장악하겠다는 발상을 지녔다면 정권의 도덕성은 가혹한 역사적 비판을 면치 못할 것"이라고 주장한다. 그리고 「'세금벼락' 맞은 신문들」(6. 25)에서는 "세금과 과징금으로 신문을 쓰러뜨리거나 과도한 은행빚을 지도록 만들어서 언론에 재갈을 물리려 한다"는 의혹을 사기에 충분하다는 등, 탈세의 규모는 제쳐두고 오로지 세금과 과징금 액수만으로 "정부에 비판적이라고 지목되었던 신문사들이 가장 큰 타격을 입도록 되어 있"다고 편파적 억지해석을 하면서 "언론활동은 크게 위축"될 것이라고 우려를 금치 못한다. 심지어 "권력의 비위를 거슬렀다가는 세무조사나 과징금의 불벼락이 떨어질 확률이 크"다는 주장까지 하면서 세무조사와 불공정거래조사가 탄압임을 강변한다.

그리고 박천일은 7월 20일자의 「한국의 그레이엄을 기다리며」라는 '기고'에서 "한국언론 역사상 아마도 가장 치열한 권력과 언론 간의 긴장관계… '비판 없는 한국언론'"이라는 참담한 상황이 올 것이라고 단정하는가 하면, 전여옥은 「2001년 언론계를 되돌아보니」(12. 28)에서 세무조사를 "세무조사로 포장한 언론 손보기"로 해석한다.

또 김동길은 '시론'란의 「저 사람들이 제정신인가」(6. 26)에서, 세무조사를 둘러싼 정부와 언론의 갈등을 '언론과의 전쟁'이라고 표현할 뿐 아니라 "집권층이 야당시절에 언론 때문에 호되게 당해서 그 원한이 뼈에 사무쳤던 것일까…. 정부의 경제정책이나 대북정책을 다소 신랄하게(독자의 입장에서는 좀 시원하게) 비판해 온 집들이 호되게 당하고 있다는 느낌이 든다"는 표현으로 불순한 저의가 있음을 내비치려 애쓰는 데서 더 나아가 "신문사나 방송사를 향해 문을 닫으라는 말이나 다름이 없다"고 신문사의 편을 든다. "언론은 최후의 독재권력으로 남아 있다"는 말에 대해서도, 신문개혁을 촉구한 107명의 언론학자에 대해서도 "저 사람들이 제정신인가" 하며 비아냥거리다가는 느닷없이 논리적으로 비약해 "국고가 비어서 언론사로부터 추징금·과징금 명목으로 미화 4억 657만 달러를 거두려는 것은 아니겠지만 북에 퍼주기만 중단해도 그만한 재원은 쉽게 마련될 수 있다"며 '퍼주기론'으로 글을 맺는다.

이만우는 역시 '시론'의 「신문팔이 소년의 고민」(7. 1)에서 신문사들의 탈루·탈세를 "납세자인 신문사와 과세관청인 국세청이 의견을 달리하는 부분"이라는 기상천외한 해석을 내리고는 "모든 기업을 '범법자'로 만드는 현행 세법체계도 좀더 합리적으로 손질해야 한다"고 주장함으로써, 마치 신문사들의 탈세가 세법체계의 문제 때문에 나타난 억울한 일인 것처럼 보이도록 하고 있다. 조명현은 「국민은 불안하다」(7. 10)에서 『조선일보』와 『동아일보』를 '정권에 비판적인 신문'이라고 규정하고는 세무조사를 "[현정부가] 자신들에게 비판적인 신문에 대해 세무조사를 하고, 정부 장악매체를 총동원해서 공격"하는 것으로 본다. 그러면서 언론개혁을 시장에 맡기자고 주장한다. "정권에 아부하고 독자를 무시하는 신문"과 "시장에서 읽히지 않는 신문"의 퇴출이 진정한 언론개혁이라는 것이다. 또 "언론 세무조사로 촉발된 사생결단식의 대결을 끝내"고 "탈세 등의 범법사실 유무에 대해서는 법의 공정한 심판에 맡기고, 진정한 언론개혁을 위한 제도적 장치 마련에 지혜를 모으"자는 제안도 잊지 않는다.

소설가 조성기(숭실대 교수)는 '시론'의 「징세권이 권력의 칼인가」(7. 4)에서 "언론을 개혁한다면서 그 일환으로 세무조사를 전면에 내세운 것은 무리한 발상…. 이렇게 해도 안 되고 저렇게 해도 안 되니 마침내 '전가의 보도'를 휘두르게 된 [것인데]… 시점이 적절하지 못했고 법운용의 형평성에 대해서도 문제의 소지가 많"다고 평한다. 역시 소설가인 이문열은 「신문 없는 정부 원하나」(7. 2)라는 글에서 시민단체들의 언론개혁 요구를 "홍보의 탈을 쓴 정치적 프로파간다, 소수에 의한 다수 사칭 여론조작"으로 몰아붙이면서, 국세청이 언론기업 탈세혐의를 검찰에 고발하는 것을 3개 방송사가 생중계한 것을 두고 "나치의 대국민 선전선동을 연상"시킨다고 말한다.

같은 '시론'란에서 전상인은 「부끄러운 언론내전」(7. 5)이라는 글을 통해, 아예 세무조사를 둘러싼 갈등을 '전쟁'에 비유한다. "언론개혁이라는 대의를 부정할 시민도, 조세정의라는 규범을 폄하할 국민도 없다"는 전제를 내세웠지만 "언론개혁과 조세정의를 액면 그대로 믿는 사람"이 거의 없다면서 오히려 "집권세력의 정치적 의도를 자못 궁금해하는 것이 세간의 솔직한 분위기"라고 주장한다. 그리고는 족벌언론들의 세무사 조사결과에 대한 반발을 '이유 있는 반항'이라고 두둔하면서 언론개혁을 찬성하고 세무조사를 긍정적으로 평가하는 여론을 '기획민심'이라고 단정하는데, 그것은 "언론계 내부의 '간접적' 당사자[인]… 메이저 방송사… 마이너 신문사[가] 국민들의 정확한 판단을 흐리게 하"고 있기 때문이라는 것이다.

한편 '시론'의 「감시자로서의 시민단체」(8. 9)에서 유석춘은 언론사 세무조사의 '정치적 의도'가 명백하다고 주장하면서 "일부 시민단체들이 정부의 '홍위병' 아니냐는 의혹이 제기되고 있"다고 말하는가 하면, 홍광훈(서울여대 중문과 교수)은 「누런 띠와 흰 갈대의 땅」(7. 16)에서 언론사 세무조사가 "결과적으로 언론탄압의 효과를 가져온다"고 말하면서 탈세를 저지른 신문사들에 대해 "비판기능이라는 언론 본연의 사명에 충실한 언론사"로 규정하고, 언론개혁을 촉구해 온 시민단체들을 "집권세력과 모종의 연대관계를 맺고 있는 것으로 의심되는 추종세력"으로 지칭하면서 이들의 행태가 '문화혁명'을 닮았다고 주장한다.

4월 4일자에는 「신문고시 무엇이 문제인가」라는 긴급좌담을 싣고 있는데, 정부의 언론정책이 "비판적 신문에 대한 언론장악 의도"라는 지적이 제기되고 있다면서 열린 이 좌담에는 조용중, 남시욱, 원우현(고려대 신문방송학과 교수)이 참여했다.

조용중은 "언론에 대한 위협과 침묵강요가 강도 높게 이루어"지고 있으며 "국세청과 공정거래위원회가 언론개혁의 본질을 훼손한다"고 주장한다. 신문고시 부활 등 언론정책들이 "정치적 목적에 의해 추진"되는 것으로 보면서 정부가 신문을 "범죄집단으로 취급"한다며 "신문에만 규제의 칼을 들이대는 것은 형평성을 잃은 처사"라고 주장한다. "언론개혁은 시대의 요청이며 반대할 사람이 없"다면서도 "언론개혁을 둘러싼 대립은 '시장싸움'"으로 "'조선·중앙·동아'가 갖고 있는 70%의 시장을 군소신문이 어떻게 나눠 갖느냐의 싸움"에 "정부가 권력의 힘으로 개입하는 것"이라는 주장을 펼친다. "이념적으로 언론계가 대립해 분열되어 있는 상황을 권력이 교활하리 만큼 지능적으로 활용"하는 것은 "떳떳하지 못한, 정부역할의 정도를 넘어서는 것"이라고 평가하고는 "비판적 언론에 대해서만 입막음을 시도하려는 것"은 '권력의 오만'이라고 질타한다.

원우현은 "정부가 대북관계의 이데올로기적 변화에 발맞춰 언론을 보수와 진보로 나눠 새로운 관계를 설정…. 정부의 변혁적 대북자세와 더불어 정부에 대한 동조를 이끌어내려는 것"으로 보면서 "권력은 항상 언론에 거리를 두고, 언론은 권력을 비판해야 한다는 점에서 권력은 언론을 위해하려는 행동을 자제"하라고 충고한다. 또 남시욱은 세무조사를 "권력이 언론에 대한 불만으로 '매'를 든 것…. 권력자가 언론비판에 대한 인내의 한계를 드러내 불만이 폭발한 것"이라면서, 언론의 소유지분 제한은 "전체주의·집단주의적 발상"이며 "사주를 무력화시키려는 것으로 계급투쟁적 측면이 있다"고 주장한다. 이 좌담 이후에도 남시욱은 여러 차례 칼럼을 통해 세무조사를 비판하고 있다.

『조선일보』는 세무조사를 비난하기 위해 외국인들까지 동원한바, 3월 12일자에 창간 81주년을 기념하여 『워싱턴포스트』의 벤 브래들리(Ben Bradlee) 부사장과의 인터뷰를 실었다. 『조선일보』에 따르면, 1968~91년에 편집국장을 지낸 브래들리 부사장은 '워터게이트사건 폭로기사'로 닉슨(R. Nixon) 대통령을 권좌에서 물러나게 했다는 것이다. 『조선일보』와의 인터뷰에서 브래들리는 다음과 같이 말한다. "정부가 언론에 대해 강압적인 조치를 취하는 것은 매우 염려스럽다. 세무조사의 경우 제조업은 하지 않고 신문업종만 한다거나 하는 경우 이는 언론탄압이고, 잘못된 것이다. 역사적으로 언론을 탄압한 대통령들은 실패해 왔다. 세무조사의 방법은 성공하지 못할 것이다." 그러나 이것은 『조선일보』가 세무조사를 "현정부에 대한 언론의 비판적인 목소리가 높아지면서 정부가 전격적으로 실시하고 있"다고 규정했기 때문에 나올 수밖에 없는 답변이다.

그밖에 다나 로라버커(Dana Rohrabacher) 공화당 하원의원의 안보보좌관 앨 산톨리는 '시론'의 「미 의회, 왜 한국에 관심 갖나」(7. 23)라는 글에서 세무조사를 "독립적 언론사들에 대한 국세청의 압력…. 언론사들에 대한 세금추징은 한국에서 비민주적 군사정권 때 사용됐던 것"이라면서 "국내의 비판에 대해 용인하지 못"하는 '언론탄압정책'이라고 주장한다. 또 영국 『가디언』지의 편집인을 지냈던 피터 프레스턴의 글 「DJ 정권의 '위험한 선택'」을 10월 5일의 '시론' 란에 실었는데, 편집자는 영국 런던 『옵서버』에 게재된 칼럼(9. 30)을 본인의 허락을 받아 요약했다고 밝히고 있다. 아무튼 이 글에서 피터 프레스턴은 세무조사가 "궁지에 몰린 정부가 교묘한 탄압방법을 새로 찾아낸 것"이라고 해석한다.

이어서 『조선일보』는 재외한국인을 등장시켜 언론사 세무조사를 비판하는바, '시론'의 「민주주의 언론이란」(4. 12)의 글을 쓴 이항렬(미국 세퍼드대 교수, 정치학)은 재미한인교수협회 회장이다. 그는 이 글에서 한국신문이 "보도의 정확성이나 비판의 공정성에 문제가 적지 않"지만 그렇다고 정부가 "세무조사나 신문고시로 재단하려 해서는 안 된다. …언론개혁과정에서도 자유시장 경제원칙이 적용되어야 하며, 정부는 언론사들이 자율개혁을 하도록 분위기를 만들고 장려해 주어야 한다"고 주장하는 한편, 남북문제가 가장 중요하므로 "언론사의 세무조사와 신문고시는 2차적으로 해도 된다"고 말한다.

6) 중앙일보

『중앙일보』는 14편의 글을 실었는데, 이 가운데 언론인 출신인 안병찬(경원대 교수)과 이선희(이화여대 예방의학과 교수)만 언론개혁에 대해 긍정적 입장을 보였을 뿐 나머지 글은 세무조사 등을 부정적으로 평가하고 있다. 14편 가운데 언론학자들의 글은 안교수 외에 허행량, 임상원(고려대), 김정탁(성균관대) 등 모두 4편이다. 그리고 송복, 이동복(명지대 객원교수), 양건(한양대 법대학장), 최규장(칼럼니스트), 김종식(세무사), 박종규(행정개혁시민연합 공동대표) 등이 각각 1편씩의 글을 썼다.

안병찬은 '시론'의 「언론과 권력의 두 얼굴」(2. 16)에서 "언론개혁이 시민사회의 의제로 완전히 자리를 잡았다. 현역 언론인들도 언론계와 기자사회는 개혁해야 한다는 데 전반적으로 동의하는 분위기"

라고 진단하고는 "뼈를 깎는 자성과 실천을 통해 추락한 언론의 신뢰를 회복해야 한다는 안팎의 개혁요구를 뒷받침하는 것"이라고 결론짓는다. 그리고 이선희는 7월 1일자 '옴부즈만 칼럼'에서 "만의 하나 언론이 모든 사회구성원들이 부담해야 하는 세금을 부당하게 탈루해 놓고 언론자유 침해라고 강변한다면 이는 사회적 공기를 사적 이익의 도구로 전용한 것에 다름 아니다"는 원칙적 견해를 밝혔다.

그러나 허행량은 「세무조사 나는 이렇게 본다」(6. 20)는 제목의 기고에서 다음과 같이 쓰고 있다. "세무조사 결과가 국민이 세금을 탈루한 부도덕집단으로 언론을 매도하고 결과적으로 언론의 생명인 '신뢰도'를 해치게 될 것…. '언론개혁'을 둘러싸고 언론계와 정부가 벌여온 그동안의 갈등은 최종 승리자가 일반국민이 되는 것으로 승화돼야 한다. 일반국민이 자신이 좋아하는 신문을 골라서 마음대로 볼 수 있고, 언론계는 좋은 신문이나 프로그램으로 이러한 국민에게 보답하고, 정부는 이런 방향으로 언론산업을 지원하면 일반국민이 최종 승리자가 될 수 있다."

임상원은 '시론'의 「언론싸움 자제해야」(6. 28)에서 "신문에 대한 방송의 비판과 비난, 신문매체들 사이의 상호비난은 이제 돌이키기 어려운 지경까지 이"르렀다고 주장하는가 하면, 김정탁은 「밤의 대통령, 제왕적 대통령」(7. 7)이란 글에서 언론개혁에 찬성한다는 입장을 밝히면서 "언론사주의 세금포탈 편법증여 부조리는 비판 규탄받아 마땅하다"고 목소리를 높이면서도 "밤의 대통령이 탄생할 수 있는 것은 제왕적 대통령이 존재하기 때문"이라고 책임을 슬그머니 대통령에게 미루더니 "밤의 대통령을 제압하기 위해 상식을 뛰어넘은 이번 조치가 대통령의 제왕적 성격을 단적으로 보여준다"며 세무조사를 상식을 뛰어넘은 조치로 격하시킨다.

송복은 두 편의 글을 실었는데, '시론'의 「제왕의 난파선」(3. 26)에서는 "지금 언론에서 비판의 소리는 적이 되고 반대의 소리는 악으로 낙인된다. 개혁정책이 잘못되고 있다고 비판하면 반개혁론자로 지목하고, 대북정책이 수정돼야 한다고 비판하면 반통일론자 반평화주의자로 몰아붙인다. 언론기능은 이런저런 조사로 제압되고 축소된다"며 세무조사와 불공정거래가 언론을 탄압한다고 몰아붙인다. 그리고 이어 「허물어지는 사회」(5. 7)에서는 세무조사 때문에 "언론은 언론대로 활동이 위축된다고 절규하고 있다"며 족벌언론들의 발언에 손을 들어주는가 하면 세무조사를 "허울만의 자율주의로 언론을 개혁"하려는 것이라고 주장한다.

또 이동복은 같은 '시론'란의 「권언대결 반복되나」(6. 28)에서 "58년 '국가보안법 파동'을 일으켰던 당시 자유당 수뇌부의 생각과 지금 '언론 세무사찰 파동'을 밀어붙이는 현정부, 여당 수뇌부의 생각 간에 유사성이 있"는 것처럼 쓰고 있다. 양건은 '중앙시평'의 「의심받는 과세권」(7. 1)에서 세무조사가 "'세금의 외양을 띤 의도적이고 계산된' 조치로서 과세권이 행사되는 경우"가 아닌가 하는 의혹을 갖고 있음을 드러내면서, 그 근거로 "정권비판이 고조된 지금의 시점에서 세무조사가 이뤄지는 까닭이 달리 있지 않[고]… 세무조사 방법 등에서 엄격한 기준이 적용되고 있"기 때문이라고 말한다. 뿐더러 "과세권 행사를 위헌적으로 남용해서는 안 된다"고 주장함으로써 마치 세무조사가 위헌적일 수도 있다는 뉘앙스를 풍긴다.

『중앙일보』는 세무조사와 관련해 전문가인 세무사의 글도 실었는데, 경영학박사인 김종식 세무사는 '시론' 「세무조사 공정하려면」(2.

17)에서 "세무조사 대상업체 선정이 공정성에 대한 논란이 일고 있는 가운데 납세자가 세무조사를 재수 없는 일로 받아들이는가 하면 일부 대기업의 세무조사는 정치보복으로 비쳐지기도 한다"면서 마치 언론사 세무조사가 정치보복을 위해 불공정하게 이루어진 것처럼 쓰고 있다. 또 재미칼럼니스트 최규장의 「메신저를 죽이지 말라」(3. 24)는 "진실을 전한 것이 무슨 죄가 있다고 신문사들이 불공정조사를 받고 있다. 세무조사도 서슬이 퍼렇다"면서 세무조사를 불공정조사라고 못을 박는다.

언론사 세무조사에 대한 비판에는 시민단체 인사도 가세했다. 4월 24일자 '시론'의 「자율 해라의 시대」라는 글에서 박종규 행정개혁시민연합 공동대표는 "정부는 언론개혁을 명분으로 세무조사라는 칼과 신문고시라는 회초리를 들었다"면서, 정부의 의도가 "언론 길들이기, 말문 닫기, 중조동 영향력 줄이기, 내년 대선대책 등에 있다는 항간의 말이 사실이라면 아무리 잘 드는 칼과 좋은 회초리라도 이 빠진 도끼나 파리채가 되고 말 것이다"라고 비판하고는 신문고시를 "신문협회의 자율규제를 강제하고 있"는 것으로 이해하고 있다.

7) 동아일보

『동아일보』에는 언론개혁과 관련된 글이 24편 실렸는데, 이 가운데 이만갑(서울대 사회학과 교수)의 글 1편을 제외하고 나머지 23편 모두 세무조사와 신문고시를 정치적 탄압으로 보고 있다. 또 12편이 언론인과 언론학자의 글로서, 『동아일보』 객원논설위원인 이민웅(한양대 교수)이 3편으로 가장 많고, 임상원과 조용중이 각각 2편을 실었으며 심재철(고려대), 유재천(한림대), 김우룡(한국외국어대), 남시욱, 여영무(법학박사)의 글이 각각 1편씩이다. 비언론학자로는 유석춘이 2편을 실었고, 전용덕(대구대 경제학과 교수)과 『동아일보』 객원논설위원인 김일수(고려대 법학과 교수), 신일철(고려대 철학과 교수)이 1편씩 글을 썼다. 그밖에 소설가 이문열, 노재봉(전 국무총리), 박승록(한국경제연구원 기업연구센터 소장), 김선택의 글이 1편씩 실렸고 재미언론인 장동만과 외국인 레너드 서스맨(컬럼비아대 교수, 프리덤하우스 수석연구원)의 글도 각기 1편씩 있다.

이민웅은 7월 3일자 '시론'란의 「언론이여 할말은 해라」에서 세무조사와 신문고시에 대해 '증오' '간지(奸智)' '살기' '치기(稚氣)' '반목' '대립' '분열' '불길' '제2의 킬링필드' '음산' 등과 같은 딱지를 붙이면서 세무조사와 신문고시 부활이 "합법을 빙자하여 정부의 실정을 가장 많이 비판해 온 동아, 조선, 중앙 등 이른바 '빅3 신문사'의 재정기반을 무너뜨리고 그 도덕성마저 훼손시켜 몰락을 유도하는 한편, 독자가 몇 안 되는 친여지들의 시장점유율을 높여주기 위해 기획"된 것이라고 말한다. '징세권 남용'과 "언론사주의 도덕성을 흠집내고" '미운 놈 조지기' 식의 표적조사, 법적용의 잘못, 부풀리기 때문에 "비판언론은 신군부 5공정권의 언론통폐합 이후 최대의 위기에 직면해 있다"는 것이다. 그후 7월 19일에도 「신문의 힘 독자가 만든다」는 제목의 글에서 "언론권력의 기본적 성격은 영향력[이며]… 영향력은 오로지 독자의 자발적인 동의와 공감에 의해 발휘"된다면서 "동아일보 등 '빅3 신문'의 사회적 영향력이 큰 것은 이들 신문을 보는 독자가 많을 뿐만 아니라 이들 신문의 기사와 논평에 대한 독자의 공감 내지 동의 수준이 높다는 것을 의미"한다고 말한다. 그러면서

"지방자치단체선거와 대통령선거가 있는 정치시즌이 눈앞에 다가왔음에도 불구하고 '빅3 신문'의 편집국장은 모두 정치부 경험이 전혀 없는 경제통들로 바뀌었[는데]… 권력의 오한효과(chilling effect)가 나타나 비판신문이 움츠러들기 시작한 것"이라고 본다.

조용중은 '시론'의 「권력, 왜 신문시장 흔드나」(3. 26)에서 '신문고시'는 "언론개혁의 일환으로 정부가 신문시장에 직접 개입하겠다고 나선 것"으로서 "설득력이 없을 뿐만 아니라 정부에 비판적인 신문을 무력화하고 자연스러운 시장질서를 작위적으로 개편하려는 불순한 의도"라고 단정짓는다. 나아가 세무조사와 불공정거래조사 및 신문고시를 "권력의 필요에 따라 되풀이되는 해제와 규제"라 주장하면서 "언론개혁은 그 본질이 완전히 훼손되고 말았다"고 한다. 언론개혁을 둘러싼 언론들의 대립을 "오만한 권력개입의 책임"이라면서 "정부의 시장개입 때문에 언론개혁 자체가 성공할 수 없게 되었을 뿐만 아니라 권력이 분별도 절제도 없이 신문시장에 개입했다는 평가만을 역사에 남기게 되었다"고 주장한다. 그리고 「신문 욕보이기」(7. 1)에서는 "언론사 세무조사 결과 발표는 흡사 군사정권 때의 간첩단 검거 발표"와도 같다고 말하기를 서슴지 않으며 '막대한 세금추징'과 "몇 신문사의 사주들을 조세범 혐의로 검찰에 고발한 것[은]… 치밀하게 짜여진… 시나리오"라고 주장한다. 자신은 공권력이 "신문을 향한 전면전쟁"을 선포한 것이라고 본다며 "신문사에 창피를 주는 데 더 열을 올리고 있[고]… 세금추징이라는 처벌 외에 명예나 도덕성, 자부심에 최대한의 상처를 주어 신뢰를 잃게 하려는 저의"가 있다고 말한다. 즉 세무조사가 "언론을 다루면서 탄압이니 간섭이니 하는 비난을 면하"려는 방책으로 보고 있는 것이다.

임상원은 같은 난의 「신문의 날을 맞아」(4. 7)에서 "언론개혁이란 이름 아래 신문은 매도되고 있다. …언론개혁을 자율에 맡겨야" 한다고 주장하며, 「멀고먼 언론자유」(5. 4)에서도 역시 세무조사를 비판적으로 보고 있다. 또 언론인 여영무는 「벼랑 끝에 몰린 언론자유」(6. 29)에서 다음과 같이 평가한다. "권력과 언론 간 갈등은 마치 아마겟돈을 보는 듯…. [『동아일보』가] 일제하 나라 잃은 민족에게 반일 민족독립정신을 고취하면서 무수한 압수수색과 정간, 편집간부들의 구속과 정간, 폐간 등 온갖 핍박을 견뎌내며 오늘의 민주주의와 언론자유의 터전을 마련했다. 해방 후에는 좌우갈등을 타넘고 민주국가 건설에 기여했고 자유당시절 반독재투쟁을 거쳐 70년대 유신정권에 저항, 민주화투쟁을 승리로 이끄는 데 기여했다." 그렇기 때문에 세무조사가 "권력이 자유언론을 제약, 위축 또는 말살하려는 의도가 없었다면… 하지 않았을" '무모한 일'로서 "처음부터 끝까지 비판언론 길들이기, 재갈 물리기 징벌과 보복적 차원에서 비롯됐다"고 단언한다. 따라서 언론개혁에 앞서 "청와대와 정당, 국회와 공공부문 등이 최우선적으로 개혁"되어야 할 것이라고 주장한다.

유석춘은 역시 '시론'의 「개혁해야 할 '언론개혁'」(3. 20)에서 "언론매체의 개혁이 필요하다"는 주장에 반대하지 않음을 밝히면서도 "소유구조가 '족벌적'이냐 '국민적'이냐를 기준으로 선악을 구분하고 있"다며 언론개혁을 "'운동'의 방법으로 강제하는 일은 일종의 인민재판"이라고 주장할 뿐 아니라, 9월 29일자 '시론'에서는 "깡패식 언론개혁"이라고까지 말한다. 그리고 전용덕은 「언론 길들이기」(5. 8)라는 글에서 "세무조사는 언론개혁이 아니라 언론 길들이기를 위한 도구"라고 말하는가 하면, 김일수는 「법적 위기에 경종」(7. 25)에서 세무조사를 "공영방송까지 합세하여 일사불란하게 펼쳐지는 주요 언론사 매도… 정의를 앞세운 국세청의 먼지털이식"이라고 폄하한다. 신일철은 '금요포럼'의 「언론 입 막으면 정권 썩는데…」(7. 5)에서 "우리 언론은 일제 수난기와 군부독재의 가시밭길을 헤치고 민족언론, 반독재 자유언론의 길을 걸으며 '권력은 짧고 언론은 길다'는 역사적 진실을 입증해 왔다"고 주장한다.

한편 소설가 이문열은 7월 9일에 「홍위병을 떠올리는 이유」라는 글을 실었다. 이 글에서 그는 언론개혁을 주장하는 시민단체들에게서 "중국 문화혁명을 주도했던 홍위병을 섬뜩하게 떠올"린다며 그 이유로 "형식논리만 갖춰지면 못할 짓이 없었"고 "소수에 의한 다수 위장"과 "비전문적 정치논리에 의지한 전문성 억압" "우연의 일치치고는 너무 자주 그들의 견해가 정부 혹은 정권의 그것과 일치"하기 때문이라고 말한다.

노재봉 전 국무총리는 '칼럼'의 「언론파동은 정치드라마」(7. 11)라는 글에서 "권력강화를 위하여 정치는 때로 언론을 통제해 보려는 유혹에 빠지기도 한다"고 전제하고 대통령이 언론의 정치적 영향력에 불만이 많았다고 주장한다. 그러면서 "검증할 수 없다"고 한발 빼면서도 "정권 재창출, 연방제 또는 연합제 개헌, 김정일 답방 등이 목적"이라고 근거도 없는 주장을 하면서, 2000년 8월 언론사사장단 방북에 동아일보사와 조선일보사 사장이 빠진 것이 "정면으로 정권에 도전장을 낸 셈"이었다고 말한다.

또 김선택은 '시론'란의 「국세청 잣대는 법 위에 있나」(6. 26)에서 언론사 세무조사가 통상적인 세무조사의 '수십 배의 강도'라고 목청을 높이는가 하면, 재미언론인이라는 장동만은 '기고'의 「한국은 아직도 인치의 나라」(3. 12)에서 세무조사에 대한 대통령의 발언을 '세정업무에 대한 관여'로서 '월권적 행위'라고 단정한다. 그러나 이 글의 의도가 무엇인지 파악할 수 없는데, 아무리 '기고'지만 『동아일보』가 왜 이런 글을 실었는지 이해할 수가 없다. 그런가 하면 레너드 서스맨은 '창간 81주년 특별기고'「권력과 언론」(4. 1)에서 세무조사를 "정부비판에 대한 보복으로 간주"할 수 있다고 주장한다.

그러나 이만갑이 쓴 「타협의 길 제시하자」(7. 16)는 『동아일보』에서 유일하게 가치중립적인 글이다. "언론사 세무조사 문제를 둘러싼 정치권과 언론계의 공방에 참여"한 지식인이 "지식인 본연의 자세에서 크게 벗어나 정치단체나 이익단체에 밀착해 마치 대리전을 치러주고 있는 듯한 느낌"을 준다면서 개탄하고 있는 내용이다.

5. 맺음말

우리 언론의 가장 큰 문제점은 '언론의 권력기관화'이다. 언론이 권력기관이 되어버린 원인은 정치권력의 탓이다. 늘 정당성의 문제를 안고 있던 정치권력은 여론을 통제하거나 조작하고 싶어했다. 지난날의 정언유착은 언론의 통제 필요성을 느낀 정권이 당근을 주면서 주도한 측면이 강하다. 지금의 정언유착은 언론이 자사의 이익을 위해 주도하며, 언론비판에 나약한 면을 보이는 정치권과 재계가 그에 끌려가는 상황이다.

이렇게 권언유착이 진행되는 과정에서 비판적인 지식인으로서의 언론인들이 설자리를 잃어버렸다. 언론소유구조의 집중화가 이루어지면서 언론이 언론사 사주 개인의 사유물처럼 되었기 때문이다. 특히 언론사 소유주의 권력지향이 그대로 편집에 반영되고 있듯이, 사주 개인에게 집중된 소유권은 편집권을 크게 훼손하고 있다. 이와 같은 상황에서는 신문보도가 왜곡될 수밖에 없다. 사주 자신의 이해관계가 우선적으로 반영되는 언론보도가 공정한 잣대에 근거한 정당한 비판이 되기를 기대할 수는 없을 것이다. 나아가 언론사를 성장시키려는 사주가 정치권력이나 자본과 함께 권력동맹을 형성함으로써, 정치권력을 비롯하여 재벌의 이해관계도 충실하게 반영하게 된다.

게다가 최근에는 언론인이 아닌 지식인들도 안타깝게 설자리를 잃어버리게 되었다. 특정 언론의 나팔수 노릇을 하는 지식인들이 나타난 것이다. 뿐더러 낙후된 정치적 환경이 지식인들에게 특정한 정파나 언론에 줄서기를 강요하게 되기에 이른 것이다.

언론개혁은 민주적 저널리즘의 제자리를 찾기 위한 노력이다. 신문의 경우 신문의 공정·사실 보도 기능의 회복이 바로 개혁목표라고 할 수 있다. 이를 위한 한국언론의 발전방향은 소유와 경영의 투명화와 합리화, 공정한 시장행위와 경쟁체제의 확립, 다원주의적 신문시장구조, 독자주권의 확립 등으로 요약할 수 있을 것이다. 언론사 세무조사나 신문시장의 불공정거래를 막기 위한 신문고시의 실시가 아닌, 올바른 언론개혁이 시급한 상황이다. 언론이 바로 서지 않으면 사회가 바로 서지 못하고, 언론개혁이 먼저 이루어지지 않으면 다른 분야의 개혁도 불가능하다.

햇볕정책과 지식인
신문기고문 내용분석

김갑식[*]

1. 머리말

지난 2000년 6월 남북정상회담은 분단 이후 최초로 이루어진 역사적 만남이었기에 국민여론은 남북정상회담을 있게 한 햇볕정책에 대한 비판을 허락하지 않았으며 이를 계기로 굴곡 많던 남북관계는 화해협력의 시대를 열어나갈 수 있는 희망을 제공하였다. 그러나 2001년 들어와서, 주변 국제환경과 국내 정치상황의 유동성 등을 이유로 남북 화해협력 분위기가 주춤하자 햇볕정책에 비판적이던 쪽이 본격적으로 햇볕정책에 대한 반론을 제기하기 시작하였다. 부시정권 등장 이후 대북정책에서의 한미간의 불협화음, 북미관계의 경색, 북한의 소극적 태도, 김정일 답방 지연, MD논란, 미 테러사태, 세계경제의 침체 등은 햇볕정책의 지속적인 추진을 어렵게 하는 장애물로

---

* 경남대 극동문제연구소 연구교수, 정치학

등장하였고 이에 햇볕정책을 둘러싼 남남갈등이 심화되기에 이르렀다. 이러한 '남남갈등'의 판가름에는 정치권이 선두에 서 있고 그 뒤에 언론과 지식인들이 배치되어 있다.[1] 좀더 자세히 말하면 햇볕정책과 관련된 남남갈등의 진원지는 정치권이고, 이것이 언론 그리고 지식인들에 의해 확대재생산되어 일반국민들에게 전파되는 구조이다. 그런데 이 과정에서 역사인식과 실사구시를 생명으로 삼아야 하는 지식인집단이 양쪽으로 갈려 자기 주장의 일방적 강변과 타인 주장의 일방적 매도로 일관한 측면이 다분했다는 지적이 끊이지 않고 있다.

이러한 문제의식 아래 이 글은 7개 중앙일간지에 등장한 지식인들의 칼럼·기고문을 통해 햇볕정책에 대한 지식인들의 태도 및 정향을 분석하고자 한다. 첫째, 햇볕정책에 대한 지식인들의 기본적인 태도 및 정향 분석과 더불어 지식인들의 연령, 출신지, 출신대학, 유학여부 등이 햇볕정책과 어떠한 연관성을 가지고 있는지도 함께 짚어볼 것이다. 둘째, 언론에 등장한 지식인의 분석이기 때문에 햇볕정책에 대한 언론사 분석도 진행할 것이다. 셋째, 햇볕정책을 둘러싼 논란이 어떤 이슈를 중심으로 진행되는지, 즉 햇볕정책 논란에 대한 지식인들의 인식구조를 기고문의 분석을 통해 해명할 것이다.

분석대상은 2001년 한 해 동안 7개 중앙일간지(『경향신문』『대한매일』『동아일보』『조선일보』『중앙일보』『한겨레』『한국일보』)에 실린 외교·안보·통일 분야의 사외(社外) 칼럼 및 기고문 253개[2]

---

1) 윤영철은 대북정책 보도를 중심으로 개별 신문이 지속적으로 특정 정당을 두둔하거나 비판하는 경향, 즉 '신문–정당의 병행관계'(press-party parallelism)를 분석한 바 있다 (윤영철,「권력이동과 신문의 대북정책 보도: '신문과 정당의 병행관계'를 중심으로」, 성곡언론문화재단,『언론과 사회』제27권, 2000, 48~81쪽).

(외국인, 정부측 인사, 국회의원, 탈북자 등의 기고문 제외)이다.[3] 엄
밀히 말하면 국민의 정부의 햇볕정책은 대북정책으로서 통일정책,
외교정책, 안보정책과는 다르다.[4] 그러나 이 글에서는 이들 정책이
상호 연관되어 있으므로 이들 모두를 분석대상으로 다룬다.

2. 햇볕정책에 대한 지식인들의 성향분석

지식인들의 햇볕정책에 대한 태도 및 정향을 분석하기 위해서는
무엇보다도 이들이 햇볕정책의 의의와 성과에 대해 어떻게 평가하고
있는지를 추적하는 것이 중요하다. 대체로 이 평가에서 지식인들의
성향분류는 결정될 것이다. 그러나 앞에서 말했듯이 이 글은 햇볕정
책뿐만 아니라 통일정책, 외교정책, 안보정책까지 포함하고 있으므
로 이들 분야에 대한 좀더 구체적인 쟁점을 가지고 접근할 것이다.
대북지원[5] 및 금강산관광사업에 대한 태도, 김정일 답방에 대한 태

---

2) 기고문 253개는 카인즈(KINDS)를 통해 확보하였다. 이 253개가 7개 중앙일간지에
   실린 햇볕정책 관련 기고문 전부라고는 장담할 수 없다. 누락된 것이 있으면 이는 필
   자의 책임이다. 그러나 253개를 가지고도 전반적 추이를 분석하는 데는 큰 무리가 없
   을 것이다.

3) 박홍원은 1998년 2월 26일부터 2001년 7월 2일까지의 『조선일보』와 『한겨레』의 대북
   정책에 대한 기사와 사설을 내용분석과 프레임 분석을 한 바 있다(박홍원, 「언론과
   김대중정부의 대북정책: 조선일보와 한겨레신문의 내용분석」, 『정상회담 이후의 한
   반도: 2년간의 성과와 전망』, 경남대 극동문제연구소 북한대학원, 미 조지타운대학,
   한국언론재단 공동주최 세미나자료집, 2002).

4) 박건영은 "통일정책은 대북정책의 상위개념이자 지향점으로서 통일의 과정과 목표를
   제시하는 전략적이고 장기적인 지침인 반면, 대북정책은 통일정책의 지도 및 제약하
   에 주어진 목표를 효율적으로 달성하기 위한 전술적이고 상대적으로 단기적인 집행
   수준의 방법론"이라고 정의하고 있다(박건영, 「대북정책의 새로운 접근」, 한국국제
   정치학회, 『국제정치논총』 제38집 2호, 1998, 93쪽).

도, 북한에 대한 태도, 남한의 북한과의 협상방식에 대한 태도, 한반
도문제에 대한 태도, 통일방안·통일이념에 대한 태도, 세계질서·
외교정책에 대한 태도 등이 주요 분석내용이다.[6]

이 글에서는 지식인의 성향을 '햇볕론자' '강풍론자'로 나누고 중
간에 속한 그룹을 '절충론자'로 지칭, 3가지로 분류한다.

햇볕론자는 햇볕정책에 찬성하며 그 성과를 높이 평가하는 지식
인들이다. 우선 이들은 인도적·민족적 차원에서 남북교류협력사업
및 대북지원을 해야 한다고 주장하며 평화체제에 도움이 된다는 이
유로 김정일 답방을 원한다. 햇볕론자들은 북한의 개혁개방 의지를
호의적으로 평가하고 주적(主敵) 개념을 현실화해야 하며 국가보안
법도 개정 내지 폐지해야 한다고 주장한다. 그리고 '궁색한 처지'에
놓인 북한을 인내심 있게 대해야 하며 '엄격한 상호주의'보다는 '탄력
적 상호주의'로 북한과의 협상에 나서야 한다고 이야기한다. 셋째로,
한반도문제에서 당사자원칙을 강조하고 MD의 위험성을 경고하며,
통일이념으로 자유민주주의를 공개적으로 말하는 것보다는 제3의
열린 사고를 중요시하고 통일민족주의를 주창한다. 넷째로, 세계사

---

5) 대북지원에 대한 비판과 반비판의 주요 내용에 관해서는 이재봉, 「대북 식량지원을
   통한 남북한 교류협력: 지정기탁으로부터 자매결연으로」(평화문제연구소, 『통일문제
   연구』 제10권 1호, 1998, 112~18쪽) 참조.
6) 남궁영은 햇볕정책의 쟁점으로 ① 햇볕정책의 실효성 문제 ② 북한의 전략적 변화 여
   부 및 신뢰성 문제 ③ 대북 저자세 협상 비판 ④ 대한민국의 자유민주주의 정체성 손
   상 여부 문제 ⑤ 통일론의 문제 ⑥ 대북정책의 투명성 및 국민적 합의 문제 ⑦ 대북
   지원의 상호주의 문제 등을 들고 이를 진보·중도·보수의 시각에서 분석하고 있고,
   전현준은 ① '퍼주기론' ② 상호주의 문제 ③ 김정일 답방 문제 ④ 북한의 불변론 ⑤
   남남갈등 문제 등의 쟁점을 가지고 그 적실성을 분석하고 있다(남궁영, 「대북정책의
   국내정치적 갈등: 쟁점과 과제」, 세종연구소, 『국가전략』 제7권 4호, 2001, 79~101쪽;
   전현준, 「대북정책의 쟁점분석」, 국제문제연구소, 『국제문제』 제32권 10호, 2001, 43
   ~50쪽).

적 탈냉전 분위기가 한반도에 확산되는 것을 원하고 있으며 미국의
독단적 태도를 비판하고 다자 균형외교의 필요성을 역설한다. 마지
막으로, 테러의 근본원인 해결에 역점을 둔다.[7] 뒤에서 설명하겠지
만 햇볕론자들이 이상의 입장에 대해 대체적으로는 단일한 태도를
보이나 이를 구체적으로 분석하면 햇볕론자 내에는 다양한 스펙트럼
이 존재한다. 그러나 어떠한 이유에서였든 햇볕정책을 지지하는 점
은 동일하다.

　반면, 강풍론자들의 견해는 햇볕론자의 그것과 정반대이다. 이들
은 더 이상 햇볕정책은 대북정책으로서의 정당성이 없고 그동안 성
과도 별로 없었다고 바라본다. 오히려 햇볕정책이 한반도 평화의 근
본요소인 한미동맹을 훼손하였다고 주장한다. 이러한 측면에서 미국
중심의 단극체제를 인정하는 현실주의가 필요하다고 이야기하고
MD의 유용성을 지적한다. 이들은 북한의 변화에 대해서 회의적이어
서 주적 개념을 계속 고수해야 하며 국가보안법도 유지해야 한다고
생각한다. 강풍론자들은 남한경제도 어려운 판에 북한에 '퍼주면서
끌려다닌다'고 비판하고, 김정일 답방의 의미에 대해서도 인색하다.
아직까지 한반도에는 냉전구조가 엄연히 지속되고 있으며 이를 해결
하는 유일한 방법은 미·일과의 관계 중시라고 주장한다. 이들은 북
한과의 협상원칙으로 (엄격한 전략적) 상호주의를 내걸고 테러리스
트에 대해서는 단호한 조치를 취해야 한다고 주장한다. 물론 한반도
도 북한이라는 위험국가가 있기 때문에 남한도 테러로부터 자유롭지

---

7) 문정인, 「김대중정부의 햇볕정책 2년: 이상과 현실」, 아태평화재단, 『평화논총』 제4
　권 1호, 2000; 백학순, 「햇볕정책의 평가: 한국의 시각」, 『정상회담 이후의 한반도:
　2년간의 성과와 전망』; 김근식, 「김대중정부의 햇볕정책: 회고와 전망」, 경남대 극동
　문제연구소, 『한국과 국제정치』 제18권 2호, 2002 등 참조.

못하다는 것을 강조한다.[8]

절충론자들은 햇볕론자와 강풍론자의 견해를 동시에 비판하거나 옹호하는 양비(兩非)·양시론적(兩是論的) 입장을 취한다. 이들의 주장에는 유별나게 '조화'라는 단어가 많이 등장하는데, 이 글의 분석에서는 양비·양시론적 입장뿐만 아니라 일반적 주장, 학술적 주장, 정보전달의 성격이 강한 글도 이 범주에 포함시킨다. 특히 외교정책 전망과 관련된 글들은 대부분 이 그룹에 속하는 것들이다.

지금까지 말한 내용을 정리하면 〈표 1〉과 같다.

<표 1> 햇볕정책과 관련된 쟁점 및 햇볕론자와 강풍론자의 입장

쟁점	햇볕론자	강풍론자
• 총론: 햇볕정책 찬성·성과	• 햇볕정책 찬성	• 햇볕정책 수정 내지 폐기
	• 햇볕정책 성과 인정	• 성과 부정, 남남갈등 야기
• 대북지원·금강산관광	• 인도적·민족적 관점 강조	• 퍼주기, 시장논리 강조
• 김정일 답방	• 평화체제 구축에 도움	• 성과없는 이벤트
• 북한에 대한 태도	• 변화중	• 변화하지 않음: 호전적
	• 주적 개념 현실화	• 주적 개념 고수
	• 국보법 개폐	• 국보법 유지
• 남한의 북한과의 협상방식에 대한 태도	• 인내심 강조	• 굴욕적 태도 비판
	• 탄력적 상호주의	• (엄격한 전략적) 상호주의
• 한반도문제에 대한 태도	• 민족·당사자원칙 강조	• 동맹 강조
	• MD 위험성, 전략적 모호성	• MD 유용성 지적
• 통일방안·통일이념	• 열린 사고 강조	• 자유민주주의 절대 고수
	• 통일민족주의	• 분단국가주의
• 세계질서·외교정책	• 세계사적 탈냉전 강조	• 한반도 냉전구조 강조
	• 미국의 독단적 태도 비판	• 미국중심의 단극체제 인정
	• 테러 근본원인 강조	• 테러 추방 강조
	• 다자 균형외교에 방점	• 미일과의 관계 중시

8) 이상우, 「6·15선언, 정권 바뀌면 휴지조각 될 수 있다」, 『신동아』 2000년 9월호; 민병천, 「대북 포용정책의 전개와 문제점」, 북한연구소, 『북한학보』 제24집, 1999; 정경환, 「통일문제의 기본 인식과 대북정책 방향」, 한국통일전략학회, 『통일전략』 창간호, 2001 등 참조.

1) 햇볕정책에 대한 지식인과 일반국민의 상관관계

이러한 기준에 입각하여 2001년 한 해 동안 7개 중앙일간지에 등장한 햇볕정책과 관련된 253개의 글을 분석하면, 햇볕론이 98개 (38.7%), 절충론이 89개(35.2%), 강풍론이 66개(26.1%)로 햇볕론이 가장 많고 절충론이 그 다음이며 강풍론이 상대적으로 적다. 이는 7개 중앙일간지에 등장한 지식인들의 햇볕정책에 대한 태도는 햇볕정책 찬성 쪽이 그 반대쪽보다 많다는 것을 의미한다. 이 글의 분석에서 사용되는 햇볕지수평균[9]도 1.87로 '절충'에서 '햇볕'으로 약간 치우쳐 있다.

한편 통일부가 2001년 한 해 동안 일반국민을 상대로 실시한 여론조사에서는 햇볕정책 지지가 반대보다 월등히 높다. 2월 조사에서는 지지가 83.5%, 반대가 15.5%이고, 6월 조사에서는 지지가 76.7%, 반대가 20.5%이며, 9월 조사에서는 지지 76.8%, 반대 19.0%이다. 이를 토대로 2001년 한 해의 평균을 내면 지지가 79.0%이고, 반대가 18.3%이다.

햇볕정책에 대한 지식인과 일반국민의 지지도를 비교하기 위해 지식인집단에서는 절충론을 제외하고 일반국민에서는 무응답층을 제외하여 백분율을 도출하였다. 그 결과 언론에 등장한 지식인들의 햇볕정책에 대한 지지는 59.8%이고 반대는 40.2%인 반면, 일반국민은 햇볕정책 지지가 81.2%이고 반대가 18.8%이다. 일반국민과 대비

---

9) 여기서 사용하고 있는 햇볕지수는 햇볕론자를 1, 절충론자를 2, 강풍론자를 3으로 한 것이다. 평균값이 2에서 1 쪽으로 기울면 햇볕정책 지지성향이고, 3 쪽으로 기울면 햇볕정책 반대성향이다.

하여 언론에 등장한 지식인들 중 햇볕론자는 과소대표를, 강풍론자는 과대대표를 하고 있다. 이것은 햇볕정책 논란과 관련하여 일반국민과 언론에 등장한 지식인 사이의 지지와 대표의 '굴절현상'을 보여주는 것이다.

〈표 2〉 일반국민의 햇볕정책에 대한 지지도(통일부 여론조사)

(단위: %)

2001	지지		반대	
	적극 지지	지지하는 편	지지하지 않는 편	적극 반대
2. 24~25	83.5		15.5	
	16.5	67.0	13.0	2.5
6. 19~20	76.7		20.5	
	16.8	59.9	16.4	4.1
9. 22~23	76.8		19.0	
	14.2	62.6	16.8	2.2
평균	79.0		18.3	
	15.8	63.2	15.4	2.9

〈표 3〉 지식인과 일반국민의 햇볕정책에 대한 지지도 격차

(단위: %)

	햇볕론자	강풍론자
지식인 (A)	59.8	40.2
일반국민 (B)	81.2	18.8
A-B	-21.4	+21.4

* A는 절충론자를 제외한 164개 기고문을 평균한 값
* B는 무응답을 제외한 '지지'와 '반대'만을 가지고 평균한 값

2) 햇볕정책 논란과 관련, 언론에 등장한 지식인들의 전반적 분석

2001년 현재 나이를 기준으로 기고자를 연령별로 살펴보면, 30대 이하 13편(5.1%), 40대 83편(32.8%), 50대 71편(28.1%), 60대 이상 75편(29.6%), 미상 11편(4.3%)이다(〈표 4〉 참조). 이는 상대적으로 40대의

활발한 언론기고 활동을 보여준다. 그러나 50~60대가 쓴 글이 전체의 57.7%로, 30~40대가 쓴 글 37.9%보다 19.8%포인트 많다. 30대 이하는 5.1%로 미미한 수준이다. 박사학위 취득연령이 보통 30대 중·후반임을 고려하면 당연한 결과일지도 모른다. 지식인이 언론에서 환영받으려면 최소 40대이어야 함을 보여준다.

기고자를 출신지역별로 살펴보면, 영남 72편(28.5%), 수도권 55편(21.7%), 미상 44편(17.4%), 호남 35편(13.8%), 이북 14편(5.5%), 제주 10편(4.0%), 해외 9편(3.6%), 충청 8편(3.2%), 강원 6편(2.5%)이다(〈표 5〉참조). 영남 출신이 중앙일간지에 가장 많이 글을 쓴 것은 지식인사회 또는 언론계에서 그들의 영향력이 얼마나 큰가를 짐작케 한다. 호남 출신의 글도 13.8%로 다른 지역에 비해 적은 편이 아니다. 서울경기 출신이 21.7%로 나왔지만 지방 출신들이 원적(原籍)을 바꾸는 경향이 있는 것을 고려하면 실제보다 과대평가되었을 가능성이 높다. 상당수 지식인들(17.4%)이 자신의 출신지를 공개하지 않거나 이에 일반인이 접근하기 어려운 것은 지역주의 영향 때문이라고 생각된다. 지역주의 심화에 따라 한편으로는 자신을 보호하기 위해, 다른 한편으로는 지역주의를 극복하기 위해 출신지를 공개하지 않은 것으로 알려지고 있다.

기고자를 출신대학별로 살펴보면, 서울대 127편(50.2%), 고려대 27편(10.7%), 연세대 22편(8.7%), 성균관대 15편(5.9%), 미국소재 대학 8편(3.2%), 서강대 7편(2.8%), 육사와 외국어대 각각 6편(2.4%), 동국대 5편(2.0%), 한양대 4편(1.6%), 이화여대 3편(1.2%)이고, 건국대·경희대·단국대·동아대·영남대·중앙대·한신대·홍익대 등은 각 1편씩이다(〈표 6〉참조). 서울대 출신이 50.2%로 과반을 차지하고 있다. 그리고 서울대·고려대·연세대 출신의 글이 69.6%로 70%에 달하고, 나머지 16개 대학 출신은 24% 정도이다. 지식인사회에서 서울대 또는 빅3 대학의 세를 실감케 한다. 육사 출신 글이 6편인 것은 이 글의 분석이 안보분야까지 포함하고 있기 때문일 것이다.

기고자를 유학 여부 또는 학위취득 국가별로 살펴보면, 미국 120편(47.4%), 국내 51편(20.2%), 유럽 18편(7.1%), 일본 13편(5.1%), 미상이거나 박사학위 미취득자 51편(20.2%)이다(〈표 7〉 참조). 미국유학생 출신 글이 절반에 이르는 것은 한국사회의 지적 풍토에서 '미국의 힘'을 절감케 한다. 반면 유럽유학생 출신의 글은 독일 8편, 영국 7편, 프랑스 2편, 오스트리아 1편 등 총 18편으로 7.1%에 불과하다. 국내 대학 박사출신의 글이 20.2%인 것은 북한전공자들의 학위취득이 국내에서 많이 이루어지고 있기 때문일 것이다. 일본유학파의 글 13편 중 11편은 서동만의 것이다.

이상의 결과를 종합하면, 서울대를 졸업하고 미국유학 경험이 있는 40대의 영남 출신 지식인이 햇볕정책 분야와 관련해 중앙일간지에 가장 글을 많이 썼다는 추론이 가능하다. 장경섭(서울대 교수), 정영태(인하대 교수), 한용섭(국방대 교수) 등이 여기에 해당된다. 그러나 실제로는 장경섭 3편, 정영태 1편, 한용섭 2편 등이다.

3) 햇볕정책 논란과 관련, 언론에 등장한 지식인들의 배경별 성향 분석

햇볕정책에 대한 지식인들의 연령별 성향도를 분석하면 다음과 같다. 30대 이하는 햇볕론자가 85%로 단연 많고 절충론자와 강풍론자가 똑같이 8%로서 전반적으로 햇볕성향을 보인다. 40대도 햇볕론자가 54%로 가장 많으나 그 비율은 30대 이하에 비해 31%포인트 낮고 대신 절충론자가 36%로 30대 이하에 비해 28%포인트 높다. 40대의 강풍론자는 10%에 불과해 30대 이하와 같이 매우 낮은 비중을 차지한다. 50대는 절충론자가 51%를 차지하지만 햇볕론자(34%)가 절충론자(15%)보다는 상대적으로 많다. 60대 이상은 강풍론자가 60%로 단연 많고 절충론자 23%, 햇볕론자 17% 순이다.

이처럼 햇볕정책과 연령별 상관관계는 깊다. 연령이 낮을수록 햇볕정책을 지지하고 연령이 높을수록 햇볕정책을 반대한다. 즉 햇볕론자의 비율이 연령높이대로 낮아지고(85%→54%→34%→17%), 강풍론자의 비율이 연령높이대로 높아지는 추이를 보인다(8%→10%→15%→60%). 50대의 특징은 절충론자들이 많다는 것이다. 이것은 햇볕지수평균에서도 그대로 나타난다. 30대 이하 1.23, 40대 1.55, 50대 1.82, 60대 이상 2.43으로 햇볕정책 지지도는 연령과 밀접한 관계가 있다. 50대의 1.82는 전체평균 1.87에 가장 근접한 수치이다. 이같은 결론에는 젊은 층의 개혁성향과 더불어 한국전쟁 경험변수가 반영된 듯하다. 60대는 모두 한국전쟁을 겪었고 50대는 경험하지 않았거나 아주 어렸기 때문에 큰 영향을 받지 않은 것 같다. 40대 이하는 당연히 한국전쟁 경험과 별 상관이 없을 것이다.

햇볕정책에 대한 출신지별 성향도를 분석하면 다음과 같다. 햇볕론자가 많은 출신지역은 해외(78%)→호남(57%)→수도권(47%) 순이고, 강풍론자는 강원(67%)→충청(63%)→제주(60%)→이북(50%) 순이다. 햇볕지수 평균도 해외(1.33)→호남(1.54)→수도권(1.65)→영남(1.88)→충청(2.38)→제주(2.40)→이북(2.43)→강원(2.50) 순이다. 해외

<표 4> 연령별 성향도

연령(253)	햇볕론자	절충론자	강풍론자	지수평균(1.87)
30대 이하 (13)	11	1	1	1.23
5.1%	85%	8%	8%	
40대 (83)	45	30	8	1.55
32.8%	54%	36%	10%	
50대 (71)	24	36	11	1.82
28.1%	34%	51%	15%	
60대 이상 (75)	13	17	45	2.43
29.6%	17%	23%	60%	
미상 (11)	5	5	1	1.64
4.3%	45%	45%	9%	

<표 5> 출신지역별 성향도

출신지역 (253)	햇볕론자	절충론자	강풍론자	지수평균 (1.87)
영남 (72)	29	23	20	1.88
28.5%	40%	32%	28%	
수도권 (55)	26	22	7	1.65
21.7%	47%	40%	13%	
호남 (35)	20	11	4	1.54
13.8%	57%	31%	11%	
이북 (14)	1	6	7	2.43
5.5%	7%	43%	50%	
제주 (10)	2	2	6	2.40
4.0%	20%	20%	60%	
해외 (9)	7	1	1	1.33
3.6%	78%	11%	11%	
충청 (8)	2	1	5	2.38
3.2%	25%	13%	63%	
강원 (6)	1	1	4	2.50
2.4%	17%	17%	67%	
미상 (44)	10	22	12	2.05
17.4%	23%	50%	27%	

출신의 햇볕정책에 대한 높은 찬성률은 만주 출신인 정세현(전 통일부차관)이 10편의 글 중 5편을 기고했기 때문이므로 독자적인 지역적 변수와의 관계를 해명하기에는 무리가 있다. 호남 출신의 높은 지지율은 국민의 정부의 지지기반과 연관되었을 가능성이 높고, 수도권 출신의 지지율도 이 지역이 호남을 제외한 다른 지역에 비해 국민의 정부에 상대적으로 친화적이라는 사실과 연관된 듯하다. 영남 출신은 햇볕론자 40%, 절충론자 32%, 강풍론자 28%로 비교적 균등하게 분포되어 있고, 햇볕지수평균(1.88)도 전체평균(1.87)과 거의 같다. 반면, 충청도의 보수성향이 강풍론과 연관되었을 가능성이 있다. 다만 강풍론 중 제주 출신(전체 10편) 김동성 6편, 이북 출신(전체 14편) 이상우 5편, 강원 출신(전체 6편) 이동복 4편이므로 해외 출신 분석처럼 지역적 변수가 작용되었다고 보기에는 어려움이 많다.

햇볕정책에 대한 출신대학별 성향도를 분석하면 다음과 같다. 10편 이상의 글을 발표한 출신대학 중 햇볕론자의 비율은 성균관대(80%)가 단연 높고 고려대(52%), 서울대(39%)가 그 뒤를 잇고 있으며 연세대는 9%에 불과하다. 반면 강풍론자의 비율에서는 연세대(45%)가 가장 높고 그 다음이 서울대(31%)이고 성균관대(7%)와 고려대(4%)는 별로 많지 않다. 햇볕지수평균도 성균관대(1.27)→고려대(1.52)→서울대(1.91)→연세대(2.36) 순이다. 서울대의 햇볕지수평균이 전체평균(1.87)에 가장 근접한 편이다.

누구나 예상할 수 있듯이 육사 출신의 경우 햇볕론은 하나도 없고 절충론이 2편, 강풍론이 4편이다. 서강대 출신은 모두 햇볕정책에 찬성하고 있는데, 총 7편의 글 중 5편을 박건영이 기고했으므로 변별력을 검증할 수 없다. 나머지 대학 출신의 글은 분석대상 수가 적으므

<표 6> 출신대학별 성향도

출신대학 (253)	햇볕론자	절충론자	강풍론자	지수평균 (1.87)
서울대 (127)	50	38	39	1.91
50.2%	39%	30%	31%	
고려대 (27)	14	12	1	1.52
10.7%	52%	44%	4%	
연세대 (22)	2	10	10	2.36
8.7%	9%	45%	45%	
성균관대 (15)	12	2	1	1.27
5.9%	80%	13%	7%	
서강대 (7)	7	0	0	1.00
2.8%	100%	0%	0%	
육사 (6)	0	2	4	2.67
2.4%	0%	33%	67%	
외국어대 (6)	4	1	1	1.50
2.4%	67%	17%	17%	
동국대 (5)	2	3	0	1.60
2.0%	40%	60%	0%	
한양대 (4)	0	4	0	2.00
1.6%	0%	100%	0%	
이화여대 (3)	0	3	0	2.00
1.2%	0%	100%	0%	
기타대학 (8)	2	3	3	2.13
3.2%	25%	38%	38%	
미국대학 (8)	0	3	5	2.63
3.2%	0%	38%	63%	
미상 (15)	5	8	2	1.80
5.9%	33%	53%	13%	

* 기타대학: 건국대, 경희대, 단국대, 동아대, 영남대, 중앙대, 한신대, 홍익대 각 1

로 이것을 근거로 연관성을 해명하기 어렵다. 다만 미국대학 출신들의 글이 햇볕론은 전무하고 절충론 3편, 강풍론 5편이 있는 것은 이채롭다 하겠다.

햇볕정책과 관련하여, 유학 여부 및 학위취득 국가별 성향도를 분석하면 다음과 같다. 미국유학 경험이 있는 지식인의 글은 절충론(48%)이 가장 높고 강풍론(31%), 햇볕론(22%) 순이다. 반면 국내에서 학위를 취득한 지식인의 글은 햇볕론(73%)이 단연 높고 절충론이 24%이며 강풍론은 4%에 불과하다. 유럽유학 출신의 경우 햇볕론·절충론·강풍론이 각각 6편으로 같은 비율이다. 햇볕지수평균은 국내(1.31)→유럽(2.00)→미국(2.09) 순으로, 유럽유학 출신 평균이 전체 평균에 가깝다. 일본유학자의 경우(13편) 햇볕론이 85%에 달하는 것은 서동만이 11편을 기고했기 때문이다.

이상과 같이 햇볕정책 논란과 관련, 언론에 등장한 지식인들의 배경별 성향분석을 종합하면 다음과 같다. 전체 햇볕지수평균에 근접하는 배경을 가진 인물의 특성은 50대, 영남 출신, 서울대 출신, 유럽유학 경험이 있는 지식인이다. 이들이 햇볕정책 논란과 관련하여 지

〈표 7〉 유학국가 및 학위취득 국가별 성향도

학위취득국 (253)	햇볕론자	절충론자	강풍론자	지수평균(1.87)
미국 (120)	26	57	37	2.09
47.4%	22%	48%	31%	
국내 (51)	37	12	2	1.31
20.2%	73%	24%	4%	
유럽 (18)	6	6	6	2.00
7.1%	33%	33%	33%	
일본 (13)	11	2	0	1.15
5.1%	85%	15%	0%	
미상 (51)	18	12	21	2.06
20.2%	35%	24%	41%	

* 미국: 캐나다 1 포함
* 유럽: 독일 8, 영국 7, 프랑스 2, 오스트리아 1
* 미상: 박사학위 미취득자 포함

상대결에서 '중심적 위치'에 있다고 하겠다. 유럽유학 경험자의 대상 수가 적기 때문에 이 네 가지 모두를 충족시키는 지식인은 분석대상에는 없다.

햇볕론자의 전형적인 배경은 30~40대, 호남·수도권 출신, 성균관대·고려대 출신, 국내대학 학위수여자 등이다. 이 모두를 충족시키는 지식인은 이종석(세종연구소 연구위원)과 박상철(경기대 교수) 등이고 이중 하나의 배경을 충족시키지 못하는 지식인은 김근식이다.

강풍론자의 전형적인 배경은 60대, 이북·충청 출신, 연세대·육사 출신, 미국유학 경험 등이다. 이 네 가지 배경을 충족시키는 지식인은 없고 하나의 배경을 충족시키지 못하는 지식인은 이상우(서강대 교수, 서울대 출신)이고, 두 개의 배경을 충족시키지 못하는 지식인은 노재봉(전 국무총리), 박근(전 유엔대사), 송복(연세대 교수), 정종욱(아주대 교수) 등인데 이들은 영남·서울대 출신이다.

3. 햇볕정책에 대한 언론사의 성향분석

햇볕정책에 대한 언론사의 성향을 분석하려면 언론사의 사설을 분석해야 하지만, 이 글에서는 각 언론사에 실린 기고문의 성향분석으로 대신한다. 기본적으로 언론사의 사외 기고문이 언론사가 지식인들에게 먼저 청탁하여 진행되고 이때 언론사나 지식인 모두 상호간의 성향을 미리 알고 청탁과 수탁이 이루어지기 때문에 기고문 분석으로 대신해도 큰 문제점이 없을 것이다.[10] 이것은 또한 특정 언론사와 특정 세력의 지식인 사이의 공생관계를 엿볼 수 있는 부수적

효과도 있다. 특정 언론사 입장에서는 자기들의 주장을 지식인의 글을 통해 그 정당성과 질을 높일 수 있고, 특정 지식인 입장에서는 언론지면을 통해 자기 주장을 펼 수 있기 때문이다.

이 둘 사이의 관계는 시간이 지나가면서 고착되는 경향이 강하다. 고정칼럼을 제공해 줌으로써 한 언론사와 한 지식인의 공생관계가 발전하는 경우도 있으나, 일반적으로는 그룹 대 그룹의 형식으로 진행된다. 대표적인 햇볕론자인 강만길(『한겨레』 6, 『대한매일』 1), 김동춘(『한겨레』 2, 『경향신문』 3), 박건영(『한겨레』 3, 『한국일보』 2), 서동만(『한겨레』 2, 『경향신문』 7, 『대한매일』 1, 『한국일보』 1), 이종석(『한겨레』 1, 『경향신문』 4, 『한국일보』 1), 정세현(『한겨레』 『경향신문』 『대한매일』 『동아일보』 『조선일보』 각 1)[11] 등은 『한겨레』 『경향신문』 『대한매일』 『한국일보』 등에 글을 싣고, 대표적인 강풍론자인 김동성(『조선일보』 1, 『중앙일보』 5), 김정원(『동아일보』 1, 『조선일보』 4), 백진현(『동아일보』 3, 『조선일보』 2), 이상우(『조선일보』 5), 이장춘(『동아일보』 1, 『조선일보』 2, 『중앙일보』 2), 정종욱(『동아일보』 1, 『조선일보』 4) 등은 『조선일보』 『중앙일보』 『동아일보』 등에 글을 게재하였다.

이러한 특징은 언론사별 성향분석에서도 그대로 나타나고 있다. 햇볕론자의 글은 『한겨레』(89%)→『경향신문』(70%)→『대한매일』(67%)→『한국일보』(62%) 순으로 많이 게재되었고, 강풍론자의 글은 『조선일보』(63%)→『동아일보』(55%)→『중앙일보』(26%) 순으로 많이 게재되었다. 특히 『한겨레』와 『대한매일』에는 강풍론자의 글은

---

10) 김만흠, 「한국의 언론정치와 지식인」, 『탈냉전시대 한국의 시민사회와 지식인』 심포지엄자료집, 2002, 22쪽.

11) 햇볕론자인 정세현의 글이 5개 중앙일간지에 실린 것은 그가 관료라는 사실에서 비롯될 가능성이 높다.

하나도 없고 『경향신문』과 『한국일보』에는 1편씩만 실렸을 뿐이다. 반면 햇볕론자의 글은 『조선일보』에 1편, 『동아일보』에 2편, 『중앙일보』에 5편만 등장하였다. 특이한 점은 『중앙일보』의 경우 절충론이 64%로 단연 우세하고 햇볕론(11%)과 강풍론(26%)이 타신문사에 비해 그 수치가 낮다는 사실이다. 조・중・동 3개 메이저 신문 내에서 햇볕정책과 관련하여 『중앙일보』의 '느슨한 이탈'을 엿볼 수 있는 대목이다.[12] 햇볕지수평균도 『한겨레』(1.11), 『경향신문』(1.33), 『대한매일』(1.33), 『한국일보』(1.46)의 경우는 전체평균(1.87)보다 낮고 『조선일보』(2.61), 『동아일보』(2.50), 『중앙일보』(2.15)의 경우는 전체평

〈표 8〉 언론사별 성향도

언론사 (253)	햇볕론자	절충론자	강풍론자	지수평균(1.87)
경향신문 (40)	28 70%	11 28%	1 3%	1.33
대한매일 (21)	14 67%	7 33%	0 0%	1.33
동아일보 (38)	2 5%	15 39%	21 55%	2.50
조선일보 (49)	1 2%	17 35%	31 63%	2.61
중앙일보 (47)	5 11%	30 64%	12 26%	2.15
한겨레 (45)	40 89%	5 11%	0 0%	1.11
한국일보 (13)	8 62%	4 31%	1 8%	1.46

---

12) 『중앙일보』는 2002년 신년을 맞아 '업그레이드 코리아'를 위한 '10대 국가과제'를 선정하면서 두번째 의제로 "예산1%, 북 지원에 쓰자"를 내걸었다.

균보다 높다.[13]

햇볕정책에 대한 언론사별 지식인 활용도는 절대적으로 게재횟수
가 많은 언론사가 높을 것이다. 그런데 언론사별 기고문 수와 기고자
수를 비교하면 상대적 지식인 활용도, 즉 한 인물에 대한 집중도를
얻을 수 있다. 집중도가 낮을수록 한정된 범위 안에서 여러 지식인이
등장할 것이다. 언론사별 1인당 기고문 수가『한국일보』(1.08편),『동
아일보』(1.31편) 등은 가장 적어 상대적으로 광범위한 지식인들을 활

〈표 9〉 언론사별 지식인 활용도

	경향	대한	동아	조선	중앙	한겨레	한국
기고문 수	40	21	38	49	47	45	13
기고자 수	24	15	29	31	24	29	12
1인당 기고문 수	1.67	1.40	1.31	1.58	1.96	1.55	1.08

〈표 10〉 성향별 평균 기고문 수

	햇볕론자	절충론자	강풍론자
기고문 수	98	89	66
기고자 수	48	49	30
1인당 기고문 수	2.04	1.82	2.20

---

13) 김재홍은 햇볕정책을 전향적으로 지지하는 신문으로『한겨레』『대한매일』『한국일
  보』를, 중간지지 신문으로『중앙일보』『문화일보』를, 중간비판 신문으로『동아일
  보』『경향신문』을, 보수적 비판 신문으로『조선일보』『세계일보』『국민일보』를 들
  고 있다(김재홍,「김대중정부의 통일안보정책과 언론의 논조」,『언론의 역할과 남
  북한 관계의 새로운 패러다임 모색』, 한국언론재단·한국국제정치학회 공동주최 세
  미나 발표논문, 1999). 김재홍의 연구결과는 이 글의 연구결과와 대체로 일치한다.
  그러나 시기상의 문제(1999년과 2001년)와 분석대상의 문제(사설과 외부기고문)로
  『경향신문』의 경우는 다르게 분석되었다.

용하고 있고『중앙일보』(1.96편)와『경향신문』(1.67편)은 지식인 활용이 상대적으로 제한되어 있다.

그리고 7개 중앙일간지 전체를 대상으로 햇볕론자·절충론자·강풍론자 등의 1인당 평균 기고문 수를 살펴보면 강풍론자(2.20편)→햇볕론자(2.04편)→절충론자(1.82편) 순이다. 이는 한정된 범위 내에서 절충론을 대표하는 지식인들이 가장 다양하게 언론에 등장하고 강풍론을 대표하는 지식인들은 상대적으로 제한되어 있음을 보여준다. 즉 햇볕론자들의 지면활동이 강풍론자에 비해 상대적으로 많은 지식인들에 의해 진행되고 있는 것이다.

4. 햇볕정책과 지식인들의 인식구조

햇볕정책 논란의 선두에 선 지식인들의 기고문에는 기고문의 특성상, 지면의 제약을 받기 때문에 한 기고문에 많은 이야기가 담겨 있지 않고 당면 주제를 중심으로 자기 주장이 펼쳐져 있다. 그러나 한 기고문에도 자기 주장의 논거들이 들어 있고 여러 기고문을 모자이크하면 햇볕정책을 둘러싼 한 지식인의 인식구조에 접근할 수 있다.

총 253편의 기고문을 분석한 결과, 지식인들을 햇볕론자와 강풍론자로 가르는 근본 경계선은 '대북관(對北觀)'과 '대미관(對美觀)'이다.[14] 대북관과 대미관은 서로 영향을 주고받는 관계에 있지만 대북

---

14) 이외에도 정권에 대한 호오도(好惡度)를 들 수 있다. 햇볕론자와 강풍론자들의 햇볕정책 논란 이외의 분야에 대한 기고문을 쓸 경우에도 햇볕론자들은 정부의 개혁정책에 대체로 공감하는 한편, 강풍론자들은 대체로 비판한다. 그러나 이 글의 연구가 여타 개혁정책 평가와 교차분석을 시도하지 않았기 때문에 정권에 대한 호오도

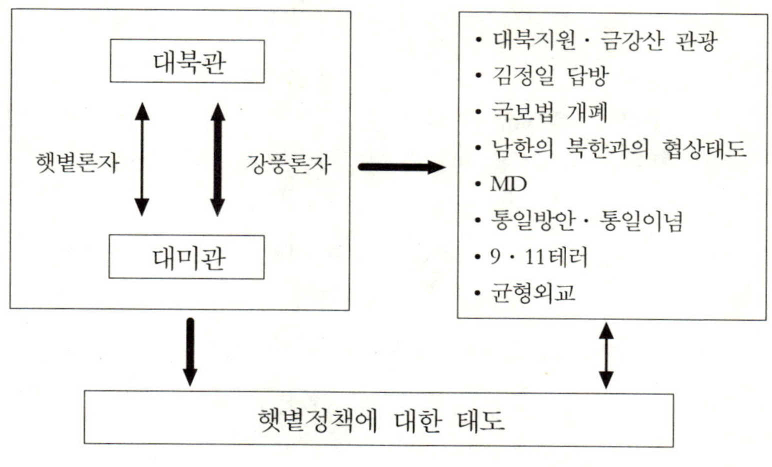

〈그림 1〉 햇볕정책에 대한 지식인들의 인식구조

관이 대미관에 미치는 영향이 더 크다 하겠다. 즉 제1경계선은 대북
관이고 제2경계선은 대미관인 것이다. 그러나 일반적으로는 대북관
과 대미관은 분리되어 있지 않고 하나로 통합되어 있다. 대북지원,
금강산관광, 김정일 답방, 남한의 북한과의 협상방식, MD에 대한 태
도, 통일방안과 통일이념, 9 · 11테러에 대한 입장, 외교정책 등과 같
은 쟁점에 대한 태도는 대북관과 대미관에서 파생된 것들이라 할 수
있다.

변수는 여기에서 제외한다. 이에 관한 분석은 박선원, 「햇볕정책과 여론: 지속성과
변용의 관점에서 본 실증분석」(경남대 극동문제연구소, 『한국과 국제정치』 제18권
2호, 2002) 참조.

반세기 이상 지속되어 온 분단국가에서 살고 있는 우리에게는 북한이 적성(敵性)이자 동포라는 이중적 존재로서의 의미를 가지고 있다.[15] 우리가 북한을 동포로 보는 경우에는 함께 살아가야 할 동반자이지만, 우리가 북한을 적으로 규정하면 타도해야 할 대상인 것이다. 더욱이 한국전쟁과 적대적 분단구조 그리고 주한미군의 주둔은 안보문제 및 대미인식에 커다란 영향을 미치고 있다. 즉 한반도문제 해결에 있어 남북 우선이냐 동맹 우선이냐 하는 쟁점이 형성된다. 남북우선론의 경우에는 당사자원칙을 강조하며 미국의 패권주의를 비판하는 한편, 동맹우선론의 경우에는 '호전적' 적과의 '굴욕적 관계' 보다는 혈맹인 미국과의 관계증진으로 안보이익을 추구해야 한다고 주장한다.

기본적으로 북한을 동포로 인식하고 있는 햇볕론자들은 북한이 변화된 국제환경에 적응하기 위해 '나름대로의 노력'을 하고 있으며 남북대화에도 유연하게 대응하는 등 '변화의 과정'에 들어섰다고 바라본다.[16] 따라서 이들은 '변화의 과정'에 있는 북한이 과거로 회귀하거나 좌초되지 않고 변화의 과정을 스스로 걷게끔 도와주어야 하며,[17] 이를 위해서는 변화에 소극적인 북한을 탓하기보다는 북한의

---

15) 한국민의 북한정체의 이중성에 대한 경험적 분석에 관해서는 김태현, 「한국인의 대북인식과 대북정책 태도」(중앙대 민족발전연구원, 『민족발전연구』 제6호, 2002) 참조.

16) "횟수를 거듭하면서 북측요원들의 자세가 유연해지고 있다는 사실도 이산가족 문제에 대한 북측의 정책변화의 일단을 반영하는 것으로 볼 수 있다는 점에서 반가운 일이다."(정세현, 「면회소가 상봉갈증에 단비」, 『동아일보』 2001. 3. 2). "이번 (김정일의) 방중의 일차적인 동기는 개혁개방과 관련되어 있는 것 같다"(정세현, 「김정일 왜 방중 서둘렀나?」『조선일보』 2001. 1. 17). "6·15공동선언이야말로 남북한 상호 변화의 성과였다"(김재홍, 「김위원장을 기다리며」, 『한겨레』 2001. 6. 18).

17) "'발전을 통한 변화' 전략은 북한변화 여건을 조성하는 전략의 일환으로 한반도 평화정책을 구사, 남북한 안보를 보장하는 한반도 평화체제를 구축하여 북한의 안보불안을 불식하고, 북한산업화 지원을 통해 북한경제의 탈사회주의를 촉발시키는 한편,

처지를 이해하고 인정해야 한다고 주장한다.[18] 또한 햇볕론자들은 한미동맹의 '불가침의 성역'에 도전하며 한반도문제의 당사자원칙을 강조한다.[19]

또 이들의 글에서는 '초강국 독단주의'의 미국의 모습을 발견할 수 있고 미국의 대북강경책을 옹호하는 '대미 신민주의자들'에 대한 비판도 볼 수 있다. 그런데 이들의 대미비판을 좀더 세밀하게 들여다보면, 햇볕론자 내에서의 약간의 입장차이를 읽을 수 있다. 대부분의 햇볕론자들은 부시행정부의 대북강경책을 비판하면서도 미국의 '현실적 힘'에까지는 도전하지 않고 미국의 협조적 자세 촉구와 우리의 주체적 능력의 제고를 주장한다.[20] 반면 일부 햇볕론자들은 남한 내

점진적인 교류협력을 통해 북한체제의 급격한 변화에 따른 흡수통일 불안감을 불식해 북한 스스로 체제변혁의 역사적 길을 걷도록 하는 대북정책을 의미한다"(황병덕, 「북한의 변화와 합리적 대북정책」, 『대한매일』 2001. 1. 26).

18) "남한사회 내에서 북측 자세를 먼저 탓하기보다는 그 처지를 좀더 정확히 이해하려는 태도가 요구된다"(서동만, 「남북대화 재개 길을 찾자」, 『경향신문』 2001. 4. 20). "평화공존은 우리가 '북한'을 인정하고 북한이 자신과 다른 '남조선'을 인정할 때만 가능하다. 이를 위해서는 무엇보다도 북한 김정일체제를 인정해야 한다"(이종석, 「남북관계 후회는 없다」, 『경향신문』 2001. 6. 16). "대북관계에 있어 화해협력 정책은 지속해야 한다. 21세기 민족의 생존과 번영을 위한 다른 정책은 없다. 다만 지나친 햇볕은 화상과 일사병을 초래할 수 있다는 점을 고려해, 그리고 상대방 입장을 배려해 위협감을 주지 않는 동시에 자존심을 손상하지 않는 범위 내에서 추진해야 할 것이다"(허문영, 「남북관계 '복원과 동요'」, 『경향신문』 2001. 9. 5).

19) "6·15공동선언의 정신을 살리기 위해 북은 대미관계와 대남관계를 분리할 수 있어야 하고 남은 미국, 일본과 이른바 공조체제에서 서서히 자유스러워질 수 있어야 한다"(강만길, 「평양의 주선생께」, 『한겨레』 2001. 6. 18).

20) "중요한 것은 우리가 하기에 따라서는 근본틀을 바꾸지 않고도 우리의 현재, 미래와 관련하여 미국 등 강국의 협력을 유도할 수 있음을 이해하고, 다른 한편 민족, 자주만을 강조하기보다는 악마적 계산까지도 할 수 있는 능력을 스스로 키워나가는 일이다"(박건영, 「미중 틈 한국외교의 상상력」, 『한겨레』 2001. 5. 28). "한국정부가 남북문제에 미국이 협력할 차례라고 적극적으로 요구할 수 있을 때 비로소 부시 대통령의 상호주의 정신이 작동할 수 있게 될 것이다"(박건영, 「초강국의 위험한 독단주의」, 『한국일보』 2001. 11. 2). "현시점에서 남북대화의 타개는 대미관계에서 남측의 독자적 외교공간 확보와 대북지원 능력에 달려 있다"(서동만, 「남북대화 재개,

냉전구조 해체에 보다 깊은 관심을 갖고 냉전을 '고착'시키고 있는 미국의 '제국주의적 행태'를 신랄하게 비판한다. 즉 이들은 상대적으로 민족문제 해결보다는 남한 내 냉전구조 해체에 더 많은 강조점을 두고 있다.[21] 아무튼 햇볕론자들은 대체로 햇볕정책만이 '유일한' 대북정책이라는 데 동의하고 있으며,[22] 이러한 대북정책에 반대하는 남한 내 보수주의자와 북한 내 강경론자들을 함께 비판한다.[23]

이에 비해 강풍론자들은 남북정상회담이나 남북대화의 진전에 착안하기보다는 그것의 '주춤'이나 '소강'을 강조하면서 북한의 호전적 적화야욕이 결코 변화되지 않았으며 대북지원이 자멸하는 북한정권

'자주'적 원칙」, 『경향신문』 2001. 6. 5). "만일 부시행정부가 대북강경정책으로 선회할 때 미국에 가장 치명적인 결과는 남한 시민사회의 거센 대미비판에 직면할 것이란 점이다"(서동만, 「EU대표단 방북과 북미관계」, 『한국일보』 2001. 5. 7).

21) "한나라당이 제기하는 이 구태의연한 색깔시비에는 아무런 실체적 내용도 없다. 오직 민족의 한 구성원을 적으로 돌리고서, 바로 그 적을 이긴다는 명분 아래 외세가 판을 짜놓은 장기판 졸 구실을 충실하게 하고 있는 약소국 정치집단의 슬픈 모습일 뿐이다"(김동춘, 「송두율 색깔시비를 보며」, 『한겨레』 2001. 4. 17). "우리는 미국이 북을 잠재적 테러국가로 의심함으로써 한반도에서 얻으려는 정치적·경제적 목적이 무엇인지, 일본이 이 전쟁에 자위대를 파견함으로써 얻으려는 목적이 무엇인지도 읽어내야 한다"(김동춘, 「미 보복, '원죄'는 왜 묻지 않나」, 『경향신문』 2001. 10. 13). "민족 내 냉전질서의 부작용들은 아무리 경제성장과 정치민주화를 이루더라도 제대로 제거될 수 없다. 우리가 스스로에게 부과해 온 이 부담들에 더 이상 얽매일 필요가 없는 시대적 상황을 만드는 것이 남북한 화해·협력이다. 북한이나 김위원장을 위해서가 아니라 우리 자신을 위해서 한반도 냉전해체에 나서야 하며 이같은 차원에서 대북 포용정책은 매우 중요한 내치이다"(장경섭, 「대북 포용정책도 내치다」, 『경향신문』 2001. 2. 10).
22) "아직도 포용의 이익을 외면하는 냉전적 지도자들이 있다. 대북 포용정책은 김대중 대통령의 것이 아니다. 김대통령이 그 정책을 채택했을 뿐이다"(박건영, 「용기있는 '동의'가 그립다」, 『한겨레』 2001. 6. 25).
23) "남쪽에서는 국내 제 정치세력들이 정파의 이해득실에 얽매여 모처럼의 역사적인 남북정상회담마저 외세를 빙자해 폄하는가 하면, 북쪽에서는 맹목적인 민족자주통일론에 매달리고 있다. 신사대주의와 맹목적인 자주통일론 모두가 한반도의 평화유지와 민족의 화해협력 및 통일의 길목에서 오히려 걸림돌이 되고 있다"(김성훈, 「무궁화꽃이 피었습니다」, 『대한매일』 2001. 8. 23).

208

을 소생시켜 주고 있다고 바라본다. 오직 김대중정부만이 북한의 변화를 '상상' 속에서 그릴 뿐 객관적 현실은 아무것도 변화하지 않았다는 것이다.[24] 북한체제에 대한 이들의 강한 불신은 결국 '남한=선, 북한=악'이라는 흑백논리로 이어져, 6·15남북공동선언에서 합의한 제2항 "남측의 연합제와 북측의 낮은 단계의 연방제 안의 공통성 인정"은 남한의 이념적 정통성을 뒤흔든 것이라고 비판한다. 한마디로 이들은 통일은 '수단'이지 '목적'이 아니기 때문에 남한체제의 목적인 자유민주주의로의 통일만이 진정한 통일이라고 생각한다.[25]

또한 언필칭 '현실주의자'임을 강조하는 이들은 믿지 못할 적보다는 혈맹인 미국과의 동맹강화로 안보이익을 증진시켜야 한다고 주장

---

24) "굶주림에 지친 수십만 명의 주민들이 북한을 탈출하고, 부채상환능력이 없어 시베리아 벌목장에 북한주민 수천 명의 노동력을 제공하는 상황에서도, 군수산업체를 견학하고 무기구매에 열을 올리는 김위원장의 태도는 북한의 진의가 무엇인지 적나라하게 보여주었다"(김정원, 「북한의도 똑바로 봐야」, 『조선일보』 2001. 8. 13). "북한은 역시 변하지 않았다는 사실이다. …북한이 이처럼 기만술책을 벌인 것은 대남통일전선전술에 입각한 분열책동이라고 할 수 있다"(송영대, 「8·15평양축전이 준 교훈」, 『동아일보』 2001. 8. 22). "북한체제가 달라져서 이전의 북한체제와 같지 않다는 것은 김대통령을 필두로 이 정부 대북정책 담당자들이 상상으로 그려내는 공상소설이지 실제의 상황이 아닌 것이다. 여기서 궁금한 것은 북한체제의 변화에 대한 이 정부 대북정책 담당자들의 이같은 '오판'이 '무지'의 소산인가 아니면 '계산'의 결과인가의 여부이다"(이동복, 「평양사태 예측 못했나」, 『조선일보』 2001. 8. 20). "단편적인 대북지원들은 북한성격의 변화가 아닌 김정일 권력체제의 내구성만 강화시키고…"(김동성, 「'나라'와 '민족' 생각」, 『중앙일보』 2001. 8. 1).

25) "통일은 우리가 지금까지 지켜온 자유민주주의 이념과 체제를 포기하고 북한의 전체주의 이념과 체제를 수용하거나, 반대로 북한이 민주화되거나 해야만 가능한데 그 어느 쪽도 아닌 상태에서 통일을 추진한다면 혼란이 일어날 수밖에 없다"(이상우, 「통일보다 평화가 먼저」, 『조선일보』 2001. 3. 21). "나는 공산통일을 반대한다. … 우리의 자유민주주의 체제를 희생해서는 안 된다고 생각한다. 통일은 수단이지 그 자체가 목적이 아니다. …북한의 민주화가 전제되지 않은 통일을 나는 반대한다. 나는 북한의 민주화를 유도하는 일, 북한동포의 삶의 질을 높이는 일을 위해서라면 무슨 희생도 감수할 생각을 가지고 있다"(이상우, 「누가 반통일인가」, 『조선일보』 2001. 7. 23).

한다. 이들의 관점에서는 가장 위험한 발상이 "민족은 동맹보다 낫다"는 것이고 가장 위협적인 상황이 한미동맹의 균열이다.[26] 그런데 이들의 주장은 '한미공조'나 '한미조율'에 머물지 않고 대북정책을 둘러싼 한미간 불협화음의 원인이 한미 양자에 있는 것이 아니라 남한 정부의 '과욕'이나 '그릇된 인식'에 있기 때문에 미국에게 우리의 '진심'을 설명하고 미국측의 불신감을 해소해야 한다고 주장한다.[27] 이러한 주장은 햇볕론자들에 의해 '신사대주의'라 비판받고 있다.

　이처럼 햇볕론자와 강풍론자의 근본적인 인식차이는 북한과 미국에 대한 시각에서 나타난다. 물론 대북관과 대미관은 서로 영향을 주고받는 관계에 있으나 대북관이 선차적이다. 그런데 앞에서 자세하게 설명했듯이 햇볕론자들 내에서는 대북관과 대미관이 반드시 일치하지 않으나, 강풍론자들 내에서는 대북관과 대미관의 차이를 발견

---

26) "무엇보다 중요한 것은 아직도 엄존하는 북한의 위협을 억제하고 변화를 유도하는 데 긴밀한 한미공조보다 더 효과적인 수단은 없다는 사실이다. 한미공조에 어려움이 있다고 해서 남북한이 자주적으로 해나가자는 식의 발상은 금물이다"(백진현, 「한미공조 제대로 하려면」, 『동아일보』 2001. 1. 31). "햇볕정책으로 한미관계에 고장나 있는 것을 유념한다. …차제에 '민족은 동맹보다 낫다'는 발상을 아예 버려야 한다. 양국은 한미가 남북이나 미북보다 앞선다는 것을 확실히 할 수 있어야 한다"(이장춘, 「한미가 남북에 우선해야」, 『중앙일보』 2001. 3. 2). "북한이 '정상'이 아닌데 어떻게 동맹체제로부터 얻어지는 안보이익과 경제적 실리를 불확실성의 미래를 위해 포기할 수 있겠는가"(김동성, 「알 수 없는 북한」, 『조선일보』 2001. 5. 7).
27) "우리 정부로서는 미국이 자신뿐 아니라 동맹국들을 보호하기 위해 추진하겠다는 계획을 반대할 명분이 없다"(정종욱, 「MD 우리의 선택은」, 『조선일보』 2001. 5. 4). "대북정책에 있어서 미국정부와의 조율보다 더 중요한 과제는 미국 내에서 손상된 한국정부에 대한 신뢰감을 회복하는 문제일 것이다. …한국정부의 정책방향노선에 대한 미국측의 불신감을 어떻게 해소하려고 하는가"(김영진, 「김대통령의 신뢰감 회복」, 『조선일보』 2001. 3. 6). "미국은 우방들에게 진실한 외교정책을 펴나가는 대신 우방들도 미국에 대해 진실해 달라고 부탁하고 있다. 한미공조관계를 부시 기준으로 맞춰달라는 것이나 다름없다. 권력의 고집이나 막연한 희망 때문에 외교는 왕왕 그릇된 정책을 유발한다"(이장춘, 「미국의 대북관 정확히 읽어라」, 『동아일보』 2001. 2. 6).

할 수 없다. 즉 지식인사회에서 햇볕정책과 관련하여 강풍론자들은 단일한 이념적 지향으로 뭉친 '결사수준'이 높은 집단이고, 햇볕론자들은 통일·민족지상주의자에서부터 냉전구조 해체주의자에 이르기까지를 다 포괄하고 있는 '느슨한 연대' 수준의 집단이다.

5. 맺음말

햇볕정책 논란과 관련하여 언론에 등장한 지식인의 기고문은 햇볕론 38.7%, 절충론 35.2%, 강풍론 26.1% 등 햇볕론과 강풍론이 약 6 : 4의 비율로 햇볕론이 약간 우세한 것으로 나타났다. 그런데 이 수치는 일반국민의 햇볕정책에 대한 찬반비율 약 8 : 2와 다른데, 이는 햇볕정책에 대한 평가에서 지식인과 일반국민 사이에 '대표성의 굴절현상'이 나타나고 있음을 보여준다. 그리고 햇볕정책과 관련하여 언론에 가장 많이 등장하는 지식인들의 개인적 배경은 서울대 졸업, 미국유학파, 40대, 영남 출신 등이다. 그러나 햇볕론자의 전형적 배경은 30~40대, 호남·수도권 출신, 성균관대·고려대 출신, 국내대학 학위수여자인 반면, 강풍론자의 전형적 배경은 60대, 이북·충청 출신, 연세대·육사 출신, 미국유학파이다. 이와 같은 특징은 지식인들의 연령, 출신지역, 출신대학, 유학 여부 등 개인적 배경이 햇볕정책 찬반과 밀접한 관계에 있다는 것을 보여준다.

언론사들도 햇볕정책에 대한 자기 입장을 분명히 드러낸다. 『경향신문』『대한매일』『한겨레』『한국일보』 등은 주로 햇볕론을 실었고, 『조선일보』『동아일보』 등은 주로 강풍론을 실었다. 이것은 언론사의 배타적 지면할애를 의미하며, 각기 자신들의 성향과 일치하는 지식인들이 언론에 등장하는 메커니즘 및 언론과 지식인의 공생관계를 알려준다. 그리고 대북관과 대미관을 중심으로 갈리는 햇볕론자와 강풍론자들은 각각 '집단'을 형성하고 있다. 그렇지만 강풍론자들은 집단 내에서 대북관과 대미관의 차이를 발견할 수 없을 정도로 이념적으로 통합된 '견고한 집단'인 반면, 햇볕론자들은 집단 내에서 대북관과 대미관의 차이가 발견되나 자기의 지향실현에 햇볕정책이 도움이 되기 때문에 이를 지지하는 '느슨한 연대 수준의 집단'이다.

이 글에서 분석하고 있는 253개 기고문 수는 결코 적은 양이 아니다. 이는 2001년 한 해 동안 햇볕정책과 관련한 기고문이 7개 중앙일간지에 일요일을 제외하면 거의 매일 등장한 것을 의미한다. 언론·지식인사회의 햇볕정책에 대한 활발한 논의는 그만큼 햇볕정책의 중요성을 반증해 주는 것이며, 우리 사회의 생동감을 보여주는 것이다. 이러한 논의 결과, 지식인사회가 햇볕정책에 대해 찬반으로 나뉘고 있으나 이것 자체가 지식인사회의 문제점이라고 할 수는 없다. 오히려 이러한 찬반 격론이 생산적으로 진행되면 국민합의를 이끌어낼 수 있는 강력한 자산이 될 것이다.

그러나 지금까지의 햇볕정책을 둘러싼 논란을 보면, 논쟁의 활발함에 비해 논쟁의 성과는 매우 저조하였고 더구나 이러한 논쟁이 지식인사회를 가르고 국민들을 분열시켰다. 여기서 지적될 수 있는 가장 큰 문제점은, 지식인들이 현실의 변화를 따라가지 못한 채 선입견에 매몰되어 일방적 강변으로 일관한 것과 이러한 강변이 정치적 균열과 결합되면서 증폭되어 왔다는 사실이다. 햇볕정책 공론장에서는 상호 증오와 비방만 난무하였지 상대방을 설득하고 이해하려는 시도는 거의 이루어지지 않았던 것이다. 지식인집단이 남북한 화해협력과 평화정착에 기여할 수 있는 길은 객관적 사실을 토대로 건설적인 주장을 하여 그 합의를 국민적 합의로 승화시켜 국가정책에 반영시키는 것이다.

참고문헌

김근식(2002), 「김대중정부의 햇볕정책: 회고와 전망」, 경남대 극동문제연구소, 『한국과 국제정치』 제18권 2호.

김만흠(2002), 「한국의 언론정치와 지식인」, 『탈냉전시대 한국의 시민사회와 지식인』 심포지엄자료집.

김재홍(1999), 「김대중정부의 통일안보정책과 언론의 논조」, 『언론의 역할과 남북한 관계의 새로운 패러다임 모색』, 한국언론재단·한국국제정치학회 공동주최 세미나 발표논문.

김태현(2002), 「한국인의 대북인식과 대북정책 태도」, 중앙대 민족발전연구원, 『민족발전연구』 제6호.

남궁영(2001), 「대북정책의 국내정치적 갈등: 쟁점과 과제」, 세종연구소, 『국가전략』 제7권 4호.

문정인(2000), 「김대중정부의 햇볕정책 2년: 이상과 현실」, 아태평화재단, 『평화논총』 제4권 1호.

민병천(1999), 「대북 포용정책의 전개와 문제점」, 북한연구소, 『북한학보』 제24집.

박건영(1998), 「대북정책의 새로운 접근」, 한국국제정치학회, 『국제정치논총』 제38집 2호.

박선원(2002), 「햇볕정책과 여론: 지속성과 변용의 관점에서 본 실증분석」, 경남대 극동문제연구소,『한국과 국제정치』제18권 2호.

박홍원(2002),「언론과 김대중정부의 대북정책: 조선일보와 한겨레신문
　　　의 내용분석」,『정상회담 이후의 한반도: 2년간의 성과와 전망』,
　　　경남대 극동문제연구소 북한대학원, 미 조지타운대학, 한국언론재
　　　단 공동주최 세미나자료집.

백학순(2002),「햇볕정책의 평가: 한국의 시각」,『정상회담 이후의 한반
　　　도: 2년간의 성과와 전망』.

윤영철(2000),「권력이동과 신문의 대북정책 보도: ‘신문과 정당의 병행
　　　관계’를 중심으로」, 성곡언론문화재단,『언론과 사회』제27권.

이상우(2000),「6·15선언, 정권 바뀌면 휴지조각 될 수 있다」,『신동아』
　　　9월호.

이재봉(1998),「대북 식량지원을 통한 남북한 교류협력: 지정기탁으로부
　　　터 자매결연으로」, 평화문제연구소,『통일문제연구』제10권 1호.

전현준(2001),「대북정책의 쟁점분석」, 국제문제연구소,『국제문제』제32
　　　권 10호.

정경환(2001),「통일문제의 기본 인식과 대북정책 방향」, 한국통일전략
　　　학회,『통일전략』창간호.

한국 지식사회를 진단하며[*]

참석자

이종오(사회자, 계명대)
이동수(경희대)
주동황(광운대)
김근식(경남대 극동문제연구소)
김동춘(성공회대)
김갑식(경남대 극동문제연구소)
김만흠(가톨릭대) 등

이동수　여러 선생님들 말씀 잘 들었습니다. 요즘 지식권력의 문제와 이와 연관되어 언론개혁의 필요성이 대두되고 있는 가운데, 이와 같은 학술대회모임은 뜻깊은 일이라 하겠습니다.

발표글들을 읽고, 느낀 점에 대해 몇 가지 말씀드리고자 합니다. 여러 가지 장점들, 예컨대 언론정치나 언론개혁과 관련하여 방대한

---

[*] 이 책의 본문에 대한 토론내용이다. 발표문에 대한 토론과 함께 한국 지식사회를 둘러싼 몇 가지 추가적인 쟁점을 포함하고 있다.

자료들을 모으고 분석해서 저희에게 중요한 정보를 제공해 주고 있는 것과 같은 장점에 관해서는 굳이 다시 말할 필요가 없을 것 같습니다. 다만 몇 가지 의문점에 대해서 질문을 드리고자 합니다.

먼저 저는 여기 발표된 글들이 공통적으로 전제하고 있는 가정이 일종의 '환원론'(reductionism)에 빠져 있다고 봅니다. 즉 이 글들은 공통적으로 현상 속에 내재하는 여러 가지 '차이들'(differences)에 별로 민감하지 않으면서 문제를 단순화시켜 단선적 인과론(linear causality)으로 환원시키고 있습니다. 환원된 문제의식을 한마디로 요약해 보면, "민주주의 발전은 권력의 분점에 있고 독점권력을 행사하는 기득권·보수층의 권력은 개혁의 대상이 되는데, 현재 한국에서는 지식이 중요한 권력의 한 요소로 작용하고 있으며, 이 지식권력을 근본적으로는 자본이 그리고 보다 구체적으로는 보수적인 학자와 족벌언론이 소유하고 행사하고 있으며, 이러한 지식권력자는 개인적으로는 서울대 출신, 미국유학파, 영남 출신"이라는 것입니다. 이 논리에서 사용되고 있는 환원론의 예들을 먼저 살펴보겠습니다.

첫째, 지식권력의 문제를 제기하면서 여기 발표된 글들은 '지식'과 '지혜 혹은 앎'에 대해 별로 분간하고 있지 않습니다. 영어로 하면 knowledge에 해당하겠지만, 지식을 거의 지식생산물(김동춘의 글) 혹은 시장상품(김만흠의 글)으로 환원시키고 있으며, 그럼으로써 정보와 거의 같은 뜻으로 해석하고 지혜 혹은 앎으로서의 측면을 간과하고 있습니다. 과학주의의 영향 때문인지 자본주의의 영향 때문인지 모르겠으나, 지혜 혹은 앎으로서의 knowledge 측면이 빠져버리면 학문세계에서의 모든 활동이 권력추구적 행위, 특히 비판정신이 부재한 채 기득권적 이해관계를 옹호하는 권력추구행위로 간주되게 됩니다.

이것은 학문세계 자체를 권력의 도구로 전락시키는 결과를 가져오고, 그것은 독재정권시절 독재권력의 학문관과 크게 다르지 않은 것 같습니다.

둘째, 이러한 학문관은 대학을 지식을 생산하는 곳, 또 언론을 지식을 유포하는 곳, 그리고 이 두 곳이 모두 지식과 관련하여 지식권력을 갖고 있는 곳으로 묘사하면서 개혁대상으로 삼고 있습니다. 그러면서 학계와 언론계가 모두 개혁지향적인 구조와 인물로 바뀌어야 한다고 주장하고 있습니다. 그런데 이러한 주장은 전통적으로 학자들이 언론을 기피한다는 점, 학계와 언론이 항상 긴장관계에 놓여 있다는 점 그리고 결정적으로 대학의 '학문'(science)과 언론의 '정보'(information)가 질적으로 다르다는 점을 간과하고 있습니다. 이것은 기존의 정치가나 행정관료들이 학자들에게 학문을 하지 말고 정보를 생산해 내라고 주장하는 것과도 일맥상통하는 것입니다.

셋째, 또한 여기서 사용되고 있는 권력관 역시 자유주의적 권력관을 그대로 답습하고 있습니다. 그리하여 '권력'(power)과 '폭력'(violence)의 차이에 주목하지 않고 있습니다. 발표글들에서 전제된 자유주의적 권력관은 "권력을 소유할 수 있는 것으로 간주하고 그것을 지배관계에서 지배자들이 동원하는 도구"라고 가정하는 것입니다. 이러한 권력관은 관심의 초점을 지배권력을 소유하고 있는 권력자에 모으고, 그럼으로써 '지식권력–지식권력자–학자·언론인–서울대·영남·유학파 출신'이라는 등식을 세우고, 언론개혁과 지식권력을 타파하는 개혁을 그들을 새로운 대항권력자로 대체하는 것으로 단순화시킵니다.

그러나 한나 아렌트(Hannah Arendt)가 말하듯이, 권력은 폭력과 다릅니다. 그에 의하면, "폭력은 집단적 목표를 달성하기 위해 동원되는 강제적 수단이며, 권력은 누구도 소유할 수 없는 것으로서 상호 행동하면서 관계 속에서 형성되는 공공의사와 의견에 동의하는 힘"을 가리킵니다. 따라서 소유·지배 도구로 간주되는 힘은 누가 소유하든지, 어떤 집단적 목표를 위해 수단으로 동원되든지 그것은 폭력에 불과합니다. 이 견해에 따르면, 지배자의 지식권력을 제한하고 그 지식권력을 분점하는 것은, 예컨대 조·중·동 대(vs.) 한·경·대, 서울대·영남·유학파 대 비서울대·호남·국내파로 나누어 권력을 분점하거나 대체하는 것은 진정한 개혁이 아니라 '폭력의 분점'에 지나지 않는 것입니다.

제 생각으로는, 진정한 개혁이란 앞에서 지적한 '차이들'에 민감하면서 그 차별되는 영역을 지켜내는 것 혹은 하버마스 식으로 말하자면, 생활세계의 식민화에 의해 체계의 논리로 환원된 생활세계의 다원성(plurality)을 복원해 내는 것이라 할 수 있습니다. 저 역시 지식권력이 현재의 한국사회에 만연되어 있다고 봅니다. 또한 이 상황을 타파하는 진정한 개혁이 필요하다는 데도 동의합니다. 그러나 그 실천적인 작업은 조금 다를 수 있다고 생각합니다.

무엇보다도 우선, 지식을 생산물이나 상품으로 국한시키지 않고, 학문세계의 지혜추구를 강조하는 것이 지식권력 개혁의 첫걸음입니다. 대학은 중세에 종교가 점차 세속화되고 정치화됨으로써 현실세계에 깊숙이 관여하고 지배하게 되자, 종교에서조차도 순수한 영역의 필요성을 느껴서 만들어진 곳이며, 고대로부터 학문은 '지혜'를 추구해야지 '지식'을 생산해 내서는 안 된다고 여겨왔습니다(지식생산자는 소피스트로 간주됨). 이러한 대학정신, 학문정신을 되살리는 것이 지식권력화를 막는 근본적인 방법입니다. 보수적 지식생산과 그 것의 권력화가 현대사회의 문제인 것은 분명하지만, 그 개혁작업이 이른바 진보적 지식을 생산하고 진보적 지식이 권력을 획득하는 데 있는 것은 아닙니다.

두번째로, 따라서 진정한 지식사회의 개혁이 당면과제라면, 그것 은 학문과 언론의 분리를 이루는 데 있습니다. 즉 대학교수들의 언론 을 통한 지식생산을 지양해야 합니다. 이 점은 홍일표 선생의 '시민 운동에 대한 분석'에서 어떤 함의를 찾을 수 있는데, 개혁적 지식생 산(그 가정부터가 문제이지만)이 언론을 통해 자기정체성과 영향력 확대를 추구한다면, 그것은 다시 지난 10년간 시민운동이 봉착했던 것과 마찬가지의 위기에 맞닥뜨리게 될 것이며, '새로운 공공성'의 필 요성을 절감하게 될 것이라는 점입니다. 다만 홍일표 선생은 '새로운 공공성'을 '대중적 동의'에 직접 호소하고 기존의 언론이 아닌 새로운 직접적인 언론유포과정이 필요하다고 지적하지만, 제가 보기에는 그 '새로운 공공성'이 '지식과 지혜의 차이' '대학과 언론의 차이' '권력과 폭력의 차이'를 인식하는 공공성이어야 한다는 점을 지적하고 싶습 니다.

끝으로, '환원의 오류'(the fallacy of reduction)는 운동의 정신을 훼손하는 데서 비롯된다고 여겨집니다. 그래서 저는 마지막으로 메 를로퐁티(Maurice Merleau-Ponty)의 말을 인용하고 싶습니다. "혁명 (revolution)은 운동(movement)으로서는 옳지만, 레짐(regime)으로 서는 잘못된 것이다." 이 말을 지식권력·언론개혁 문제에 대입해 보면, "혁명적 개혁운동이 대항권력의 획득, 기존 권력의 분점, 개혁 권력에 의한 체제성립을 추구할 때, 그것은 일종의 레짐화로 변하고 환원론에 빠짐으로써 진정한 개혁정신을 살려내지 못하게 된다"는 것입니다.

사회자 짧은 시간 내에 너무 많은 사실을 압축적으로 표현해 주셔서 이해하기 힘든 점이 있었던 것 같습니다. 기성 권력에 대해 대항하고 투쟁하는 과정에서의 운동이 기성 권력이 범했던 것과 유사한 오류를 범한다는 위험성을 지적하셨고(환원론으로 표현하신 것 같다), 진보진영 자체의 지향점에 대한 보다 본질적인 성찰을 주문하신 것이라고 생각됩니다. 다음으로는 광운대의 주동황 선생님의 의견을 부탁드립니다.

주동황 우리나라의 시민사회운동이나 지식개념에 대해서는 지식이 천박하다는 것을 먼저 말씀드리고자 합니다. 발표문들을 읽고 느낀 점이라면, 대부분의 글들이 명시적으로 언론과 지식인의 관계에 초점을 맞춘 것이라고 생각됩니다. 즉 신문사와 지식인이 서로 공생관계를 맺고 있다는 것이 공통적인 인식이라고 여겨집니다. 다시 말해 언론과 지식인이 지배적인 블록을 형성하고 있으며, 언론은 이 블록을 통해서 자신을 정당화하기 위해 지식인을 이용하고, 지식인은 언론을 통해서 자신의 영향력을 확대하거나 권력영역에 접근하고자 하는 목적을 달성한다는 것이 발표문들에서 볼 수 있는 기본 인식이라고 판단하고 있습니다. 이 점에서는 저도 같은 입장입니다. 저는 발제문들의 입장에 대해 공감하고 있습니다만, 특히 언론부분과 관련해서 발표문들이 형성되는 과정이나 여기서 중점적으로 분석되고 있는 언론개혁·세무조사 문제에 관해서 몇 가지 말씀드리고자 합니다.

　일반적으로 이 사회에서 지식인이라고 했을 때는 교수집단을 포함하는 언론사 외부의 지식인도 있겠지만 언론사에 종사하는 언론인들도 지식인이라고 생각합니다. 그러나 언론개혁·세무조사 문제를 분석한 글에서는 신문에 기고한 외부기고자를 지식인으로 보고 그들을 중심으로 분석하고 있지만, 언론인도 지식인의 한 범주로서 살펴봐야 하지 않을까 생각됩니다.

　사실 언론인은 다른 집단의 지식인보다 더더욱 지식인으로서 생존할 수 없는, 유지할 수 없는 상황에 처해 있습니다. 오늘날의 언론은 사회감시나 여론형성, 객관성, 균형성의 정신에 입각한 집합체가 아니라 점점 더 거대화하고 조직유지를 위한 자본과 이윤의 논리 속에서 시장경쟁주의에 빠져들고 있습니다. 또 우리나라의 정치현실에서 보면, 언론은 권력과의 관계 속에서 기생하거나 공생하고 있으며 심지어는 권력을 창출하겠다며 스스로가 권력기관화하고 있습니다. 한마디로 언론이 사회의 공공성이나 사회적 책임을 지켜나갈 수 없는 형편에 놓여 있는 것입니다. 그렇기 때문에 언론이 만들어내는 정보생산물, 지식생산물 등은 이미 하나의 진리나 진실성을 담고 있기보다는 자신의 이해관계·권력욕의 관계 속에서 만들어지는 편향된 정보라고 볼 수밖에 없습니다. 이런 현실 속에서 언론인이 지식인으로 살아남기는 매우 힘듭니다.

　과거에는 언론인이 한 사회를 이끌어나갈 정신적인 상징인물이었지만, 거대화와 시장논리에 빠져 있는 지금의 상황에서 언론인은 언론사 종사자, 월급쟁이로 전락하고 있습니다. 신문사주나 언론사의 조직메커니즘이 많이 작용하기 때문에, 언론인의 독립성이나 자율성이 더 이상 지켜질 수 없는 것입니다. 그렇기 때문에 언론인을 지식인으로 바라보고, 모델로 삼을 수 없는 현실이 가까워지고 있다고 할 것입니다. 언론과 지식인 문제를 다루는 오늘 논의에서도 외부기고자로서의 지식인에 초점을 맞추고 있는 것 같습니다.

발표글들이 분석하고 있는 기고문들은, 익히 알고 있듯이 신문사의 이해관계가 반영되어 있습니다. 칼럼의 선정과 필자의 선정은 일개 기자가 하는 것이 아니고, 또 신문사의 입장을 대변하거나 논조를 지지하는 필자를 선택하게 마련입니다. 신문사 나름대로 선호하는 그룹의 리스트가 마련되어 있으며, 이는 너무나 당연하다고 할 수 있습니다. 즉 언론사의 이익을 위해서 신문사의 입장을 대변하는 필자를 선정하는 것은 자연스럽다고 할 것입니다. 그러나 한 가지 지적하고 싶은 것은 신문사에서 기고자를 선정하는 과정이 신문사의 입장만을 생각하는 자세에서 벗어나 독자의 입장을 고려하는 것이 되어야 한다는 점입니다.

분석된 발표글 가운데 언론개혁과 관련해서 지적하고 싶은 것은 언론개혁운동이 해당 언론인·언론단체만의 운동이 아니라 시민운동으로 발전되었고, 이는 참으로 의미 있는 일이라는 점입니다. 다른 전공을 한 수많은 지식인들도 언론개혁운동에 가담했고, 대중적인 참여를 통해 폭넓은 시민운동이 전개되었습니다. 여기서 분석되고 있는 언론개혁운동은 2001년에 갑자기 확산된 운동이 아닙니다. 이미 언론개혁운동은 88년 민주화운동 이후 줄곧 지속된 과정이었고, 과제들 또한 그 이전에 지적되고 누적되어 온 것입니다.

김근식 오늘 토론회의 주제는 그동안 학계에서 쉽게 접근할 수

없는 성역 같은 것이었다고 생각합니다. 언론과 지식인의 공생관계
가 공공연하게 회자되고 있지만, 이렇게 공식적인 토론회에서 말할
수 있는 것이 쉽지 않은데 과감하게 말씀해 주셨습니다.

첫째, 김동춘 교수님의 발제와 관련하여 지식인들이 지식권력을
향유하고 언론들도 언론권력을 통해 사회에서 상당한 지배권을 행사
하고 있다는 지적에 동의합니다. 발제글에서 권력(power)과 영향력
(influence)을 구분하면서 권력은 강제력·폭력이라는 부분을 강조
하고 있고 영향력은 지혜, 모든 사람들을 순응케 하는 부분이라고 말
씀하고 계십니다. 이런 구분에 따르면 우리 사회에서 벌어지고 있는
이념논쟁과 관련하여 지식인들의 싸움, 쟁투를 반드시 나쁘게만 볼
수 없다고 생각합니다. 왜냐하면 기득권층의 지식권력과 언론권력이
폭력적 지배를 행사하고 있는 것이 문제이고, 이들에 대항하는 사람
들이 같은 식의 폭력으로 다시 대항할 수 없다고 보면 영향력으로
대항하는 것이 정당하다고 봅니다. 침묵하는 다수를 변화시키기 위
해서는 지식의 영향력, 권력의 영향력을 통해 사회적 공기로서의 본
분을 해야 할 것입니다. 지식과 언론의 상호 교우작용이 무조건 나쁘
다고 하기보다는 이것이 권력화되고 폭력을 동반하기 때문에 문제이
지, 지식이 참 지혜로서 영향력을 행사하고 권위(authority)를 가지는
것은 바람직하고 필요하다고 생각합니다.

둘째, 과거에는 국가의 지식검열구조가 존재했다면 오늘날에는
국가가 개입할 수 있는 것이 아닌 시민사회 내부의 자체적인 지식검
열구조를 가지고 치열한 싸움을 벌이고 있습니다. 이 싸움에는 국가
의 검열구조에 익숙한 사람들의 담론구조가 존재합니다. 예를 들어
북한문제와 관련해서도 60~70년대 학교를 다닌 기득권층은 80년대

이후에 나타난 한반도와 대북문제에 대한 새로운 관점에 동의를 못하고 있습니다. 국가마저도 언론이 대들고 있고, 지식인들의 돌팔매를 맞고 있는 상황입니다. 시민사회 내부에서의 다양한 쟁투들이 이제는 시민사회 자체의 검열구조에 의해 이루어지고 있고, 거기에는 완강한 기득권층의 이데올로기 구조가 있습니다. 이것은 국가가 만든 검열구조에 익숙해 있으면서 자랐던 사람들이 형성한 것입니다. 따라서 이들에 대한 전면적인 싸움은 필요합니다.

그러나 김동춘 교수님이 지적하신, 이러한 구조가 자본의 논리를 대변하고 있다는 것에는 동의할 수 없습니다. 왜냐하면 오늘날의 기득권층이 총자본의 논리나 방향성을 가지고 있는지에 대한 구체적인 방향은 없다고 보입니다. 오히려 지금의 한국사회에서 시민사회의 특징은 언론과 지식인이 시민사회의 한 섹터로 자리잡게 되면서, 시장과 자본에 대해서는 훨씬 자유로워지고 있다고 생각합니다. 그래서 시민사회 내부의 쟁투의 영역들은 물질적 토대의 문제가 아니라 대북정책이나 국가보안법 문제, 언론개혁 문제 등 한국적 내용의 문제를 중심으로 진보와 보수가 갈리고 있습니다. 지식권력과 언론권력이 당연히 자본의 논리를 대변하고 있다는 환원론은 다시 생각해야 될 것 같습니다.

셋째, 지식인과 언론들이 싸우는 과정에서 자신들의 집단이익에 대해서는 대단히 공고한 연대의식을 가지고 있다는 점입니다. 지식인과 언론인이 가지고 있는 공통적인 특징은 사회영역에서 남들을 비판하는 특권을 가지고 있다는 것입니다. 그러나 이들은 남들에게 비판받는 것에는 익숙하지 않습니다. 언론과 지식인들이 진보와 보수, 어디에 있든 남들로부터 비판받을 자세가 되어 있어야 합니다.

이동수 선생님이 지적하셨듯이, 지혜를 더 커나가게 하는 지식문화가 마련되어야 합니다.

마지막으로, 햇볕정책의 논란과 관련하여 김갑식 박사의 경우 대북관과 대미관 두 개의 큰 지형으로 전선을 형성하고 계신데, 조금 아쉬운 점이라면 저는 대미관은 대북관의 부차적인 변수라고 생각합니다. 예를 들어 부시정부 집권 후 햇볕론자들의 미국에 대한 입장과 클린턴정부 시기 햇볕론자들의 미국에 대한 입장은 다릅니다. 햇볕론자와 강풍론자가 한미동맹을 우선시할 것인가 말 것인가라는 전선이 형성되는 것이 아니라, 그 기저에 놓여 있는 북한을 대화와 협상의 대상, 공존의 상대로 볼 것인가 아니면 북한을 타도해야 할 대상으로 볼 것인가 하는 대북관에 따라 강풍론자의 경우 미국이 강경론으로 몰아붙이면 그에 동의하는 것이고 미국이 합리적으로 협상하겠다고 하면 이에 반대하는 것입니다.

김갑식 박사가 지적했듯이, 햇볕정책에 대한 논란에는 현정권에 대한 평가가 담겨 있다고 할 수 있습니다. 즉 김대중정부가 싫어서 햇볕정책에 반대하는 사람도 적지 않습니다. 또 반대로 김대중정부가 좋아서 햇볕정책을 좋아하는 사람도 많습니다. 일반국민뿐만 아니라 지식인들의 경우도 그렇습니다. 햇볕정책의 찬반에 대해 논란을 벌이고 있지만, 사실은 김대중정부에 대한 호불호(好不好)에 더 큰 차이가 있습니다. 예를 들어 그 사람의 얼굴 자체가 싫은데 화장이 마음에 안 든다고 하는 것입니다. 제발 얼굴이 싫다고 본색을 드러냈으면 하는 것이 제 바람입니다.

사회자 이상으로 세 분 토론자의 말씀이 있으셨습니다. 이동수 교수께서는 추상적이고 일반적인 논평을 해주셨고, 주동황·김근식 선생님께서는 구체적인 사안에 대한 구체적인 논평을 해주셨습니다.

김동춘 언론이 큰 틀로 보면 자본의 논리 속에 있다고 한 것에 대해 환원론이 아닌가 하는 언급에 대해 인정합니다. 한국에서의 보수·진보의 스펙트럼이 자본의 이해에 일방적으로 종속된다고 하는 것은 단순화의 오류를 범하고 있는 것이 사실이지만, 과거에 비해서 점점 더 종속되고 있다는 것을 강조하기 위해 그렇게 표현했습니다.

김근식 선생님께서는 언론이 공론의 장으로서 열려 있는 것이 아닌가 말씀하셨는데, 한국언론의 경우 좌우의 성역이 있다고 생각합니다. 오른쪽으로 보면 노골적인 지역주의와 인종주의를 선동하거나 민족적인 편견을 조장하는 것들이고, 왼쪽으로 본다면 자본을 노골적으로 비판하고 사회주의적인 선동을 하는 글들입니다. 이들은 건드릴 수 없는 성역이고 대중언론에 실릴 수가 없습니다. 이것은 언론의 기본윤리의 문제일 수 있지만, 넘을 수 없는 공론의 장으로서 언론의 한계가 있다는 것을 보여주는 것입니다. 저는 이 한계를 예민하게 느끼는 편입니다. 한국의 보수적인 언론에서 자본에 대한 비판과 한국전쟁에 대한 부분은 성역이라고 할 수 있습니다. 현장르포는 있으나 사설이나 논평은 없습니다. 노근리사건과 관련해서도 외신을 받아서 보도하지, 독자적인 취재는 하지 않고 있습니다. 이런 점에서, 한국의 언론이 충분히 열려 있다는 부분에 관해서는 수긍을 할 수 없습니다.

마지막으로, 저는 신문에 글을 써야 하는가의 문제에 직면했을 때 세상에는 다른 목소리도 있다는 것을 알려야 한다는 운동적 성격에 의해 글을 쓰기도 하지만, 때로는 언론이 만든 구색 맞추기로 동원될 위험에 대해서도 생각합니다. 보수적인 언론에서 청탁이 왔을 때, 그들에게 동원될 위험에 대해 생각하는 것입니다. 지식인들이 언론의 논리 속에 들어가지 않고, 자신의 논리를 가지고 있다가 필요할 때 결합을 하는 것이 최선이라 생각하지만, 이는 현실적으로 대단히 어렵습니다. 전반적으로 한국의 언론이 보수적 지형으로 되어 있기 때문에, 지식인들이 개인적으로 언론을 경계해야 합니다.

사회자 김근식 선생님의 발언에 대한 답변을 김갑식 선생님께서 해주시지요.

김갑식 햇볕론자와 강풍론자를 나누는 데 있어 본질적인 것은 대북관이며, 대미관은 미국행정부가 바뀌면 변화될 수 있다는 것과 정권에 대한 호불호에 따라 햇볕정책에 대한 태도가 결정된다는 지적에 전적으로 동의합니다. 대미관과 관련해서는, 2001년을 분석대상으로 하다 보니 대북관과 대미관을 변수로 놓게 되었습니다. 만약 2000년을 분석대상으로 했었다면, 클린턴정부가 계속되든지 고어정부가 들어왔다고 보면 MD문제나 9·11테러에 대해서 언론에서 크게 다루지 않았을 것입니다. 그렇다면 대미관을 대북관과 같은 차원에 두기 힘들었을 것입니다.

김만흠 발표문들이 대체로 너무 환원론적이라는 지적은 타당하다고 봅니다. 그러나 사실 모든 논의들이 자신의 문제의식에서 출발하기 때문에 환원론적이 될 수밖에 없는 가능성이 높습니다. 중요한 것은 그 문제의식이 무엇인가에 있다고 봅니다. 그리고 환원론적인 글이 될 수밖에 없는 상황에서 환원론에 대한 비판은 그 환원론 때문에 어떤 오류가 나타나고 있다는 지적, 즉 반증을 제기하는 지적이 될 때 의미를 가질 것이라고 생각합니다.

더불어 한국사회과학계의 과도한 이론지향성 또는 비현실적인 경향은 반성해 볼 부분이라 생각합니다. 지식사회와 언론참여, 학문활동 등에 대해서 문제가 제기되면, 우리의 현실을 두고 논의하기보다는 그에 관한 이론을 두고 얘기만 하다 끝나버리는 것이 그동안 한국사회 논쟁과 연구의 풍토였습니다. 예를 들어 80년대 광주항쟁의 영향과 마르크스주의 패러다임이 맞물리면서 나타났던 이른바 사회구성체 논쟁도, 한국의 사회구성체라는 현실에 대한 논쟁보다는 사회구성체론에 대한 논쟁만 치열하게 전개되었습니다. 그러다가 87년 6월항쟁 이후에는 시민사회 문제가 쟁점으로 떠오르자, 또 곧바로 시민사회론만 풍부했습니다. 이런 점에서 우리 사회 지식인론도 자칫 부르디외의 지식인론, 사르트르의 지식인론 또 지식사회론 등과 같이 추상적인 '논(論)'에 대한 논의로만 집중되지 않았으면 하는 바람입니다. 현실을 말하면서 논의는 따로, 현실은 현실대로 지나가고 늘 뒷북치는 소리만 하는 꼴입니다.

학자의 경우 지식사회의 중요한 부분을 구성하고 있는데, 학자의 역할로서 지식탐구와 언론참여는 어떤 수준에서 파악해야 하는가, 이것이 지식권력과 어떤 관계를 가지는가가 우리 연구의 큰 주제의 하나로 다룬 부분이지만, 사실 미약한 부분이 있는 것 같습니다.

지식인의 언론종속 문제를 언론구조에 대한 비판보다 지식인 비판으로 결론내린 이유는 언론개혁을 이끄는 변수가 바로 언론과 지식인의 긴장관계에 있다는 점에 주목하였기 때문입니다. 현 한국상황에서 언론인 스스로의 개혁과 독자들의 압력도 필요하지만, 언론을 긴장시키는 힘은 지식사회로부터 온다는 점에서 지식사회에 대한 성찰이 필요하다고 봅니다. 왜 한국의 지식인이 언론의 문제나 지식인 자신의 문제를 제기하지 못하는가와 관련해서는, 사실 지식사회 자체가 우리 사회가 갖고 있는 문제를 더욱 압축적으로 혹은 더욱 심하게 안고 있는 것은 아닌가 하는 점에서 박노자의 글을 인용하기도 했습니다. 우리 사회의 문제를 진단하기 위해서는 지식사회 자체의 문제에 대해서 진단해 보는 것이 급선무라 생각합니다.

사회자 교수들이 논문주의에 빠져 있다는 지적이 흥미롭습니다. 잡문인가 논문인가가 문제가 아니라, 그 글이 얼마나 생명력을 갖고 있는가 하는 것이 중요하다고 봅니다. 진보적 지식인들은 더욱더 과감하고 활발하게 활동해야 한다고 생각합니다. 보수적 지식인들은 가리지 않고 과감하고 용감하게 발언을 하는데, 진보적인 지식인들은 마음과 몸을 삼가고 있는 것 같습니다.

『오마이뉴스』 기자 지식인이 지식을 생산하는 문제에 대해 논쟁이 덜된 것 같습니다. 지식인이 오만한 생각을 하고 있지 않나 생각합니다. 지식인들이 신문사의 입장을 대변해서 칼럼을 쓰는 것도 잘못이지만, 일정 수준의 지식이 없다고 다른 사람들이 쓰는 글을 폄하고 있는 것은 아닌지 여겨집니다. 기존의 언론권력에 대항하기 위해서 새로운 언론세력을 만드는 것은 잘못이라는 이동수 교수님의 발언에는 동의하지 않습니다. 지식인들의 글이 대중에게 가까이 가기 위해서 어떤 통로를 더 많이 만들 것인가의 문제에 대해 더 많은 고민이 필요하다고 봅니다.

익명 권력과 폭력의 구분에 있어 미묘한 차이를 두고 얘기했지만 권력은 근본적으로 폭력, 제도화된 폭력입니다. 그렇다면 그런 구분이 과연 필요한 것일까요. 교수들이 주로 언론에 기고한 내용을 분석하고 있는데, 교수들 중에서 언론에 기고하는 교수는 극히 제한되어 있습니다. 언론사의 데스크에서 걸러진 교수들을 대상으로 성향을 분석하는 것이 과연 지식인사회를 분석하는 것과 연계될 수 있을까요. 오히려 언론에 기고하든 하지 않든 간에 교수집단을 대상으로 언론과 시민사회·대북정책 등과 관련하여 어떻게 생각하고 있는지를 조사했으면 더욱 의미 있었을 것이라 생각됩니다. 왜냐하면 오늘날 언론 자체가 제대로 되어 있지 못하기 때문입니다.

사회자 한국의 시민사회와 시민운동에 대해 충분한 논의가 진행되지 못해 아쉽습니다. 연구자들은 토론회에서 나온 문제제기를 자양분 삼아 좋은 연구성과물을 내길 희망합니다. (끝)